弘法大師空海と唐代密教

弘法大師入唐千二百年記念論文集

静 慈圓――編

法藏館

弘法大師空海と唐代密教—弘法大師入唐千二百年記念論文集—＊目次

序

平成十六年（二〇〇四）は、弘法大師空海が入唐されて千二百年になる記念すべき年であった。国際的見地から見ると、大師は、仏教文化のみならず、シルクロードを経て東アジア最高の文化の中心となっていた唐の文芸、文化の精華を受け、日本文化史上に大きく花開かせた偉人としても、よく知られる。

その大師以来の伝統を継ぐ真言宗と現代中国との関わりは、前の御遠忌を機に、この二十年来、かつてないほど盛んになり、様々な交流事業が進められてきた。密教に関連した中国との学術交流は、高野山大学の静慈圓教授によって積極的に推し進められ、平成元年（一九八九）十月に第一回「空海学術討論会」が福建省霞浦で開かれた。以降、すでに四回の研究会が持たれている。

日本文化への国際的な関心のなか、平成十四年（二〇〇二）には、高野山真言宗ハワイ開教百周年を記念して、高野山の密教美術がはじめて海外に渡り、ホノルル美術館において盛大に展覧会が催され大成功をおさめた。また時を同じくして、ハワイ大学ジョージ・タナベ教授ご夫妻の招集により、高野山大学の関係者が参加し、アメリカとイギリスの学者とともに、〝Matrices and Weavings〟と題する国際シンポジウムも開催された。

そして平成十六年（二〇〇四）、大師の入唐千二百年を記念して、真言宗各派において様々な記念行事が企画された。学術研究関連では、上海の復旦大学において、四月二十九日から五月一日にわたり、「空海と日中文化交流国際学術検討会」が開催された。日本から十二人、中国から二十二人の学者の発表がなされた。日本側は静慈圓教授が、中国側は復旦大学の歴史系の韓昇教授がそれぞれコーディネーターを勤められ、両者の献身的なご努力により、この日中文化交流シンポジウムは成功裡に終了した。

発表原稿は日本語と中国語で作成されたが、中国側での会議録（proceedings）作製に際し、すべての原稿が中国語で出版されることになった。これは近々刊行される予定である。これに対し、日本側関係者の間からも、この記念すべき年に、日本からの参加者の論文だけでも日本語で公表しておいてはという意見が寄せられた。そこで、日本側のコーディネートにあたられた静教授を代表とする「弘法大師入唐千二百年記念論文集刊行会」が高野山大学内に設けられ、日本人参加者論文集の刊行が企画された。高野山大学はその出版の助成を行うことになった。

この論文集には日本からの参加者のうち、十一名の発表原稿が収録されている。内容的にも、「弘法大師空海と唐代密教」という、入唐記念事業にちなんでのテーマを中心とした論集になった。空海の総合的、包括的性格を示す十住心思想についての基調発表を中心として、十住心思想の構想にあたえた中国的影響、国際的観点からの空海の思想的特質、密教の体現者としての弘法大師空海、その生涯における入唐の意義、そしてその空海の入唐を待ち受けていた唐代密教の密教思想史上の特質を明らかにする多方面からの諸篇と、まさに入唐という事実の意味をさぐる各執筆者のそれぞれのアプローチが、総合化されえたかに思える。

ハワイ大学における国際シンポジウム（英文会議録 "Matrices and Weavings" 密教文化研究所研究紀要特別号2）、そして今回の復旦大学における入唐記念の日中文化交流シンポジウムは、いずれも国際的視点からの真言密教研究への学術的成果を着実に実らせせつつある。平成十八年（二〇〇六）には、その実績に基づき、高野山大学において創立百二十周年の記念事業として、欧米、中国、韓国、インドおよび周辺諸国から研究者が集い、国際密教学会が開催される予定である。この論集は、国際的視野からなされる、真言密教研究の、次の里程への方向性を示唆するものとなるであろう。

平成十七年十一月二十一日

高野山大学長　生井　智紹

弘法大師空海と唐代密教

——弘法大師入唐千二百年記念論文集——

包摂と浄化
――空海の十住心構想と曼荼羅――

静　慈圓

一　はじめに

弘法大師空海（以下大師と略称す）の思想には、いくつかの特色が認められる。その特色の一つに十住心の教判思想がある。十住心論の教判思想は、もちろん『秘密曼荼羅十住心論』（以下『十住心論』と略称す）と、『秘蔵宝鑰』（以下『宝鑰』と略称す）に詳述されている。この両書は、天長七年（八三〇）大師五十七歳の著とされる。十住心思想の検討は、大師以後各時代をとおして今日に至るまで、実に多くの研究がある。それにもかかわらず筆者は、このテーマを取りあげるのはなぜであるのか。それは筆者が人間としての大師の思想遍歴に関心をもっているためである。そしてやはり今日においても、十住心思想が、現に今生きている我々に救いの指針を示していることによるからである。

本論文は、先の両書のみによって十住心思想を検討するものではない。本論文が目指すところは、次の三点である。第一には、大師の生涯において、十住心の萌芽が、どの年齢で出てくるのかを検討する。そしてこの思想が発展していく成立過程を見ておきたい。第二には、十住心の構想は、先の両書で完成されている。しかしこの両書だけに説かれているのではなく、大師は多くの著書で、十住心構想を披露している。本論文は、それらの著述をも含めて、十住心構想で大師が主張しようとしている項目を選び取り、大師の十住心思想の理解を深めたい。第三には、大師は、この十住心思想によって「密教」を主張しているが、大師のいう密教とは何かを知りたい。大師の主張は、十住心の段階の過程の中にあるとともに、第十秘密荘厳住心にもある。第十住心そのものの世界を、大師は曼荼羅としてまとめている。その曼荼羅についても触れたい。

以上に示した内容を、以下にその項目を作って論証していきたい。

二　十住心の構成

十住心が問題とするところは「心」である。心のあり方を説いている。その心を十種に分けて「住心」として説明する。衆生の菩提心の現れ方の過程、すなわち宗教意識の発達過程を十種に分けて分類したものである。これによって密教が勝れていることを、「密教対顕教」と教判して示すのである。

十住心の項目は、次のごとくである。

第一異生羝羊心
第二愚童持斎心
第三嬰童無畏心
第四唯蘊無我心
第五抜業因種心

第六他縁大乗心
第七覚心不生心
第八如実一道心
第九極無自性心
第十秘密荘厳心

右の十項目によって、十住心思想は心のたかまりを順次述べている。すなわち、羊のようにただ食欲と性欲といっ

表①

(十住心)	(十界)	(五種三昧道)	(深秘門・真言)			
第一住心	地獄乃至修羅界			教乗起因		
第二住心	人界	世間三昧道		人乗	世間道	
第三住心	天界		(世天の真言)	天乗		
第四住心	声聞界	声聞三昧道	(声聞の真言)	声聞乗	小乗	顕教
第五住心	縁覚界	縁覚三昧道	(縁覚の真言)	縁覚乗		
第六住心			弥勒菩薩の三摩地門・真言	法相宗		
第七住心			文殊菩薩の三摩地門・真言	三論宗	大乗	
第八住心	菩薩界	菩薩三昧道	観自在菩薩の三摩地門・真言	天台宗		
第九住心			普賢菩薩の三摩地門・真言	華厳宗		
第十住心	仏界	仏三昧道	大日如来の三摩地門・真言	真言宗	秘密仏乗	密教

た動物的本能しかもたない心の状態の者が、縁によって節食し他に施すといった道徳意識に目覚める。ついで天界を信じ宗教を求める心が芽生える。ついで小乗仏教（声聞、縁覚）の自覚を体得する。ついで大乗仏教に入り、最高の密教へと内面的に深まっていく。

以上は、一般論であるが、『十住心論』と『宝鑰』を用いて、十住心体系を整理し表示すると前頁のようになる（表①）。

三　十住心思想の成立過程

十住心思想の構成、内容、出典資料、関連思想などに関する研究は、多くの先学によってなされてきた。今問題にする成立過程の研究も多くあるが、その中で最も的確にまとめたものは、武内孝善氏の「十住心思想の成立過程について」であろう[1]。本論文が必要とする成立過程も、この論文の内容を出るものではないので、武内氏の論文中の図表を使用させていただくこととする（表②）。

右表によると、1、「勧縁疏」。2、『弁顕密二教論』。3、「大曼荼羅を造る願文」。4、「藤原葛野麻呂の為の願文」に、十住心構成に相当する思想として、第六、七、八、九、十住心について触れている。いずれも四家大乗（法相、三論、天台、華厳）と密教について触れている。これより大師四十二歳の「勧縁疏」に、四家大乗と密教との関係において大師の主張が確立していることが理解できる[2]。

さて、大師の思想確立について、大師が自らの悟りとその表現を確証していく年齢は重要である。今ここでは、必要な部分のみを指摘する。大師は三十一歳で入唐。三十二歳、長安青龍寺で恵果から密教を伝授される。三十三

表②

番号	年齢	西暦	和暦	作品名	十住心思想に相当する思想 第一	第二	第三	第四	第五	第六	第七	第八	第九	第十	十住心名の有無
1	四二	八一五	弘仁六・四・一	勧縁疏						○	○	○	○	○	
2	四二	〃	〃六コロ	弁顕密二教論						○	○	○	○	○	
3	四八	八二一	〃十二・九・七	大曼荼羅を造る願文						○	○	○	○	○	一道無為
4	四八	〃	〃	藤原葛野麻呂の為の願文						○	○	○	○	○	
5	四五			般若心経秘鍵				○	○	○	○	○	○	○	唯蘊無我抜業因種
6	四九	八二二	〃十三・	平城天皇灌頂文	○	○	○	○	○	○	○	○	○	○	全て有り
7	四九	〃	〃	三昧耶戒序	○	○	○	○	○	○	○	○	○	○	全て有り
8				吽字義	○	○	○	○	○	○	○	○	○	○	
9	五一	八二四	天長元・十・二十三	笠仲守の亡母のための願文		○	○	○	○	○	○	○	○	○	
10	五四	八二七	〃四・七・	藤原冬嗣の為の願文	○	○	○	○	○	○	○	○	○	○	
11	五六	八二九	〃六・七・十八	法華経改題（殑河女人）						○	○	○	○	○	
12	五七	八三〇	〃七・	秘密曼荼羅十住心論	○	○	○	○	○	○	○	○	○	○	全て有り
13	五七	〃	〃	秘蔵宝鑰	○	○	○	○	○	○	○	○	○	○	全て有り
14	六一	八三四	承和元・二・	法華経釈					○	○	○	○	○		

歳、帰国。『請来目録』を提出。三十六歳、嵯峨天皇が即位と同時に天皇に近づく。天皇への近づき方は、大師著述の十九通の上表文を分析することによって、その内容を知ることができる。これによれば、四十一歳を境として、天皇と大師の関係が、上下関係から親友関係に、完全に変化していることが理解できる。そして大師の思想もこの歳を境として変わっている。(3)

つまり、大師は四十一歳において、密教宣布における行動を確実に開始した。と同時に自らの悟りへの確証にも何の迷うところもなくなった。大師の上表文からは、このことが読み取れるが、四十二歳の「勧縁疏」、『弁顕密二教論』（以下『二教論』と略称す）も同じくこのことを語っている。

この四十二歳時の両書については、二つのことが思想の上で大事である。一つは、大師と南都仏教との関係、今一つは、大師と最澄との関係である。

はじめに、大師と南都仏教の関係を見る。

大師は、四十二歳の時、南都仏教との関係において教判思想を確立している。法相、三論、天台、華厳と密教との関係が「勧縁疏」と『二教論』に見られる。以後この関係は変わることなく十住心思想の形成に広がっていくことが理解できる。大師は自らの思想の確立として十住心思想を意識する前に、南都仏教との教相判釈をし、真言密教の立場を闡明にしているのである。しかしこの時期（四十二歳から四十八歳）の南都仏教の配列順序はまだ流動的であることからみると、模索の時期であったといえよう。弘仁六年当時、年分度者を得て、独立の教団として公認されていた華厳、天台、三論、法相の諸宗に対して、密教を独立させるために、密教と対比して優劣を論じなければならなかった時期であったといえよう。

次に、大師と最澄との関係を見る。

最澄は、天台法門を学ぶために空海と同時に入唐した（八〇四）。翌年帰朝前にたまたま越州の興竜寺で、不空の付法の弟子で、恵果とは相弟子になる順暁に従い受法灌頂して帰朝する。帰国後早々同年（八〇五）九月一日、高雄山寺において南都の諸大徳に灌頂を授ける。その翌年一月二十六日には天台宗に遮那業と止観業の年分度者を贈っている(4)。したがって最澄の密教は、円密一致つまり天台法門と真言法門との間に優劣無しとする密教であった。ところが空海が帰朝し、密教経典を大量に持ち帰る。空海の『請来目録』を見て、密教経典が多く請来されたことを知った最澄は、自分が継承してきた密教が不備なることに気づき、空海に密教経典の借覧を請うこととなる。これは大同四年（八〇九）空海三十六歳から始まるとされ(5)、以後急速に進められている。

ここで大事なのは、最澄、空海の密教観の相違である。最澄の密教観は、一般的に指摘されるとおり「紗那宗は天台と融通し、疏宗亦同じ……亦一乗の旨、真言と異なること無し(6)」、「法花一乗と真言一乗と、何ぞ優劣あらんや(7)」とするものであった。

最澄の密教受法の方法は、弘仁四年（八一三）正月十八日付の空海宛書状が、その全容を語っている。

〈例1〉但し最澄の意趣、御書等を写すべし。目録に依って皆悉く写し取り了ぬれば、即ち持して彼院に向ひ、一度聴学せん。比院にて写し取ること穏便あり、彼院に上食せんこと太だ難く、写し取るに由無し。伏して乞ふらくは吾大師、奸心を用て盗で御書を写し取り、慢心を発すと疑ふこと莫れ。泰範仏子に随て意を申ぶ。写す所の本、好便借与せよ。小弟子、越三昧耶の心を発せず。委曲の志、具に泰範仏子に知らしむ。更に導ならず。以って指南の志を表す。天々照々稽首正月十八日、弟子最澄咄正言(8)

右文は、最澄の密教受法の態度が最もよく表れている文である。最澄は、空海の『請来目録』に示されている空海が持ち帰った全てを書写しようとしている。写し取ることは、盗むことではなく、慢心をもつことでもない。写し取ってのち「聴学」して、密教を学びたい。これは越三摩耶ではない。故に弟子の泰範をやるから借与してください、といっている。これと同じ意味の文は、弘仁七年（八一六）の『依憑天台宗序』に、真言、華厳、三論、法相を述べている文に、「新来の真言家は則ち筆授の相承を泯し、」とある。(9)これが最澄の密教受法の方法である。

これに対して、空海は、「叡山の澄法師の理趣釈経を求むるに答える書」において、自らの主張をされている。

〈例2〉若し仏の教えに随はば、則ち必ず須らく三昧耶を慎むべし。三昧耶を越すれば、則ち伝者も受者も倶に益無し。夫れ秘蔵の興廃は唯汝と我となり。汝若し非法にして受け、我若し非法にして伝えば、即ち将来求法の人、何に由ってか求道の意を知ることを得む。非法の伝授、これを盗法と名く。即ち是れ仏を誑くなり、又秘蔵の奥旨は文を得ることを貴しとせず。唯心を以って心に伝ふるに在り。文は是れ糟粕、文は是れ瓦礫なり。糟粕瓦礫を受くれば則ち粋実至実を失ふ。真を棄てて偽を拾ふは愚人の法なり。愚人の法には汝随ふべからず。亦求むべからず。(10)

右二文によって、最澄と空海の密教受法の方法が、全く相容れないことが明らかである。空海は、最澄の受法の方法「筆授と聴学」では密教は伝わらない。むしろそれは愚人の法の求め方であると、はっきりといっている。そして密教は伝授によることを語気を強めて説いている。密教受法の方法に対する両者の見解が全く違うことが理解できる。大同四年（八〇九）から始まった最澄の密教経典借覧の問題が、『理趣釈経』貸与拒否で終わるのも、両者の密教観に対しての違いであり、やむを得ざるところである。以後両者は袂を分かっていく。空海は真言密教の建設に多忙を極めるようになり、最澄は南都仏教との対立抗争を深めながら、法華一乗の教理によって、比叡山に大乗戒壇を造っていくことになる。

以上、十住心思想の成立過程の上で、南都仏教と天台密教の位置づけをしておいた。

次に、前表②において、「平城天皇灌頂文」は重要である。十住心の全ての思想が、大師の著作の上ではじめて揃うのは、大師四十九歳のこの文である。この文では大師の独自の解釈である深秘釈も見られることから、ここにおいて十住心思想は完成されている。以後、大師における十住心思想のその構成と思考は、変わりなく続いている。

時に、淳和天皇の天長年中に、勅に応じて諸宗から造進した宗要書がある。大師以外の諸宗の造進書は、次のごとし。

一、法相宗。『大乗法相研神章』五巻。元興寺護命撰。
二、三論宗。『大乗三論大義鈔』四巻。大安寺玄叡撰。
三、律宗。『戒律伝来記』三巻。招提寺豊安撰。
四、華厳宗。『華厳一乗開心論』六巻。普機撰。
五、天台宗。『天台法華宗義宗』一巻。叡山義真撰。

南都六宗の中、倶舎は法相宗、成実は三論宗に所属しているためか、造進書は見られない。

右造進書の中、豊安の『戒律伝来記』には、「八宗の学者に詔して[11]」とあるから、大師も八宗学者の一人として参加しているといえる。また護命の『大乗法相研神章』には、「今わが聖朝、普く諸寺に勅して宗要を上らしむ。護命幸に昌運に遇いて、久しく道家を経、年歯八十、形神衰耄す、然りといえども、親しく勅旨を承って虚懐を悦撫し、謹んで世界問答五巻を上る。名づけて大乗法相研神章という。……時に天長七年云云[12]」とある。これより諸宗から造進したのは、天長七年（八三〇）とされる。

大師の『十住心論』も、この時の造進であったといえる。時に大師五十七歳。のち十巻を三巻とし『宝鑰』とした。

以上、十住心思想の成立過程は、これくらいにとどめておく。

四　因果論よりの検討

十住心の構成は、本論文最初に示したとおりである。『十住心論』『宝鑰』によると、十住心とは、我々が信心をおこし、菩提心を開花し深めていく過程を示している。このような大師独自の構想は、大師四十二歳の「勧縁疏」に発芽があり、四十九歳の「平城天皇灌頂文」において、十住心体系として整理されている。そしてその背景に南都仏教と天台密教を意識した教相判釈があったことも知り得た。

さてここでは、『宝鑰』を中心とし、『般若心経秘鍵』（以下『秘鍵』と略称す）『二教論』『即身義』『声字義』『吽字義』等をも含めて、十住心思想の理解に努めたい。そこで見出されたのが、因果論というテーマである。以下因果という立場から十住心体系を検討する。(13)

因果とは、原因と結果のこと、つまり結果を生ぜしめるものが因であり、その因によって生じたものが果である。一般には、修行の因によって悟りの果を得るとか、善因善果・悪因悪果とかいう。因果は、時間的な関係（因果異時という）と空間的な関係（因果同時）で説明される。しかし同じ原因であれば、必ず同じ結果が生ずるかといえば、そうではなく、結果を生ぜしめる内的な直接の原因を因といい、外からこれを助ける間接の原因を縁といっている。以上はごく一般的な因果の説明であるが、これらの問題を、大師はどのように考え解決されているのか。つまり大師の因果論を明らかにすることが目的である。

大師の教学は、もちろん大師当時の仏教学をふまえて、その上に成り立った教えである。完成された教学は、大師独自の思想大系を形成しているが、その思想を生み出した基盤はやはり一般仏教学の思想である。因果論においても、これと同じように考えることができる。ではどのようなところに、大師独自の因果論が見られるのであろうか。そこに十住心と関係し、十住心の中で説く大師の因果論が見出せるのである。

1 『釈摩訶衍論』の因果

はじめに、大師の因果思想の最も基本的な資料として取りあげねばならない書物がある。それは『二教論』巻上に引用の『釈摩訶衍論』（以下『釈論』と略称す）からの箇所である。[14]

〈例3〉何が故にか不二摩訶衍の法は因果なきや。是の法は極妙甚深にして独尊なり。機根を離れたるが故に。何が故にか機を離れたる。機根無きが故に。何ぞ建立を須いる。建立にあらざるが故に。是の摩訶衍の法は諸仏の所得なりや。能く諸仏を得す。諸仏は得するや。不なるが故に。菩薩二乗一切異生も亦復是の如し。性徳円満海是れなり。ゆえいかんとなれば機根を離れたるが故に。教説を離れたるが故に。八種の本法は因果より起きる。機に応ずるが故に説に順ずるが故に。何が故にか機に応ずる。機根あるが故に。是くの如くの八種の法の諸仏は得せらるや。諸仏は得せらる。諸仏を得するや。不なるが故に。是くの如きは修行種因海是れなり。ゆえいかんとなれば機根あるが故に。教説あるが故に、と。

『釈論』では、一切の仏教の法門を因果二分に分けている。

まず果分を不二摩訶衍法という。これは、一切の差別・機根を離れた仏自性の秘密の境界のことであり、この世界は果人の世界であるから、因人のものには理解できない。また「果海の問答」として、不二の法は一切の機根を離れた境地であること、さらに不二の境界は、真如門・生滅門の諸仏ともに証得することができない、と述べている。この不二の境地を「性徳円満海」と名づける。これに対し因分とは、仏自性の果分の世界を因人に示さんがために説かれた教えである。だから因分の法門は、衆生の種々なる機根に随って説かれたものであるから、機根の大小に随ってその法門にも異なりが見られる。また「因海の問答」として、衆生本有の一心を、真如の世界と生滅の世界とに開けて、八種の教法とする。この八種の法は、機根相応の境界であるから、あらゆる機根に答えて因縁に随って説かれる、と述べている。これを「修行種因海」と名づけるのである。

右の『釈論』からの引用文は重要である。それは大師の因果論の全ての展開が、ここから始まり、またここに帰着するからである。今一度総括し整理すれば次のごとくである。「性徳円満海」と名づける果分の立場は、機根を離れ教説を離れた境界である。仏自性の境界つまり因縁を越えている境界であるから因縁自体は説かない。これに対し「修行種因海」と名づける因分の立場は、機根があり教説がある世界をいう。つまり因縁に随って説かれた教えであるので、ここでは因縁を説く、となる。

大師は仏身説において、この果分の境地を密教と名づけ、因分の立場を顕教と名づけたのである。『二教論』では、顕教・密教を因・果にあてている例は多くあり、その基は、『釈論』の因果説によっていることが明らかである。

さて「縁」について検討しよう。大師の文章で「縁」という言葉をすべて集め検討すると、『二教論』に、「縁とは、因位の世界の問題である」(15)。同じく『二教論』に、「縁とは、衆生の縁に応じて説くものであり、今は天台宗の教義を説く」(16)とある。この二例は、顕教の教えを説くところで、縁という言葉が使用されている。また『声字義』に、「縁とは、竪差別のところでの問題である」とあり、『宝鑰』に、「縁に遭えば、凡夫も賢者になろうと望むようになる」とある。このように大師の文章中には「縁」という言葉は見られるが、「縁」という言葉が意味する文例はきわめて少ない。これは、大師が「縁」一字でいっているのではなく、「因なる縁」・「因即縁」の表現、つまり「因縁」という単語で用いているからである、といえよう。したがって次に、「因縁」という語の検討に移る。

2　因縁の意味

因と果の関係を明らかにする過程において、因縁という問題は重要である。大師の文章で因縁という意味を探ると、大師は因縁という問題を重要事項として、特別に考えていることが理解できる。すなわちこの因縁の問題は、大師においては『吽字義』の中に集中して述べられていることに気づく。

〈例4〉初めに訶字の実義とは、謂わゆる訶字門一切諸法因不可得の故に。何を持っての故に、諸法は展転して因を待って成ずるを以っての故に。当に知るべし最後は依なし。故に無住を説いて諸法の本とす。然るゆえんは種種の門を以って諸法の因縁を観ずるに悉く不生なるが故に。(17)

〈例5〉一切の法は衆縁より生ぜざること無きを以って、縁より生ずる者は悉く皆始あり本あり。今この能生の縁を観ずるに、亦復衆因縁より生ず。展転して縁に従う誰をか其の本とせん。(18)

〈例4〉〈例5〉を解説しておく。

〈例4〉は、「訶字門とは、一切のもろもろの法の因不可得という義をあらわす。なぜかといえば、一切の法は因にはその因があり、その因には因があるというように、限りなく転々していく。これをさかのぼるに、最後は因として依るべき何らの固定したものはない、とする。つまり諸法の本は無住であると説かれ、そしてこの無住のところこそ、もろもろの根本である。故に諸法の成立している因縁を感じても、不可得不生である」と述べている。

〈例5〉は、「ありとあらゆる一切のものは、すべて因縁から生じている。この縁から生じたるものは、皆始めがあり根本がある。今その始めがあり、根本がある因縁を観ずるに、その因縁にはまた他の因縁があるというようになっている。だからその始めを転々して、これを推し窮むるに、いずれも果てしない因縁の故に、その本というべきものはないのである」とある。つまり、因縁→因縁→因縁→因縁云々のごとく、その根本は際限がないことを知ることが「如実知自身」である、と述べている。

右例のごとく、大師は因縁のことは『吽字義』において、その意義づけをしていることが理解できる。そこでは因縁とは、一回だけのものではなく、無限に転々していく意味であることをいっている。さらに『吽字義』では、より具体的な説明が見られる。一例を示そう。

〈例6〉復次に因縁生の法は必ず四相を帯す。四相を帯するが故に変壊無常なり。変壊無常なるが故に苦空無我なり。苦空無我なるが故に不得自在なり。不得自在なるが故に不住自性なり。不住心性なるが故に高下相望するに尊卑重重なり。若し劣を以って勝に望むるに、劣は則ち損とす。下を以って上に比するに、下は則ち減と名づく。是の如くの損減其の数無量なり。[19]

〈例6〉は、「因縁生の法は云云」とあり、因縁生の法を具体的に述べている。内容は次のごとくである。「因縁より生じたる法は、生住異滅の四相を帯びている。生住異滅の四相を帯びているが故に、変わり壊れて無常である。変わり壊れて無常であるが故に、苦しみがあり空であり無我である。苦しみがあり空であり無我であるが故に、自在を得ず。自在を得ざるが故に、一定の自性に住せず。一定の自性に住せざるが故に、高きものと低きものを相望するに、尊いものとか卑しいものとかの重重がある」とある。これは因縁より生じた法に、高下の差別があることを述べているのである。つづいて「若し劣を以って勝に望むるに、劣は則ち損となる。下を以って上に比するに、下は則ち減と名づく。是の如く損減其の数無量なり」とある。ここでは因縁より生じた法には、勝劣・上下の差別があることを強調している。

右例は、因縁とは常に勝劣、上下の差別をもちながら動いていることを述べている。だが因縁という語の中で「十二因縁」はまた独特の位づけをしている。大師は、十二因縁を、常に縁覚乗（第五住心）として位置づけている。この場合、声聞乗（第四住心）は、常に四諦の法をもつと位置づけている。つまり十住心において二乗の位置付けをしていることが理解できるのである。[20]

3　「因」と「果」との関係

大師の教学における因果の問題は、『釈論』がその原書的資料となっている。『釈論』の中では、因分の立場は、とくに衆生とのかかわりにおいて述べられている。さらに大師の著作の中の『吽字義』は、因縁について集中して述べられており、そこに『吽字義』の特色がある。また十二因縁については、縁覚とのかかわりで、十二因縁をとらえており、これも大師独自の位置づけである。これまでは以上のことを述べたのである。

以上述べた内容は、大師の著述の中で、因果の問題において、とくに「因の立場」について明らかにしたものである。

さて、それでは「因」と「果」の関係は、具体的にはどのようになっているのであろうか。大師はこの問題についても端的に説かれている。そしてこのことが十住心思想と密接に関係しているのである。次にこの問題に触れていく。

〈例7〉一道を弾指に驚かし、無為を未極に覚す。等空の心是に始めて起り、寂滅の果、果還って因と為る。是の因是の心前の顕教に望むれば極果なり。後の秘心に於いては初心なり。初発心の時に便ち正覚を成ずること宣しく其れ然るべし。初心の仏その徳不思議なり。万徳始めて顕れ一身稍現ず。比の心を証ずる時三種世間は即ちわが身なりと知り、十箇の量等は亦我が心なりと覚る。(21)

〈例8〉第四の唯蘊已後は聖果を得と名づく。出世の心の中に唯蘊抜業は是れ小乗教。他縁以後は大乗の心なり。大乗において前の二は菩薩乗後の二は仏乗なり。此の如くの乗乗自乗に仏の名を得れども、後に望むれば戯論と作る。前前は皆不住なり。故に無自性と名づく。後後は悉く果にあらず。故に皆是因という。転転相望するに各各に深妙なり。この故に深妙という。真言密教法身説とは此の一句は真言の教主を顕わす。極無自性以外の七教は皆是れ他受用応化仏の所説なり。(22)

〈例7〉〈例8〉は、大師の「因」と「果」の関係の基本的立場を示している。

〈例7〉は、十住心体系の第九極無自性心（華厳宗）のところ。文中「寂滅の果果還って因となる」とは、（第九住心は）第八如実一道心から進転してきた果位であるけれども、これを第十住心に比すれば、この果位もまた因位ということになる、の意。つづいて「是の因是の心、前の顕教に望むれば極果なり。後の秘心に於いては初心なり」とは、その因位といっても、これをそれにさきだつ住心に対すると、極果ということになり、後の秘密荘厳心に比すると初心ということになる、の意。ここでは、因果とは、因→果（因）→果（因）→果（因）→果云々というように、さきだつ住心に対すれば果であるが、この果は後の住心に比するとまた因といえる。だから第九極無自性心で使われている「果」という言葉も、第十住心からすれば、初心（因）という意味となるのである。つまり果とは仏教でいう究極の悟り（仏果）そのものを指すとは結論づけられない。因と果の関係は一回だけの関係ではなく、因果の対立をとおして、その矛盾をいっそう高い境地に進めるという運動・発展の姿において因果をとらえていく、つまり弁証法的関係においてとらえていることが理解できるのである。

〈例8〉も〈例7〉と同じ考え方である。文中「第四の唯蘊以後は聖果を得と名づく。出世の心の中に唯蘊抜業は是れ小乗教、他縁以後は大乗の心なり。大乗において前の二は菩薩乗、後の二は仏乗なり。此の如くの乗乗、自乗に仏の名を得れども、後に望むれば戯論と作る。前々は皆不住なり、故に無自性と名づく。後々は悉く果にあらず。故に皆是因という。転転相望するに各各に深妙なり。所以に深妙という」の意味内容は、〈例7〉と同じ内容である。「各々の住心は、それぞれ仏の名を立てているけれども、後々の住心に望むれば、いずれも戯論となる。前々の住心は、いずれもその当位にとどまらずして、後々の住心に移るが故に無自性と名づけるのである。後々の住心といっても、（これら前九種住心は、これを第十住心に対すれば）いずれも果ではない。みな因となる。転々相望して前々の住心と対比すると、後々の住心は各々にみな妙なるが故に〈深妙〉というのである」の意。これも因果関係を完全に弁証法的因果としてとらえている。その前後の関係は次のようになる。

第四・第五	小乗	
第六・第七	菩薩乗	大乗
第八・第九	仏乗	大乗

大師の因果論は、右のごとく十住心論体系の中で、弁証法的に展開されていることが明らかとなった。各住心の関係を検討すると、住心の展開は、各住心各々のところで緻密に位置づけられ検討されている。(23)

さて、大師の因果論は、弁証法的展開によって成り立っていることを明らかにした。十住心体系の各住心の位置づけは、まさにこの方法であるといえる。十住心体系を密教の立場から見て重視すべきポイントの一つは、顕教の究極的立場である第九住心の位置づけとその内容である。大師が考える第九住心の最も基本的立場を示すと、「九種住心無自性、転深転妙皆是因とは、此の二句は、前の所説の九種の心は皆至極の仏果に非ずと遮す。九種とは、異生羝羊心乃至極無自性心是なり(24)」の文である。第一住心から第九住心までの九種の住心は、各々の位にとどまらずしてみな因である、とは従来説いてきた九種の住心が、みな至極の仏果でないことをいっている。ここでいう至極の仏果とは、第十秘密荘厳住心のことである。

顕教の究極的立場としての第九極無自性心の位置づけは重要である。大師は十住心体系において、因果の関係で、第九住心をとりわけ多く論じているのは、やはりその重要性（顕教の最極としての住心）からであろう。

以上第九住心の位置とその意味内容を説明した。これによって第九住心の因果とは、先の住心の果であるとともに、第十住心の因となることが理解できた。この第九住心の境界とは、普賢の境界であるということになるのである。

4 「因果」の究極表現

先に、因と果との関係は、十住心体系の中で順次弁証法的に展開されていることを明らかにした。大師は、第一住心から第九住心において、とくに第一住心から順次のぼりつめてきた第九極無自性心を、顕教の究極の教えとして重要視している。この点因果の問題においては、とくに第九住心を問題とし、重点的に論じていることもすでに述べた。

次に、大師の因果論とは、つまるところは何なのか、その究極の説明にはいかなる表現が可能なのか、この問題について検討したい。

因果においても、弁証法的に因果を突き詰めていっても、常にそこに因果の関係は残る。この問題はどう考えればよいのであろうか。

『吽字義』の文中に「今仏眼を以って之を観ずるに、仏と衆生と同じく解脱の床に住す[25]」とある。今仏の心眼を以って観察すると、仏も衆生もともに生死を解脱する床に住している、と。すなわち「仏眼をもてば」、すべてが無二平等であることを述べている。つまり「浅と深」の関係を、どこまでも竪に弁証法的に突き詰めていくことは重要であるが、仏眼をもてば仏と衆生の竪の浅深関係はなくなり、同じく「解脱の床に住す」すなわち悟りの中に住している、と述べている。

『即身義』には、「当に知るべし、真言の果は、悉く因果を離れたり[26]」とある。ここでは、もろもろの固定せる因と果を楽欲するものは外道である。真言の字義実相からいえば、因というも、その因はあらゆる対立を離れたものである。だから因に対する果を作るものではない。つまり因すらすでに空であるから、その因に対する固定の果などはあるべきはずがない。「まさに知るべし。真言の果は、ことごとく因果を超越したるものであることを」となる。ここにおいて大師は、密教の因果とは、因果を超越したところの因果であることを強調している。これが究極としての密教の因果論である。

因果論の究極は、以上のようになるが、言葉としては、やはり理解しがたいところである。悟りを言葉で表現するのはやはりむずかしい。大師も『請来目録』の中で「真言の秘蔵は経疏に隠密にして、図画を仮らざれば相伝することを能はず[27]」といっている。因果論の究極も、十住心思想をとおして、結局は曼荼羅の表現に置き換えられている。このことについては、六　曼荼羅への包摂の項で詳しく述べたい。

五　横竪と機根よりの検討

大師が構築した、十住心という思想に、一貫して流れている思考に、「因果」という思想があった。このことは本論文四で述べた。「横竪と機根」という思考も因果の場合と同じで、十住心思想の骨格をなしている。

1　横竪の考察

十住心思想を説明するにあたり横竪という思考は重要である。『十住心論』の第十秘密荘厳住心の冒頭に次のようにある。(28)

〈例9〉経に云く、云何が菩提とならば、謂く実の如く自身を知るなりと。此れ是の一句に無量の義を含めり。竪には十重の浅深を顕し、横には塵数の広多を示す。又心続生の相は諸仏の大秘密なり。我今悉く開示すと云は、即ち是れ竪の説なり。謂く初め羝羊の闇心より漸次に闇に背き明に向かう求上の次第なり。是の如くの次第に略して十種あり。上に已に説くが如し。又云く、三藐三菩提の句を志求するもの、心の無量を知るを以っての故に身の無量を知る。身の無量を知るが故に智の無量を知る。智の無量を知るが故に即ち衆生の無量を知る。衆生の無量を知るが故に即ち虚空の無量を知る。此れ即ち横の義なり。衆生の自心其の数無量なり。衆生狂酔して覚せず知せず。大聖彼の機根に随って、其の数を開示したまう。

右文によれば、秘密荘厳の住所（密教の悟り）を「横竪」という説明をもってしている。右文に「竪には十重の浅深を顕し、横には塵数の広多を示す」とあり、つづいて竪の十重の浅深、横の塵数の広多について説明している。すなわち「竪」の義とは、闇より明に向かって漸次に求上する次第のことである。これは『十住心論』に説く異生羝羊の闇心より秘密荘厳の悟りに至る十種の過程にあたる。「横」の義とは、三藐三菩提の句を志求することによって順次心の無量を知り、身の無量を知り、智の無量を知り、衆生の無量を知り、虚空の無量を知ることである、と述べている。

以上のように『十住心論』は、「横竪」という立場から、自らの悟りを説明している。横竪の考えは、他の資料をも含めて多くの例示が見られる。以下その用例を検討していきたい。

〈例10〉此の文字に且つ十の別あり。上の文の十界の差別是なり。此の十種の文字の真妄云何ん。若し竪浅深の釈に約せば、則ち九界は妄なり。仏界の文字は真実なり。(29)（『声字義』）

〈例11〉上に説く所の依正土は並びに四種身に通づ。若し竪の義に約せば、大小麁細あり。若し横の義に拠らば、平等平等にして一なり。是の如くの身及び土並びに法爾随縁の二義あり。故に法然随縁有と曰う。(30)（『声字義』）

〈例12〉秘号を知るものは、猶し麟角の如く、自身に迷える者は既に牛毛に似たり。是の故に大慈此の無量乗を説いて、一切智に入らしめたまう。若し竪に論ずれば則ち乗乗差別にして浅深あり。横に観ずれば則ち智智平等にして一味なり。(31)（『十住心論』第一）

〈例13〉若し竪の次第に約すれば、是の如くの浅深差別あり。若し横平等に約すれば、悉く皆平等平等にして一なり。然れども終に雑乱せず。(32)（『金剛頂経開題』）

〈例14〉若し体制本覚に約すときは、皆是れ万徳法身の別なり。若し因縁修行に拠れば、即ち是れ行者向上入証の位なり。横には一味平等の理を表し、竪には差別階級の義を表す。不縦不横は則ち行者の正観中道の心なり。(33)

（『梵網経開題』）

〈例15〉四種法身とは、一には自性身、二には受用身、三には変化身、四には等流身なり。此の四種身に竪横の二義を具せり。横は則ち自利、竪は則ち利他なり。深義更に問え。[34]（『二教論』）

右例の結論だけを示すこととする。〈例10〉は、竪には十界の内九界についての差別があり、横には悟りの立場から一切を平等視し真妄の隔てなし。〈例11〉は、竪には随縁により大小麁細あり、横には法爾平等である。〈例12〉は、竪には住心に差別浅深あり、横には智智平等である。〈例13〉は、竪には浅深差別あり、横には平等で高下浅深なし。〈例14〉は、竪には差別階級あり、横には一味平等である。〈例15〉は、竪には衆生への説法としての利他、横には、仏が自らの楽しみのために説法するという自利となる。

以上からして、すべての用例は、一様に竪差別、横平等となっている。竪差別の内容としては、十住心、十界の差別、四種法身となっているのは注視する必要があろう。この竪の考えは、次の「機根」の問題と関係しているので、つづいて機根の用例に触れていきたい。

2　機根の考察

「機根」ということで、最も基本的な資料として取りあげねばならないのは『釈論』である。その場所は前に示した〈例3〉と同じである。

大師は『釈論』を用いて、因分果分の説を引用している。ここで重視しておきたいのは、果海とは機根を離れた境界をいっているのであり、因海とは機根があるとする境界として説かれていることである。この「離機根」「有機根」の考えは、以下に示すように大師の著述中に多く見られる。

まず「離機根」の境界が説かれている箇所について検討していく。

『教王経開題』『理趣経開題』『法華経開題』『梵網経開題』。これらの開題の中に次の文が見える。(35) 全く同一の文章である。

〈例16〉教の源は無造無作なり。三世に亘って不変なり。六塵に遍じて常恒なり。然れども猶示す者なきときは則ち目前なれども見えず。説く者なきときは則ち心中なれども知らず。雙円の性海には常に四曼の自性を談じ、重如の月殿には恒に三密の自楽を説くというに洎ては、人法法爾なり、興廃何れの時ぞ。機根絶絶たり、正像なんぞ別たん。

右文では、人も法も自然にあるがまま、機根さえもなくなった状態、それが教の源であるという意味である。ここでいう「機根絶絶」とは、『釈論』でいう果海を示す言葉である。したがって大師が説くこれら開題類は、果位の立場に立って説かれていることが理解できるのである。

次に、『二教論』中に「離機根」の語が見える。(36) 意味は次のごとし。顕教密教の定義を示す中、密経とは自性身・自受用身が自受法楽のために説いた三密門をいうのである。この如来内証智の境界である三密門は、等覚・十地・二乗・凡夫等の立場では理解することができない。これを唯識・中観の立場では「言断心滅」の言葉で説明し、地論・釈論では「離機根」とするのである。つまり果位の境界を『釈論』では「離機根」というが、これが密教であるとしている。

次に、機根ありとする「有機根」の境界が説かれている箇所について検討する。まず『十住心論』第十の中で次の二例が見出せる。

〈例17〉衆生の自心其の数無量なり。衆生狂酔して覚せず知せず。大聖彼の機根に随って其の数を開示したまう。唯蘊抜業の二乗は但し六識を知り。他縁覚心の両教は但し八心を示す。一道極無は但し九識を知り、釈大衍には十識を説く。大日経には無量の心識無量の身等を説く。是の如くの身心の究竟を知るは、即ち是れ秘密荘厳の住処を証するなり。(37)

〈例18〉衆生の機根量に随って、顕教密教を開示す。密教とは、大毘盧遮那十万頌の経及び金剛頂瑜伽十万頌の経是れなり。顕教とは、他受用応化仏釈迦如来所説の五乗五蔵等の経是れなり。(38)

次に、『宝鑰』の中に三例見出せる。

〈例19〉如来の徳は万種を具せり。一一の徳は即ち一法門の主なり。彼の一一の身従り、機根量に随って種種の法を説て衆生を度脱したまう。(39)（「第三住心」）

〈例20〉若し是れ仏説ならば、直に仏乗等を説くべし。何ぞ天乗等を説くことを用うる。機根契当の故に、余の薬は益無き故に。(40)（「第三住心」）

〈例21〉密教とは、自性法身大毘盧遮那如来、自眷属と与に自受法楽の故に説きたまう所の法是れなり。謂所真言乗とは是れなり。是の如くの諸経法は、其の機根に契当し、並に皆妙薬なり。其の経教に随って菩薩論を造り人師疏を作る。(41)（「第四住心」）

右の例示によれば、『十住心論』の二例は、如来が衆生の機根に随って顕教密教の教えを説くことをいっている。『宝鑰』の三例も同じである。衆生の機根に応じて法を説き、衆生を済度し解脱せしめる。だから衆生の性欲にあった教薬でなければいけないと説いている。

次に如来が衆生の機根に応じて、それぞれ適合した法門を説くところを、大師は「病」と「薬」というより理解しやすい言葉で説いている。『二教論』に「如来の説法は病に応じて薬を投ぐ。根機万差なれば針灸千殊なり」(42)とある。『平城天皇灌頂文』に「正行正法は、機に随って門多く、機根万差なれば法薬随って殊なる」[43]「是の如くの妙法は、並びに皆其の機根に契って不思議の妙薬なり」[44]「法薬万差なりと雖ども、前きの説く所の八種の法門は、是れ彼の本なり。然れども猶機根に随順するが故に浅深遅速あり」[45]とある。

以上、いずれも如来は、その病に応じて、種々の薬を施すとするのである。十住心もその妙薬として、衆生の機根に適合するように各住心が成り立っていることは、論をまたないところである。

六　曼荼羅への包摂

十住心の構成は、大師五十七歳の時、『十住心論』、『宝鑰』として完成されている。だが真言乗としての大師の密教思想の完成は、一時に成ったものではなく、紆余曲折を経て構築されていったものである。十住心の構想もそうであった。そこで本論文では、三で四十二歳から始められた十住心構想とその成立過程を見ておいた。そこでは、南都仏教および天台密教と真言密教との関係が、大師の構築された十住心構想の中に見事に収まっていた。

十住心構想の思考は、『十住心論』『宝鑰』だけによって披露されたものではない。菩提を求め絶対性を信じ、対立・矛盾を通してさらに高い境地に進むという運動・発展の思考は、大師の著作の所々に見ることができる。それらを整理し、なおかつ十住心構想と絡ませていくと、次の二つの問題を見出すことができた。一つは、四で示した「因果論」であり、他の一つは、五として取り扱った「横竪と機根」の問題であった。これらの内容はともに、求道心の進化発展の過程を、浄心の相続し生成すること、つまり「心続生」の問題としてとらえ、衆生にわかりやすく説明しようとしたものであった。すなわち大師は『十住心論』第十に「又心続生の相は諸仏の大秘密なり。我今悉

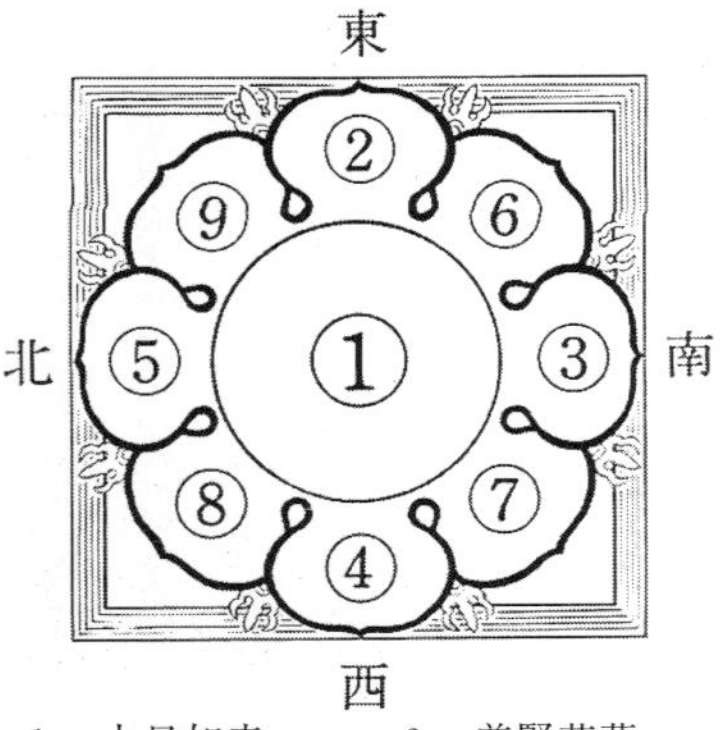

1．大日如来
2．宝幢如来
3．開敷華王如来
4．無量寿如来
5．天鼓雷音如来
6．普賢菩薩
7．文殊師利菩薩
8．観自在菩薩
9．弥勒菩薩

く開示すとは、即ち是れ竪の説なり[46]」と説き、順次十住心を説いている。また『十住心論』序において「今此の経（大日経）に依って真言行者の住心の次第を顕す。顕密二教の差別亦此の中にあり。住心無量なりと雖も、且つ十綱を挙げて之に衆毛を摂す[47]」とある。

だが今ここに問題がある。それは「心続生の相」とは、つまり結局何なのか、との結論の位置づけである。大師はすでに三十三歳の『請来目録』で「真言秘蔵は経疏に隠密にして、図画を仮らざれば相伝すること能わず[48]」といっている。

この言は、大師自らの悟り表現となって、『十住心論』に明らかにされている。『十住心論』では第一・第二・第三をまとめて、第三住心の最後に「深秘釈」がなされている。第四住心以後は、各住心それぞれの最後に深秘釈がなされている。これは、大師が悟られた悟りとしての三摩地の法門を披露された言葉である。それが曼荼羅への表現であった。

『十住心論』の深秘釈のところを集めて整理すれば、最初に示した表①のようになる。つまり第六、弥勒菩薩の三摩地門（法相宗）。第七、文殊菩薩の三摩地門（三論宗）。第八、観自在菩薩の三摩地門（天台宗）。第九、普賢菩薩の三摩地門（華厳宗）。第十、大日如来の三摩地門（真言宗）となる。これを胎蔵曼荼羅で示すと、上記のごとくである。

右に示したごとく、第十秘密荘厳住心の境地とは、大日如来の三摩地に入ったという境地をいっている。弥勒、文殊、観音、普賢の各菩薩等は、大日を中心として周りを囲んでいるだけである。つまり上下差別ではないのである。十住心としては十の差別を作るが、いずれの住心にとどまっても、その住心にとどまる者には差別がない。これが大師が覚証した悟りであった。曼荼羅は、この悟りの境地をこれまた実に的確に図示しているのである。

七　おわりに

大師がいう悟りとは、「心」の問題であった。そして人間が心をもっているかぎり、悟りは人間の問題である。人それぞれに男性・女性と性が異なり、年齢が異なり、特性としての智力、体力が異なるのは当然である。その人がもって生まれたその特性をはっきりと差別すること、そこにその人に適した居場所があると大師はいっているのである。ということは逆に人間として誰もが平等になるためには、しっかりした差別をすることが大事である。「差別即平等」これが十住心構想で主張するところの大師の悟りである。

以上が結論であるが、最後に一言付け加えておきたい。大師の主張する密教思想は、歴史の中で千二百年ほど生きてきた。その思想とは、異なった能力をもつ誰もが平等になれることを主張している。そしてこの問いは永遠に大きく広がり、曼荼羅思想となる。曼荼羅とは宇宙までも広がっていく思想である。

人間として生まれたものは、地域を問わず、宗教を問わず、地球の上で生きている。だからこそ、大師の思想は、地球と関係して、異宗教・異文化を持った異民族間の共存共栄思想としての主張が可能であることを、強く確信している。

註

（1）『密教学研究』十号。

（2）詳しくは、武内孝善「十住心思想の成立過程について」（『密教学研究』十号）。

（3）大師と天皇の関係は、上表文によって詳細に分析した。静慈圓「空海の上表文の構造とその特色」（『空海密教の源流と展開』）一八三～二三四頁所収。

（4）『叡山大師伝』（『伝教大師全集』別巻）九三～九四頁。

（5）『平安遺文』四三三三番。『伝教大師消息』（『伝教大師全集』第四）七六八～七六九頁。

（6）『平安遺文』四三五九番。『伝教大師消息』（『伝教大師全集』第四）七六二～七六三頁。

（7）『平安遺文』四四一一番。『伝教大師消息』（『伝教大師全集』第四）七八四～七八六頁。

（8）『平安遺文』四三七六番。『伝教大師消息』（『伝教大師全集』第四）七五六頁。

（9）『伝教大師全集』第二、五八四頁。

（10）『平安遺文』四三九一番。『性霊集』巻十（『弘法大師全集』第三輯）五五〇頁。この「答書」については、偽文とみる説もある。

（11）『大正』七四巻、一頁上。

（12）『大正』七一巻、一頁上。

（13）静慈圓「空海教学における因果論」（『空海密教の源流と展開』）三四七～三七七頁所収。

（14）『大正』三二巻、六〇一頁下。大師の文章中全く同文の引用が次のところに見える。『十住心論』第九（『弘法大師全集』第一輯〈以下『弘全』と略称す〉）三九四～三九五頁。『釈論指事』上（『弘全』）六一四～六一五頁。

（15）『弘全』四八一頁。

（16）『弘全』四八二頁。

（17）『弘全』五三六頁。

（18）『弘全』五三七頁。

（19）『弘全』五四〇～五四一頁。

(20) 二乗つまり声聞を第四住心に、縁覚を第五住心にあてる例示は多く見られる。『弘全』四四六頁。『弘全』四四六〜四四七頁。『弘全』四四八頁。
(21) 『弘全』四六〇〜四六一頁。
(22) 『弘全』四七二〜四七三頁。
(23) たとえば『宝鑰』第二住心（『弘全』）四二五頁。『宝鑰』第四住心（『弘全』）四三一頁。
(24) 『弘全』四七二頁。
(25) 『弘全』五四一頁。
(26) 『弘全』五一七頁。
(27) 『弘全』一〇〇頁。
(28) 『弘全』三九七〜三九八頁。
(29) 『弘全』五二五頁。
(30) 『弘全』五三三頁。
(31) 『弘全』一二八〜一二九頁。
(32) 『弘全』七〇四頁。
(33) 『弘全』八一四頁。
(34) 『弘全』五〇〇頁。
(35) 『教王経開題』は『弘全』七一六頁。『理趣経開題』は『弘全』七二六頁。『法華経開題』は『弘全』七五六頁。『梵網経開題』は『弘全』八〇九頁。
(36) 『弘全』四七四頁。
(37) 『弘全』三九七〜三九八頁。
(38) 『弘全』四一一〜四一二頁。
(39) 『弘全』四二六頁。
(40) 『弘全』四二七頁。

(41)『弘全』四四〇頁。
(42)『弘全』四七六頁。
(43)『平城天皇灌頂文』の最後三分の一は『三昧耶戒序』と全く同文である。『弘全』第二輯、一六三頁。
(44)『弘全』第二輯、四六六頁。『弘全』第二輯、一三三頁。
(45)『弘全』第二輯、一六七～一六八頁。『弘全』第二輯、一三四頁。
(46)『弘全』三九七頁。『大正』一八巻、二頁上。
(47)『弘全』一二九頁。
(48)『弘全』一〇〇頁。

弘法大師空海の十住心思想に見られるインド的なものと中国的なもの

生井　智紹

一　はじめに

弘法大師空海は、真言密教を理解するために学ぶべき論書として、『菩提心論』と、『大乗起信論』の註釈『釈摩訶衍論』を挙げる(1)。この二つの論は、いずれも龍猛（Nāgārjuna）に帰せられている。しかし、いずれも、インド、チベットにその痕跡をとどめてはいない(2)。

インド後期大乗仏教徒は、智と慈悲という菩提心の両側面を、勝義と世俗の菩提心に位置づけ、それに止観道の実践体系を組み込んで、大乗菩薩道の綱要書群を形成していく(3)。『菩提心論』は、そのような「菩提心修習論書」の伝統の影響下にある。いっぽう『大乗起信論』は、おなじく大乗を一心のうちに統括し、それを勝義的な「真如門」と世俗的な「生滅門」との二側面から、大乗仏教を綱要的に論じる。少なくとも、インド如来蔵思想の影響下にある書物である。それを、独自の視点から註釈するのが『釈摩訶衍論』である。弘法大師空海の思想形成を探る上で、この二論書に対する視点は、きわめて重要な意味をもつと思われる。

弘法大師空海の真言密教理論は、両部の大経といわれる『大日経』と『初会の金剛頂経』によっている(4)。とりわけ「十住心思想」は、『大日経』「住心品」に、多くその素材をもつ。しかし、『大日経』や『初会の金剛頂経』からだけでは、『十住心論』の理論体系は形成され得ない。インド後期仏教教理やチベット仏教教理と対比すれば、その独自の展開は、歴然たるものがある。弘法大師空海の「十住心思想」は、『大日経』「住心品」における住心の諸相の描出に淵源をもつ。それを漢字文化圏にローカライズする場合、さらに総合的に体系化された理論整備がなされている。(5) その際に中国仏教の果たした影響を理解するために、とくに上記二論との関わりの検討が、重要な糸口となるように思われる。

二　大乗菩薩道における真言門の確立

大乗仏教のうちに密教の教理基盤と実践法とが確立するころ、真言門の菩薩を標榜する者たちが、インド仏教史上に登場する。(6) 『大日経』成立の少し前の時代においてである。『華厳経』による菩薩道の修行体系は、伝統的に波羅蜜行を実践法の根幹におく。それに対して、真言門の菩薩は、諸尊の説かれるとおりに真言を唱え、印契を結ぶことで本尊の三摩地に直参することを、実践の肝要とする。(7) そのような行の体系が、真言門による菩薩行として確立していく。(8) その理論的基盤は、すでに大乗仏教の諸理論に遡って見出し得るにしても、それが統合的な理論体系として確立するのは、いわゆる両部の大経といわれる経典が現れるころである。(9)

1　インド仏教における菩提心修習の伝統と『菩提心論』の独自性

七世紀以降、インドでは、菩提と心とに関する諸理論と実践法とが、菩提心の観念に集約されていく。多くの大乗論者たちは菩提心修習という形態で、既存の大乗の理論と実践とを綱要化していく。カマラシーラ（Kamalaśīla, 蓮華戒）の『修習次第』（*Bhāvanākrama*, 『廣釋菩提心論』）に代表される菩提心修習という伝統が八世紀後半には広く行き渡るようになる。[10] このような菩提心修習を主題とする論書群には、ジュニャーナガルバ（Jñānagarbha）の『瑜伽修習道』（*Yogabhāvanāpatha*）に見られるように、『大日経』の「住心品」の影響が顕著である。[11] これらの論の特色は、それ以前の説一切有部・経量部・唯識派・中観派などのあらゆる仏教理論を批判的に階梯化して統合し、それと菩薩道の実践階梯とを総合し、止観道の綱要次第としている点にある。その伝統では、菩提心は、勝義と世俗の菩提心修習という二側面から論ぜられていく。勝義菩提心修習とは、空性である菩提の心を見る階悌的止観道であり、世俗の菩提心修習とは、普賢行願の実践である。インドにおける菩提心修習は、教理的には般若空の修習、それにその他の波羅蜜行の実践つまり菩提心の慈悲の側面の実践次第からなる。多分『大日経』の「三句の法門」の影響のもとに、空の瑜伽行と、菩薩の実践道を世俗菩提心修習として体系化していく後期仏教徒の理論は、それをあくまでも慈悲の修習とするにしても、それをある人たちのように仏の大悲と解釈することはない。あくまでも、菩薩の行願の修習次第であり、それは、所求の菩提心を慈悲の根源そしてその顕現態として捉えるような論理にまでは展開しない。この点は、弘法大師空海の「十住心思想」を捉える上で、非常に重要な点となる。また、たとえそれが密教徒の手になるものではあっても、菩提心の密教的実践教理[12]には関知しない。仏教タントリストは、教理的立場（sthiti）ではなく、実践法（naya）という別の範疇で、波羅蜜道と真言道を区別する。[13] したがって、菩提心の教理的統合にあっても、密教独自の哲学はさほど問題化されなかった。これは、チベットの伝統においても、「菩提道次第」と「真言道次第」との範疇わけが、インドの菩提心修習の展開のありようを忠実に承け継ぐことからも明らかである。

しかし、菩提心修習に密教の教理学的問題を導入する唯一の菩提心修習論書がある。龍猛作とされる、『菩提心論』（金剛頂瑜伽中発阿耨多羅三藐三菩提心論）である。この論では、真言道だけに示される実践の前提となる理論が説かれる。[14] そして、その実践は、勝義と行願の菩提心の各修習を前提としながらも、「三摩地の菩提心」という独自の観点から「法身仏自証法」という真言密教の特別な実践法が論ぜられる。[15] インド密教的な見地からは特異なこの点が、弘法大師空海の教理体系を知る上で重大な意味をもつ。

2　慈悲の作用と、真如随縁の理論

両部の大経とされる『大日経』、ことに『初会の金剛頂経』には、成仏への段階を問題化するよりは、成仏してからのありようが、主題とされる。成仏の真言門的方法論（成就法）が説かれるにしても、その実践の前提となる仏のありようが説かれる。[16]『大日経』の本題「大毘盧遮那成仏神変加持」（*Mahāvairocanābhisambodhivikurvitādhiṣṭhāna*）は、まさしくそれを物語る。また、いっぽう、真言門による「五相成身観」の成仏法の後に、曼荼羅出生として智の具体的顕現の様を描くのが『初会の金剛頂経』である。[17]

ちなみに『菩提心論』の本題は、『金剛頂瑜伽中發阿耨多羅三藐三菩提心論』である。「金剛頂瑜伽[18]」、つまり真言門の瑜伽による、「三摩地の菩提心」修習がテーマとされる。重要な点は、弘法大師空海にとっては、密教は因分の修行ではなく果位に直参する教えとして捉えられる点である。[19] したがって、その実践論は、菩薩の十地の波羅蜜行ではなく、仏の秘密境界と慈悲の顕現態とに密接に関連するものとなる。その側面は、思想史的には、加持、神変、如来出現という形で、『華厳経』などの大乗思想のうちに展開してくる。[20] 衆生と仏との同一性、もしくは連続性の理論は、菩提心という向上的側面とあいまった成仏の可能態および神変加持という向下的仏秘密境界の顕現の側面から理論づけられる。そこに法身の顕現態（法身説法）を示す理論が必要とされる。『華厳経』から『大日経』に連なる「如来出現」の問題である。[21] とくに、弘法大師空海にとって必要とされた論理的基盤は、『大乗起信論』のことばで「一切如来所乗」といわれる衆生と如来の心の連続性を説く心性論である。[22] つまり、慈悲の顕現という形態の神変、加持の論理的基盤となり、その顕現を可能にする『大乗起信論』および華厳の哲学である。

3　弘法大師空海にとっての『菩提心論』と『大乗起信論』

弘法大師空海は、『秘蔵宝鑰』に第十住心を示す場合に、ほぼ全半を『菩提心論』の引用に終始している。[23]『即身成仏義』は、「即身成仏」の語を、その論から依用する。[24]『弁顕密二教論』は、真言門のメルクマールをそれによって確立する。[25] その『菩提心論』の理論を弘法大師空海が解釈する際に重視すべき点がある。「勝義菩提心修習の位置づけ」と「三摩地の菩提心として特化される真言門の菩提心修習と大悲顕現との理論的基盤」とである。

インド、チベットの菩提心修習は、菩薩の菩提心の修習を扱い、理論的にも唯識と中観の枠組み内で処理される。インド、チベットにおける勝義菩提心修習は、ジュニャーナガルバ以来、伝統的に『大日経』「住心品」の「如実知自心」の実践的認識達成の理論として説かれる。[26] しかし、弘法大師空海は、それを天台の止観道による心実相観にあてる。また、真言門の菩提心修習は、いわゆる「金剛頂瑜伽」中の菩提心として、『菩提心論』に理論化される。これは、インド、チベットの伝統ではきわめてユニークな観点である。弘法大師空海は、多分、その真言門の菩提心修習の特異性を成り立たせる「三摩地の菩提心」を、法仏・真如の作用の側面との関連で捉え、『大乗起信論』の真如随縁の理論で、「住心品」の極無自性心を解釈し直し、「金剛頂瑜伽」中の菩提心修習の理論的前提とすることに成功していると思われる。[27]

三　『十住心論』思想体系化における第八、第九住心の意義

問題を、弘法大師空海の思想形成と体系構造に視点を移して、捉えてみよう。真言密教の特質を成り立たせる教理的前提は、弘法大師空海にとって、すべてがインドオリジナルな教理ではない。思想史的にそれを辿ることは、重要なことであるが、今は、その体系構造という観点から、若干の注目点を指摘してみよう。

1　心実相論と天台止観

インド後期中観派の菩提心修習論書で扱われる「勝義菩提心修習」とは、要するに、『大日経』の表現を依用すれば、「如実知自心」の止観道として位置づけられる。三論教学は、止観道を関心の的とはしない。天台教学は、『中論』『大智度論』による、一心三観の止観道を宗旨とする。その点では、如実知自心の止観道と、目指すところは軌を一にする。実際、弘法大師空海は、天台の止観道を、第八住心で「如実知自心」の初法明道に位置づける。(28) インドの勝義菩提心修習の思想展開は、ほぼその理論的根拠を一にしているといえる。後期中観の勝義菩提心修習は、三論の空性論とは大きく相違する。それは、自心の実相を菩提そのものと観ずる瑜伽行、止観道による修習の理論である。それは天台の止観道と等しく、「住心品」の「如実知自心」の実際を示す。

2　心性論と華厳の世界観

教理体系の論理的構造から見て、第九住心は、どういう論理上の必然性をもつのであろうか。「極無自性心」の用

例は、もちろんすでに「住心品」には見出し得る。(29) 覚密（Buddhaguhya）の註にも示されるように、インド的脈絡では、この語は弘法大師空海の理解ほど、重要な意味を担ってはいない。(30)『大日経疏』はそれを「華厳教」とするが、その根拠を説かない。(31)『華厳経』「如来出現（性起）品」は如来成道の現場における如来秘密の状況を説く。(32) 覚密は、「成仏神変加持」の語を註釈する際、「如来出現品」を依用して、三無尽荘厳蔵の様を描き出す。(33) 密教の秘密荘厳の心を描き出すには、理論的前提が要請される。華厳の描く如来成道の現場である。弘法大師空海の理論体系では、『大日経』の成仏神変加持、『金剛頂経』の仏身円満の境位の展開する基点が、「極無自性心」である。

その成仏の現場は、華厳的世界観にあるにしても、論理的基盤は、『大乗起信論』の「真如随縁」の理論に求められる。成仏と同時に展開する智と慈悲の作用の顕現の世界を描く『初会の金剛頂経』の構成は、まさしく、その理論的前提を必要としている。インドでは、その時期には、それが、『現観荘厳論』「法身現観」の場で問題化された伝統がある。(34) しかし、インド・チベットの『現観荘厳論』の伝統は、中国においてそれほど顕著な理論展開をしない。その理論は、弘法大師空海にはなんら影響を与えていない。それよりも、もっと有効な理論、つまり中国華厳の哲学が、既成のものとして展開されている。

> 如説唯蘊無我出世間心住於蘊中。即摂諸部中小乗三蔵。如説観蘊阿頼耶覚自心本不生。即摂諸経八識三無性義。如説極無自性心十縁生句。即摂花厳般若種種不思議境界。皆入其中。如説如実知自心名一切種智。則仏性一乗如来秘蔵。皆入其中。於種種聖言。無不統其精要。若能持是心印。広開一切法門。是名通達三乗也。（『大日経疏』巻二）

この「極無自性心」についての『経疏』の解釈(35)に対して、弘法大師空海は、次のように「不守自性真如随縁」との論理的意味づけを行っている。(36)

斯則華厳三昧之大意。故大日如来告秘密主言。所謂空性離於根境無相無境界。越諸戯論等同虚空。離有為無為界。離諸造作離眼耳鼻舌身意。極無自性心生。

善無畏三蔵説。此極無自性心一句悉摂華厳教尽。所以者何。華厳大意原始要終。明真如法界不守自性随縁之義。故法蔵師五教云。若計真如一向有者有二過失。一常過。謂不随縁故。在染非隠故。不待了因故。即墮常過。……（『秘密曼荼羅十住心論』巻九）

この理論的前提構築にあたって、弘法大師空海は、『菩提心論』の五種「無自性」の解釈に、そのヒントを得ているものと、思われる。次の文に説かれる教理が、[37]まさしく弘法大師空海の「極無自性」の解釈に合致する。

今真言行人如前観已、復発利益安楽無余衆生界一切衆生心、以大悲決定、永超外道二乗境界、復修瑜伽勝上法、能従凡入仏位者、亦超十地菩薩境界、又深知一切法無自性。云何無自性、前已旨陳。夫迷途之法従妄想生。乃至展転成無量無辺煩悩。輪迴六趣者若覚悟已妄想止除種種法滅故無自性。復次諸仏慈悲従真起用、救摂衆生。応病与薬、施諸法門、随其煩悩対治迷津遇筏達於彼岸、法亦応捨。無自性故。

華厳の法界観、教判論は体系構造上の視点からは第九住心に位置づけられているにしても、理論的に「極無自性心」を第九住心に位置づける根拠は、中国華厳的解釈からの『大乗起信論』の理論である。[38]つまり、真如から向下的に仏の慈悲の作用が展開する方向性が、華厳・般若の不思議法門とされる。不思議とは、瑜伽中の自在不可思議の慈悲の神変である。その三摩地瑜伽中の働きが、三密加持の理論的前提となる。

いずれにしても、第八、第九住心は、そのような論理的要請を満たす理論で充当される必要があった。弘法大師空海は、『華厳経』に基づく波羅蜜門の修行道、いうなれば三無数劫の十地の菩薩道次第を、第六住心において徹底的に批判する。[39]この住心を法相宗にあててはいても、唯識の阿頼耶識縁起が取り扱われるわけでもない。第七の覚心不生心を三論宗にあてるが、二諦説に関説はしても、(40)インド後期中観派のように普賢行願の実践道、止観道になんら関知するわけではない。勝義菩提心の実践を、天台止観にあて、(41)如実知自心を密教の実践の出発点とする。(42)しかし、その悟りは、まだ、悲の仏の慈悲の作用の顕現をなりたたせる理論構築の確立には与っていない。悲の顕現は、秘密の三摩地における説法に関連する。その現場は、如来出現をめぐる『華厳』から『大日経』に連なる、「法身現観」、「曼荼羅出生」に関わる問題である。(43)中国にあっては、その側面を成り立たせる理論的基盤は、「真如随縁」の教理にあった。その理論と、『菩提心論』をむすぶ教理が「極無自性心」の解釈である。それが「秘密荘厳心」の前提となる論理的基盤である。『華厳経』の十地の菩薩行は、方法論的には波羅蜜門の次第として批判されるにしても、秘密曼荼羅行の因としては、当然、普賢行願の真言門的達成を可能にする基盤である。そこに、『菩提心論』の「三摩地の菩提心修習」、つまり「真言門より行を行ずる菩薩の行」の理論的前提が確立される。

十住心思想形成の思想史的実際については今後の分析が要せられるにしても、論理構造上は、インド・チベットになんら痕跡をとどめない中国独自の教理的前提を依用してそれが確立し得たものであることがわかる。

四　真言門の実践とその理論的基盤
——鳥瞰的視点から見た弘法大師空海思想研究の方向性

1　心の本性と多様性——菩提心と各住心——

心性清浄の理論的伝統は、初期仏教以来の仏教史を貫く核心である。所求の菩提心、つまり虚空に等しい菩提そのものである理念としての悟り（本覚）は、大乗仏教の基本的教理である。その勝義菩提心の修習が、菩提心修習の止観道である。その前提のもとに多様な心のありようが検討されてきた。歴史的な心の悟りの階梯（始覚の次第）としてインド的には菩提行の階梯的次第が展開される。その普賢行願の菩薩道に、実践方法論的には新しい真言道が拓かれる。三摩地の法が、その密教的実践法であり、それを実践する真言門の行の心が、三摩地の菩提心である。

2　慈悲の作用としての法と如来の顕現

密教的観点から法と如来出現の意義を見た場合、「如来性起品」の密教的展開というよりはむしろ、如来の威神力を被って普賢が語る如来出現の秘密を、毘盧遮那如来のもとで秘密主金剛手が聞いた如来性起の密教的実践法の秘密として説くのが、「成仏神変加持」といえる。(44) 法身の説法態である神変加持の理論的原理は「極無自性」『菩提心論』でいう「陳旨の無自性」、弘法大師空海の解釈から見れば「不守自性真如随縁」の慈悲の顕現の理論にある。「三摩地の菩提心」、あるいは「秘密荘厳の心」は、その理論をまってしてこそ成り立つ。

3　密教的世界観

華厳の世界観、法界観は、確かにその教学的視点から、密教的世界観にきわめて近似の様相を説くかに見える。それと関連していえば、「夜摩天会」の如来林菩薩の唯心偈は、(45) 弘法大師空海の思想に多くの影響を与えている。しかし、密教の世界観は、弘法大師空海によって、さらに推し進められた表現を得る。(46) 心性論の上に描かれる、衆生界と仏界の諸相は、心という絵師が四大を絵の具として描き出した世界絵巻と、『華厳経』では表現される。(47) しかし、その十界の諸相は、阿字という根源的母音から子音によって多様に差異化されて展開する五大の響きあう、表現としての世界である、コスモロジーを伴った曼荼羅世界が(48)六大無礙として、さらに展開された秘密曼荼羅世界の表現態として、捉えられる。(49)確かに、華厳の心性論が基盤にあるにしても、それを法身の表現態というまでの宇宙観の展開は、弘法大師空海をまってこそである。『大日経』の「具縁品」の表現を、(50)金剛界、胎蔵の両部から捉える理解は、確かに、金剛智、不空訳の経論にその素材を見出すことができる。(51)ただ、それを秘密曼荼羅の宇宙論として展開し得たのは、インド的なものを、中国華厳の教理から解釈し、さらに経典の秘密義を見た弘法大師空海の天才である。

そういう意味で、真言密教は、中国仏教独自の教理を得てはじめて円満しえた教理体系といえる。インド、チベットの密教がとくに実践法の側面を多様な方便として展開していくのに対し、中国仏教教理の理論的前提を経て、理論的にも完成され、華開いたのが弘法大師空海の真言密教である、といえよう。

註

(1) 空海『真言宗所学経律論目録』(『定本弘法大師全集』巻一、高野山、一九九一年)六一頁。
(2) 前者には、『大日経疏』の思想的影響がうかがわれ、後者には梵語、梵字でない呪が記される。
(3) Cf. Ch. Namai [1997], On *Bodhicittabhāvanā* in the Buddhist Esoteric Tradition, *Tibetan Studies*, ed. E. Steinkellner, Wien 1997, pp. 657ff.
(4) 空海『真言宗所学経律論目録』(『定本弘法大師全集』巻一)四三〜五〇頁。
(5) Cf. Ch. Namai [2004], Shingonmon—The way of Shingon Buddhism—, *The Bulletin of the Research Institute of Esoteric Buddhist Culture*, Special Issue II, Koyasan 2004, pp. 280ff.
(6) 生井智紹[一九九六]「真言門より行を行ずる菩薩」(『高野山大学創立百十周年記念　高野山大学論文集』高野山、一九九六年)一六三頁。Cf. Ch. Namai [1998], On *mantranaya*, presented at the 8th Seminar of the International Association

for Tibetan Studies at Indiana University 1998.（see, http://vairocana.org/padma/001/lab/onmantranaya.htm）

（7） Smṛtijñānakīrti: *Bodhicittavivaraṇaṭīkā*, Tohoku No. 1829, 122a4: byaṅ chub kyi sems de gñis gaṅ gis bskyed ce na, de bstan pa ni sṅags kyi sgo nas she bya ba la sogs pa ste, de la sṅags ni śes skyob ste, rnam par mi rtog pa'i ye śes daṅ sñiṅ rje'i raṅ bshin gsuṅs nas bzlos pa'i phyir ro. de daṅ po nas daṅ du len pa'i sems ni sṅags kyi sgo nas spyad pa spyod pa ste, de la daṅ po 'jug pa'i theg pa ni sgo'o. dam tshig gi sṅom pa sruṅ shiṅ zla ba'i dkyil 'khor daṅ yig 'bru la sogs pa bsgom pa'i mṅon par rtogs pa'i rim pa ni spyad pa'o. de rtse gcig tu bsgom pa ni spyod pa'o. sṅags kyi sgo nas spyad pa spyod pa'i byaṅ chub sems dpa' yaṅ yin pas na, sṅags kyi sgo nas spyad pa spyod pa yaṅ yin la, byaṅ chub sems dpa' ste, rnal 'byor pho mo la bya'o. See 生井智紹、三井淳司「Smṛtijñānakīrti による『菩提心釈』註」（『高野山大学論叢』第三一巻、一九九六年）。

（8） Cf. Ch. Namai［2004］, Shingonmon—The way of Shingon Buddhism—, *The Bulletin of the Research Institute of Esoteric Buddhist Culture*, Special Issue II, Koyasan 2004.

（9） 生井智紹［一九九八］「真言理趣による行の確立」（松長有慶編『インド密教の形成と展開』）一〇三頁以降。

（10） Cf. Ch. Namai［1997］, pp. 657—660.

（11） Jñānagarbha, *Yogabhāvanāpatha* には「浄菩提心段」および「菩提心偈」が引用され、Kamalaśīla, *Bhāvanākrama* には三編にわたって「三句の法門」「如実知自心」の解釈が取り入れられている。生井智紹［一九八九］「仏道の体系と瑜伽の階梯」（『日本仏教学会年報』第五四号）参照。

（12） 菩提心を精液として直截的に捉える後期インド密教の生理的瑜伽などを意味するものではない。むしろ密教に特有の教理基盤という点についてである。

（13） Advayavajra, *Tattvaratnāvalī*, ed. H. Ui, *The Journal of the Faculty of Nagoya University*, vol. 3-1, 1950, pp. 1-31; Ratnākaraśānti: *Triyānavyavasthāna*, Tohoku No. 3712, 110a1ff.; *Prajñāpāramitopadeśa*, Tohoku No. 4079, fol. 134a3. Cf. Ch. Namai［1998］, pp. 657—660.

（14） 龍猛『菩提心論』（『大正大蔵経』巻三二）五七五頁。空海『即身成仏義』（『定本弘法大師全集』巻三、高野山、一九九四年）一八頁。

又龍猛菩薩菩提心論説。「真言法中即身成仏故是説三摩地法。於諸教中闕而不書」。是説三摩地法者法身自証三摩文成立此義。

地。諸教者他受用身所説諸顕教也。又云。「若人求仏慧。通達菩提心。父母所生身。速証大覚位」。依如是等教理証

(15) 龍猛『菩提心論』(『大正大蔵経』巻三二) 五七五頁。空海『弁顕密二教論』(『定本弘法大師全集』巻三、高野山、一九九四年) 九三頁。

金剛頂発菩提心論云。「諸仏菩薩昔在因地発是心已。勝義行願三摩地為戒。乃至成仏無時暫忘。惟真言法中即身成仏故。是説三摩地法。於諸教中闕而不書」。喩曰。此論者龍樹大聖所造千部論中密蔵肝心論也。是故顕密二教差別浅深。及成仏遅速勝劣皆説此中。謂諸教者他受用身及変化身等所説諸顕教也。是説三摩地法者。自性法身所説秘密真言三摩地門是也。所謂金剛頂十万頌経等是也。

(16) 生井智紹［二〇〇二］「Buddhaguhya『大日経註』に見られる『大日経』の意趣について」(『密教文化』第二〇六号) 一二三頁以降。

(17) *Sarvatathāgatatattvasaṃgraha*, ed. H. Horiuchi, Koyasan 1984, pp. 28ff.

(18) 「金剛頂瑜伽」の語の用例研究は、この点に、大きな示唆を与えてくれる。

(19) 空海『弁顕密二教論』(『定本弘法大師全集』巻三) 六一頁。

(20) 梶山雄一「神変」(『仏教大学綜合研究所紀要』第二号) 二八頁以降。生井智紹［二〇〇〇］「如来秘密」(『密教文化研究所研究紀要』別冊二) 一頁以降。

(21) 生井智紹［二〇〇二］「Buddhaguhya『大日経註』に見られる『大日経』の意趣について」一二三頁以降。生井智紹［二〇〇二a］、「如来性起をめぐる覚書」(『高木博士古希記念論集　仏教の諸相』高野山) 一五五頁以降。

(22) 馬鳴『大乗起信論』(『大正大蔵経』巻三二) 五七五頁c。

(23) 『大正大蔵経』巻三二、五七五頁。空海『秘蔵宝鑰』(『定本弘法大師全集』巻三、高野山、一九九四年) 一六九〜一七四頁。

(24) 『大正大蔵経』巻三二、五七五頁。空海『即身成仏義』(『定本弘法大師全集』巻三) 一八頁。

(25) 『大正大蔵経』巻三二、五七五頁。空海『弁顕密二教論』(『定本弘法大師全集』巻三) 九三頁。

(26) 生井智紹［一九八九］「仏道の体系と瑜伽の階梯」(『日本仏教学会年報』第五四号) 三二五頁以降。

（27） See, Sanja Jurković, On the Ninth Stage in Kūkai's *Ten Abodes of the Mind of the Mysterious Maṇḍala*, *Journal of Indian and Buddhist Studies*, vol. LIII-2, 2005. pp. 948ff.

（28） 空海『秘密曼荼羅十住心論』（『定本弘法大師全集』巻二、高野山、一九九三年）二六一～二七四頁。

（29） 『大正大蔵経』巻一八、三頁c。巻三九、六〇五頁c参照。

（30） 酒井真典『大日経広釈』（『酒井真典著作集』法蔵館、一九八八年）五五頁以降。

（31） 『大正大蔵経』巻三九、六〇五頁c、六一二頁c。

（32） 生井智紹［二〇〇〇］「如来秘密」（『密教文化研究所研究紀要』別冊二）一～四頁。

（33） Ed. Miyasaka, *Acta Indologica*, Narita 1995, pp. 208ff. 生井智紹［二〇〇一］「Buddhaguhya『大日経註』に見られる『大日経』の意趣について」一二〇頁以降。生井智紹［二〇〇二a］「如来性起をめぐる覚書」一五五～一六四頁。

（34） 生井智紹［二〇〇二b］「作用をともなう法身」（『密教学研究』第三四号）一三～二八頁。

（35） 『大正大蔵経』巻三九、六一二頁c。

（36） 空海『秘密曼荼羅十住心論』（『定本弘法大師全集』巻二、高野山、一九九三年）二七七～二八一頁。

（37） 龍猛『菩提心論』（『大正大蔵経』巻三二）五七三頁a。

（38） こういう意味では、華厳の教相判釈の大乗終教という位置づけでの『起信論』理解ではない。

（39） 空海『秘密曼荼羅十住心論』（『定本弘法大師全集』巻二）一八九頁以降。

（40） 空海『秘密曼荼羅十住心論』（『定本弘法大師全集』巻二）二四一頁以降。

（41） 空海『秘密曼荼羅十住心論』（『定本弘法大師全集』巻二）二六一頁以降。

（42） この点、日本天台系の密教解釈が、「如実知自心」の観念を重視し、『菩提心論』解釈上『菩提心論』の別題「瑜伽総持教門説菩提心観行修持義」の傾向が強く「金剛頂瑜伽」をそれと同一化する傾向が指摘されよう。

（43） 生井智紹［二〇〇二b］「作用をともなう法身」（『密教学研究』第三四号）一三～二八頁。

（44） 生井「如来秘密」（『密教文化研究所研究紀要』別冊二）八～九頁。生井智紹［二〇〇一］「Buddhaguhya『大日経註』に見られる『大日経』の意趣について」（『密教文化』第二〇六号）一一三頁以降。

（45） 『大正大蔵経』巻九、四六五頁。一〇巻、一〇九頁。

(46) 空海『性霊集』(『定本弘法大師全集』巻八、高野山、一九九一年)一七五頁。
(47) 『大正大蔵経』巻九、五七五頁c。
(48) 空海『即身成仏義論』(『定本弘法大師全集』巻三)十九~二四頁。
(49) 空海『声字実相義』(『定本弘法大師全集』巻三)四二~四九頁。
(50) 『大正大蔵経』巻一八、九頁。
我覚本不生　出過語言道　諸過得解脱　遠離於因縁　知空等虚空
(51) 『大正大蔵経』巻一八、三三一頁c等。

空海思想の比較思想論的研究（序）

吉田　宏晳

一　はじめに

弘法大師空海は、弱冠二十四歳の時に『三教指帰』を著して、儒教・道教・仏教の比較を試み、それぞれの教えがみな価値をもつこと、しかし儒教よりも道教が、道教よりも仏教が、空海にとっては価値があること、よって空海は仏教の道を選んで、その究極の境地（法身）を目指すことを表明した。その後、七年間の雌伏ののち、三十一歳の時、福州を経て長安へ赴き、青龍寺恵果和尚より真言密教の両部の大法を受法した。

日本に帰国ののち、『弁顕密二教論』を著して、真言宗を立教開宗するための理論的根拠を示し、さらに天長七年、勅命によって『秘密曼荼羅十住心論』十巻、『秘蔵宝鑰』三巻を著した。これら三書は『弁顕密二教論』が横の教判、後の二書が竪の教判と言われているが、いずれも他の宗教、他の仏教諸宗派に対する真言密教の優位性を主張するものであって、そこには『三教指帰』の場合と同じく、思想、宗教の比較とそれらの位置づけ、さらにその中で最も優れたものの選択が試みられている。

このように、いくつかの思想・宗教を比較して、それらの異同を明らかにし、そのいずれかを自己の立場として選択するという方法は、今日言うところの比較思想論的、あるいは比較哲学的方法であって、その意味で、空海の思想はそれ自体、比較思想そのものであるということができる。

そこでそれでは、このような比較思想論的研究が当時の思想・宗教界に存在したかというと、すでにそれは中国において教相判釈（教判）として存在しており、たとえば天台宗の五時八教や華厳宗の五教十宗などを挙げることができる。

したがって、空海の前述の三書はこれらの教判論と同類とみなすことができるが、これらの教判論とは大きく異なっている点も存在する。それは何かというと、中国の教判論は仏説である様々な経典が、様々な時代・様々な経路によって、中国に渡来し翻訳されたことから、これらの経典が説法された順序や形式・内容などを判定したものであった。それゆえ、教相判釈の対象は仏教経典に限られ、仏教以外の宗教や思想はその判定の中に入ってくることはなかった（劉虬や智顗の場合もあるが空海とは異なる）。ところが、空海の場合は、『三教指帰』の場合でもそうであったが、『十住心論』『秘蔵宝鑰』においても、その教判論の中に、儒教と道教という仏教とは異なる思想・宗教が位置づけられており、それればかりでなく、『三教指帰』の場合は蛭牙公子（酒と賭博と色欲に明け暮れている若者）が、また『十住心論』『秘蔵宝鑰』の場合は、異生羝羊住心という道徳にも宗教にも無縁な凡夫までが、その教判論の中に入ってきているのである。

そこで、これはなぜかという理由を調べてみると、『三教指帰』の場合は、空海自身の主体的な選択として、儒教・道教よりも仏教をという比較・対比・選択という経緯が見られるが、『十住心論』『秘蔵宝鑰』の場合は、まったく『大日経』『大日経住心品疏』によっていると見られ、この『大日経』の教主・説主は、釈尊ではなく、法身大日如来であるから、儒教・道教の教説も、この法身の説法の枠内にあると想定されたのであろう。つまり、比較の視座が釈尊から大日如来に変わったのである（この問題はのちに詳説する）。

さて、本論文では、このような空海の比較思想論的な思想を、大きく二つの方面から考究したい。すなわち、一つは空海思想そのものの比較思想論的構造の研究と、そのような思想形成の背景の研究である。第二は空海思想のこのような体系とその哲学的・宗教的根拠、および論理とを、西洋の宗教および哲学と比較することである。ただし、本論文ではこの第二の考究は示唆的なものにとどまるであろう。以上より本論文の構成は次のようになる。

1　空海思想の背景としての『大日経』住心品の比較思想論的考察
2　空海思想の比較思想論的考察
3　空海思想と西洋思想

二　空海思想の背景としての『大日経』住心品の比較思想論的考察

『大日経』はそのフルネームを『大毘盧遮那成仏神変加持経』と言い、その成立の時期と場所は、七世紀初頭・西インドであると想定されている。この経はサンスクリットの原本は未発見であるが、漢訳と蔵訳の二種の翻訳本があり、またその注釈書も漢・蔵それぞれの経に、未再治・再治の二種の注釈書が存在する。

これらの注釈書によって、この経の構想を見ると、まず経題に対する蔵訳注釈者の解釈によると、この経は「大毘盧遮那（如来）が成仏して神変加持したところの経」という意味であって、神変とは地上の菩薩に対して身語意無尽荘厳蔵を示すこと、加持とは地前の菩薩および二乗・凡夫に対して、真言と印契と曼荼羅とを示すことであるという。(1)

1　説主の問題

この経の説主あるいは教主は、従来の仏教経典とは異なり、大日如来である。従来の仏教経典は、阿含経をはじめとして大乗経典のすべてが、「如是我聞」で始まっていて、これは教主が釈尊であることを示している。ところが『大日経』には「如是我聞」がなく、この経がスートラではなく、タントラであることを示している。漢訳の注釈者の解釈は、従来の経典解釈に準じて、この経を従来の経と同列に扱っているが[2]、この経の構成内容を見るとただちにわかるように、この経では、大日如来が金剛手秘密主の質問に対して答える、という形で説法が始まっているのである。

それゆえ、これを比較思想論的に見ると、従来の仏教経典では、釈尊という特定の教主が説法するという形を取っていたため、儒教や道教等の他の宗教や思想の教説は、その経の中に取り込まれて同列に比較対照されるということはなかった。ところが『大日経』はその教主が、大日如来という不特定のあるいは普遍的な存在の説法という形を取ることによって、あらゆる教説をその経の中に取り込むことを可能にしたということができる[3]。

2　大日如来の智慧――一切智智

この経の教主である大日如来は、いずれの注釈者もこれを法身としている。ただし1でも見たように、従来の法身は釈尊の悟りの本体とも言うべき仏身であって、無色無形であり、したがって説法もすることはなかった。しかるにこの経では法身が説法し、この説法する身は加持身と言われている。漢訳の注釈ではこの法身と加持身とは無二無別であるとされ、蔵訳の注釈者は四身（法身・現等覚身・報身・化身）を言い、この四身の加持として、曼荼羅の諸尊を挙げている。[4]

いずれにしても、大日如来はその一切智智の働きによって、一切の衆生（生命あるもの）を救済する法を、（身語意無尽荘厳蔵として）加持したのであって、この所説の真言と印契と曼荼羅とを如理作意瑜伽（yoniśo-manasikāra-yoga）することによって、修行者はこの曼荼羅の一尊に成り、この一尊は大日如来にほかならないから、ただちに大日如来に成るという形になっているのである。

そこでそれでは大日如来はこの一切智智をいかにして獲得したか、その因と根と究竟は何ですか、というのが金剛手秘密主の大日如来に対する質問である。これに対して大日如来は「（一切智智の）因は菩提心であり、根は大悲であり、究竟は方便である」と答える。注釈者はこの三つの問に対する解答が、この経のすべてであるというが、[5]このうち因である菩提心とは何か、菩提心をいかにして獲得するか等に対する解答は、この経の第一章である「住心品」に説かれている。

この品のフルネームは「入真言門住心品」または「心差別品」であり、この品題によっても明らかなように、真言門に入る前提、あるいは準備段階として、心が心のあり方を知るための方策が説かれている。そこで菩提とは何かというと、「実の如く自心を知ることである」とあり、この意味は悟りは自己の心においてのみ実現し、他者においてではない。『大疏』（漢訳の注釈書）では、これを「他に由って得ず、他に従って得ず」と言っている。そこで次に「実の如く自心を知る」うちの「実の如く」とはどのようにかというと、『大疏』では、

此の法は何れの処よりか得るや。即ち是れ行者の自心なりというのみ。若し能く実の如く観察して、了了に証知する。是れ成菩提と名づく。其れ実に他に由って悟らず、他に従うて得ず。問うて曰わく、若し即心是れ道ならば、何故ぞ衆生は生死に輪廻して、成仏することを得ざるや。答えて曰わく、実の如く知らざるを以ての

故なり。謂ゆる愚童凡夫は、若し是の法を聞かば、少しく能く信ずることあり。識性の二乗は、自ら観察すと雖も、未だ実の如く知らず。若し実の如く自ら知らば、即ち是れ初発心の時に便ち正覚を成ず。譬えば長者の家の窮子の如し。若し自ら父を識る時に、豈に復是れ客作の賤人ならんや。爾の時に、行者は正しく心の実相を知るが故に、一切の法は悉く皆甚深微妙にして無量無数不可思議なり、不動・不倚・不著にして都て所得無し、畢竟じて菩提の相の如しと見る(6)。唯し是れ心自ら心を証し、心自ら心を覚る。是の中には知解の法も無く、知解の者も無し。始めて開暁すべきに非ず、亦開暁の者も無し。若し少分の能所を分別して、猶微塵の如きものも、即ち法と非法との相を取らば、我人と衆生の寿命とを離れず。豈に名づけて金剛の慧と為ることを得んや。復次に経の中に自ら転釈して、『何を以ての故に、菩提は無相なるが故に』と言う(7)。

と言う。すなわち、「心の実相は無相であることを知る」ことが如実にであり、これは経文の「心と虚空と菩提は無二無相である」ということに接続していく。

これに対して、『広釈』（蔵訳の注釈書）は、「自己の心を如実に知る」とは「瑜伽の心によって、所取分を破し、それがないならば能取分も存在しない。このように所取と能取の自性を離れて、完全清浄、無相、自性清浄であることを知ることである」と言う。またさらに続けて、「他の経典にも、四智のうち、平等性智は菩提であり、大円鏡智と妙観察智と成所作智は一切智智である、と説かれている」と言う(8)。

それゆえ、『大疏』と『広釈』とでは、一切智智の因である菩提心の規定が、前者は無相菩提心、後者は平等性智といって、思想系列上の違いを見せているが、いずれもこの菩提心を獲得する方法が、以下の「住心品」の所説となっているのである。菩提心の獲得の方法が、二つの注釈ではまた異なっているが、ここでは空海が依用した『大疏』によってこれを見ることにしたい。

それによると、虚空無垢菩提心を得る方法には、三種類あって、その一は、離着方便観、第二は三妄執観、第三は六無畏観である。この詳細は記しがたいが、これらの方法によって、修行者は虚空無垢菩提心を獲得する。これは三妄執観で言えば、人執、法執を断じて、第三の無明執を断じて獲得し、六無畏観で言えば、第六番目の一切法自性平等無畏を得た段階である。『大疏』では必ずしも明確には言わないが、『広釈』では、これは平等性智であって、初地の心である。これを別の言葉で言うと「一切智智と自性が同じである心」であって[9]、なぜ一切智智と自性が同じであるかというと、虚空中には何もないが、一切を入れることができる。それと同様に虚空無垢菩提心も能所を絶した無相の心であるから、ことに応じて自在に働く智慧であると考えられる。

3

ここでこの大日如来の一切智智の因である虚空無垢菩提心を比較思想論的に考察すると、この菩提心は独自のできあがった思想ではなくて、むしろ事柄に応じて自由自在に問題を解決する自由な思索、あるいは思索する自由な人格の形成とでも言うことができる。それゆえ、この智慧はカントの言う「哲学とは哲学することだ」という言葉に比することができるし、あるいはさらにそれを超えて、単に哲学するのではなく、すべての人々を救済するという慈悲に基づく自由な智慧（自由なと言ったのは、この智慧は輪廻からの解放を可能にするから）にほかならない。

4

この一切智智の因・根・究竟である菩提心・大悲・方便にあたる概念と対応する用語を、密教関係の他の経論に探ると、不空訳の『菩提心論』に、勝義・行願・三摩地の三種菩提心という用語が見られ(10)、これらは互いに対応すると思われる。そしてこの三種菩提心が空海の『三昧耶戒序』における、四種心（信心・勝義心・行願心・大菩提心）に対応していることは明らかである。

三　空海思想の比較思想論的研究

空海の教判論は二種類あって、その一つは『弁顕密二教論』、もう一つは『秘密曼荼羅十住心論』、『秘蔵宝鑰』である。

これらはいずれも比較思想であるが、そのうち前者は横の教判と言われ、顕教と密教とを、1教主、2教説、3成仏の時間、4得益の大小、という四つの視点から比較したものである。これに対して、後者は竪の教判と言われ、普通の凡夫から儒教・道教の教えを超えて、仏教の教えに入り、さらにその仏教の教えも、いわゆる小乗仏教から大乗仏教へ、大乗仏教から密教へと段階的に価値づけをする比較と、これらの思想の全体が密教であるとする、より広い立場の表明がある。この竪の教判における二種類の解釈の違いは、浅略釈・深秘釈と言われて、『十住心論』にのみ見られ、『秘蔵宝鑰』は浅略釈のみである。

また竪の教判の場合、十の段階の心は第一段階（異生羝羊住心）と第十住心（秘密荘厳住心）を除いては、すべて歴史的に形成された思想・宗教であって、空海の思想がいかに統括的・体系的な比較思想であるかが、これによって判明する。ここでは詳細な説明を期しがたいので、以下に空海の比較思想の全体を図によって示す。

（十住心）（深秘釈）――――

①	異生羝羊住心		凡夫		世間心	密教（九顕十密）
②	愚童持斉住心		道徳		世間心	密教（九顕十密）
③	嬰童無畏住心	世天真言	宗教		世間心	密教（九顕十密）
④	唯蘊無我住心	声聞真言	声聞	二乗 ― 顕教	出世間心	密教（九顕十密）
⑤	抜業因種住心	縁覚真言	縁覚	二乗 ― 顕教	出世間心	密教（九顕十密）
⑥	他縁大乗住心	弥勒菩薩の三摩地門	法相	権大乗 ― 顕教	出世間心	密教（九顕十密）
⑦	覚心不生住心	文殊菩薩の三摩地門	三論	権大乗 ― 顕教	出世間心	密教（九顕十密）
⑧	一道無為住心	観自在菩薩の三摩地門	天台	実大乗 ― 顕教	出世間心	密教（九顕十密）
⑨	極無自性住心	普賢菩薩の三摩地門	華厳	実大乗 ― 顕教	出世間心	密教（九顕十密）
⑩	秘密荘厳住心		真言	密教（九顕一密）	出世間心	密教（九顕十密）

四　空海思想と西洋思想

以上より、空海思想の比較思想論的特徴を列挙すると、

1　あらゆる教説を大日如来の衆生救済の説法と捉えていること。

2　それらの教説は歴史的に形成されたものであること。

3　一切の教説の無自性性（法無我）（無立場の立場）。段階の浅深は執着の麁細による。

4　世間心（衆生心・儒教・道教）と出世間心（仏教）とを区別するメルクマールは、我執・我所執（我が物に対する執着）の有無である。

5　比較思想論にとどまらないで、一切の思想・宗教・教説の無自性性を観ずる。論の観（三摩地）。

6　三摩地による即身成仏が目指されている。

7　特定の時代や地域の思想・宗教をその教説の中に取り込むことができる。開かれた思想・宗教である。

8　すべての人々の成仏（悟りを開くこと）の可能性、あるいは現実性を説く。

これを西洋の思想・宗教と比較すると、

1　自覚の智であるという意味では、ソクラテスの哲学知、カントの哲学する（philosophieren）こと、あるいは実存哲学の主体性、などとの比較。

2　総合的・体系的であるという意味では、アリストテレス・ヘーゲルの哲学体系との比較。

3　人間の救済に関わる宗教としては、ユダヤ教・キリスト教・イスラム教との比較。

4　法身大日如来との合一を目指すという観点からは、西洋神秘思想との比較。

5　分別智・無分別智との関連が明確であるという意味では、科学的合理主義に対する、仏教的智の包摂性に関する研究。等々。

6　『十住心論』中には、中観・唯識・天台・華厳等の仏教哲学が含まれているから、当然、これらの思想と関わる西洋思想との比較が個々に試みられ、それが空海思想の中でどう関わってくるかが研究される。たとえば、唯識思想と現象学、中観仏教とカント・ヤスパース。等々。

7　言語哲学と仏教の言語哲学と空海の『声字実相義』とに関する比較。仏教および空海の言語哲学とソシュール（Ferdinand de Saussure）の言語論との比較、これと相関する仏教とポスト構造主義等。

8　人間観、存在論、認識論、時間論、トポロギー、倫理学、歴史観、社会観、環境観等、その他の方面の比較研究を進める。

以上、空海思想と西洋思想との比較に関して、研究の俯瞰的な見取り図を示した。われわれがこれによって得ることのできる利益は、空海思想と西洋思想の互いの位置づけであり、かつそれぞれの思想・宗教のアイデンティティの確認である。なお、「空海思想の比較思想論的研究」というテーマとしては、空海思想とインド思想・空海思想と中国の思想との比較といった諸問題も提起され得るが、これらはすでに空海自身が『十住心論』等の中で行っているので、これについての言及は一応除外した。ここではむしろこれまでにあまり研究されていなかった空海思想と西洋の思想・宗教との比較への方向性を示した。

註

（1）『北京版西蔵大蔵経』七七巻 Cu 3a—b。
（2）『大正蔵』三九巻、五七九頁下。
（3）拙稿「真言密教の教判論について」（『北海道大学印度哲学仏教学』一八）。
（4）『北京版西蔵大蔵経』七七巻・Ṅu 17a—19b。
（5）『大正蔵』三九巻、五八六頁下。
（6）『大正蔵』三九巻、五八七頁中。
（7）『大正蔵』三九巻、五八七頁下。
（8）『北京版西蔵大蔵経』七七巻 Cu 16b—17a。

（9）『北京版西蔵大蔵経』七七巻 Cu 16a。

（10）『大正蔵』三九巻、五七二頁下以下。

空海における真言と曼荼羅

村上　保壽

一　はじめに

空海は、唐から請来し、やがて独自に体系化していった密教を、『辯顕密二教論』(以下『二教論』)をはじめとする撰述書の中では、真言教法、真言秘教、真言乗あるいは真言一乗等々の言葉で表現している。なお、現在の一般的な呼称である「真言密教」の語は、『秘蔵宝鑰』第十住心冒頭の頌においてはじめて見られる用例である。[1] それでは、空海は、これらの用例における「真言」の語をいかなる概念として理解していたのであろうか。それというのも、真言の語をいわゆる不可思議な威力をもった言葉ともいうべき「呪」あるいは「明呪」の意味に限定して理解するとしたら、先の教え(乗・宗)の意味を含んでいる真言の概念は、そのような語意に比べて明らかに拡張したものとなっているからである。

あるいは、真言とは、如来の如義真実の言を表す言葉であると理解するにしても、これから取りあげるように、空海がその撰述書の中で体系的な密教の教えと本質を表す際の概念として、本来の語義を離れて拡張的に使用していることを考えると、単に威力をもった呪であるとか、如来の秘密語であるとかという言語的な定義だけでは、空海が真言に含意させている意味を正確に捉えることができないのは明らかである。すなわち、空海の使用している「真言」の語は、既定の語義理解に基づくものではなく、彼独自な語義理解を反映したものであったのではないかと思われるのである。そこで、この拡張された「真言」とは、いかなる概念であるのか。そのことを空海自身の真言の意味理解をとおして明らかにしてみたい。

二　真言の語義について

その前に、そもそもわが国において、「真言」の語が仏教における体系的な教え（乗・宗）としての密教を表現する言葉として使用され始めたのはいつ頃からであろうか。もちろん、その時期を明確にすることは困難であるにしても、この間の事情を空海に即して簡単に見ておきたい。

空海は、大同元年（八〇六）十月二十二日付の『新請来の経等の目録』（以下『御請来目録』）の中で、恵果和尚の告として「真言秘蔵は経疏に隠密にして、図画を仮らざれば相伝すること能《あた》はず」〔真言秘蔵経疏隠密不仮図画不能相伝〕と述べて、この真言秘蔵を最上乗密蔵とも呼んでいる(2)。すなわち、ここで、真言秘蔵の語を如来の真実の「ことば」を秘蔵している教え（乗・宗）という意味で使用している。その意味では、この「真言」の語は、体系的な教えである密教を表現する言葉として使用されていることがわかる。そのかぎりでは、この「真言」の語は、密教の思想体系を表現している概念であるとみることができよう。

ところで、別の箇所でも真言の語を出しているが、そこでは「真言幽邃《すい》にして字字の義深し。音に随って義を改むれば賖切《しゃせつ》謬《あやま》り易《やす》し」(3)〔真言幽邃字字義深。随音改義賖切易謬〕、すなわち、真言ははるかに奥深いもので、その一字一字の意味は深く、音に随って意味を変えてしますと、音の緩急長短を誤りやすい、と述べている。ここでいう「真言」の語は、明らかに教え（乗・宗）の意味ではなく、如来の如義真実の「語」の意味で使用されていることがわかる。このことは、この時期に、空海が「真言」について、教え（乗・宗）と如来の如義真実語という二つの意味から把握していたことを示している。これについては後で見るとして、まず先の疑問である。すなわち、わが国においていつ頃から「真言」の語が体系的な教え（乗・宗）を表す言葉として使用されてきたのかということについて考えてみたい。

最澄が空海宛に出した弘仁三年（八一二）八月十九日付の書簡の中で、「遮那宗と天台とは与《たがひ》に融通し、疏宗もまた同じ。（略）また一乗の旨《むね》、真言と異なることなし」[4]〔遮那宗与天台融通。疏宗亦同。（略）一乗旨。与真言無異〕と述べている。ここで、最澄は遮那宗いわば大日如来の教え（乗・宗）を真言とも言い換えて、それが一乗と同じ主旨の教えであると理解している。あるいは、弘仁七年（八一六）五月一日付の泰範宛の書簡で「法華一乗と真言一乗と何ぞ優劣あらんや」[5]〔法華一乗真言一乗。何有優劣〕と記している。この場合の「真言」も同様に、いわゆる真言の教え（乗・宗）の意味で使われている。したがって、この「真言」を「呪」と規定することはもちろん、如義語・真実語を表す「語」の意味に限定して捉えることも困難である。最澄は、ここで明らかに真言の語を乗や宗を表す概念として使用しているからである。

このことは、最澄だけでなく平安初期の仏教界において、空海の請来した新しい仏教が漸次に「真言」の語で表現されていったことが考えられる。『続日本後紀』の承和二年（八三五）三月廿五日条の空海卒記に「延暦廿三年入唐留学し、青龍寺恵果和尚に遇ふ、真言を稟《りん》学す。其の宗旨の義味に該通せざる莫《な》し」[6]〔延暦廿三年入唐留学。遇青龍寺恵果和尚。稟学真言。其宗旨義味不莫該通〕とある。この真言の語が天台や華厳などの語と同様に、宗を表す言葉として使用されていることは明らかである。したがって、この意味の真言は、最澄が空海を「新来の真言家[7]」と評していることからしても、そもそも空海が使用したことによると考えてよいのではないかと思う。すなわち、請来した密教を『御請来目録』の中で恵果和尚が「真言秘蔵」と呼んでいること、さらに、空海自身が『二教論』の喩釈の箇所で密教を「真言秘教[8]」や「真言秘密蔵[9]」と言い換えていること、あるいは『菩提心論』の「真言法の中にのみ即身成仏するが故に、是れ三摩地の法を説く[10]」〔惟真言法中即身成仏故是説三摩地法〕につけた喩釈の「秘密真言三摩地門[11]」などの用例から、空海の密教を「真言」と呼ぶようになったと考えられる。それ故に、このような教えや宗を意味する「真言」の語は、真言・マントラ（mantra）が本来もっていた元の語意を越えて、空海が新しい仏教（一乗）思想を表現する言葉として使用したことに帰因しているとみることができる。

しかし、このような「真言」の理解は、わが国においては空海によるとしても、そもそもは中国においてすでにそのような使われ方がなされていたというべきではないかと思う。それというのも、空海が『秘密曼荼羅教付法伝』（以下『広付法伝』）の中で『不空表制集』を引用して彼の伝記を記している中で、不空の業績に関してかかる意味の「真言」の語を使用している文が見られるからである。

詳《つまびら》かに真言及び大乗経典を訳す。冀《こいねがわ》くは消微《けんび》を効《いた》して上《かみ》皇道を資《たす》けん。その訳すところの金剛頂瑜伽法門はこれ成仏速疾の路なり。その修行する者は、必ずよく頓《すみ》やかに凡境を超えて、彼岸に達す。余部の真言は諸仏の方便なり[12]。

詳訳真言及大乗経典。冀効消微。上資皇道。其所訳金剛頂瑜伽法門是成仏速疾之路。其修行者必能頓超凡境達于彼岸。余部真言諸仏方便。

すなわち、空海は、不空が真言と大乗経典を訳したこと、その（真言）中の金剛頂瑜伽の法門は成仏速疾の経路であること、そして、それ以外の真言は諸仏の方便であることを述べている文を引いている。

この真言の意味は、大乗とは異なった教えである金剛頂瑜伽の法門、いわゆる密教を指している。そして、余部の真言は諸仏の方便なりと述べていることからすると、金剛頂瑜伽の教えだけが不空にとって意味のある「真言」すなわち「教え」であったことがわかる。あるいは『貞元録』からの「皇帝の批に曰く、和上〔不空〕《筆者注》（略）遠く天竺より来たって真言を布《し》く」[13]〔皇帝批曰。和上（略）遠従天竺来布真言〕という記述がある。すなわち、不空が唐に来て真言を布教したというのである。この真言を「呪」や如義語などの「語」の意味に限定したならば、この文意はわからなくなる。したがって、これらの記述からいえることは、少なくとも不空の時代において、一般に真言の語を体系的な密教の同義語として使用していたということである。それ故に、この意味の真言概念は、空海に独自な使用ではなく、すでに唐朝において一般的であったことが考えられる。

さらにその内容を考察すると、空海は『不空表制集』からたとえば次のような文を引用している。

庶《ねがわ》くは真言の福祐、長く聖躬《せいきゅう》を護り、大乗の威力、永く国界を康《やす》んずることを得ん。その未だ翻せざる梵本の経の中に、但し国を護持し、福、生霊を潤すものあらば続いて奏聞せん。[14]

庶得真言福祐長護聖躬。大乗威力永康国界。其未翻梵本経中但有護持於国福潤生霊者続訳奏聞。

すなわち、真言は大乗の威力とともに皇帝の聖躬と国家の安穏を護持し、人々の福祐いわば福祉を向上させる働きをもった教えであると述べられている。ここでも真言は、単なる呪的威力をもった言葉（呪・明呪）ではなく、国家を護持し人々の福祉を向上させる威力をもった「教え」の意味を表す概念として使用されている。その意味で、この真言をいわゆる密教と言い換えても決しておかしくはない。このような「真言」の語の拡張使用の上に、空海の真言概念が構想されたと考えてよいであろう。言い換えれば、「真言」つまり密教は、国を護り人びとの福祉を向上させる功徳をもった教えであるとする不空の語意理解の上に、空海の時代の人びとに「真言」の語が乗や宗と同次元の概念として理解されていたということができる。

同時に、その理解は、一般の人びとに真言の語が密教の内容を端的に語っているものと意識されていたことを示している。すなわち、密教とはまさに「真言」をキーワードとしていることの認識である。空海もまたそのような真言理解に基づいて、請来した密教を把握していたことは確かであるとともに、そのような密教把握こそが空海の思想世界の核心にほかならないといえよう。

三　空海の真言理解

それでは、空海はいかなる内容の教えとして真言の語を理解していたのであろうか。それを明らかにする一つの記述が『声字実相義』（以下『声字義』）の中にある。

仏界の文字は真実なり。故に、経に真語者、実語者、如語者、不誑《きょう》語者、不異語者と云ふ。此の五種の言、梵には曼荼羅と云ふ。此の一言の中に五種の差別を具す。故に、龍樹は秘密語と名づく。此の秘密語を則ち真言と名づくなり。訳者、五の中の一種の翻を取るのみ。[15]

仏界文字真実。故経云真語者実語者如語者不誑語者不異語者。此五種言梵云曼荼羅。此一言中具五種差別。故龍樹名秘密語。此秘密語則名真言也。訳者取五中一種翻耳。

すなわち、空海は、経典にいう真語者、実語者等の五種の語を梵語では曼荼羅というと述べている。なぜなら、曼荼羅という概念には五種の区別つまり五仏が具わっているからである。それ故に、龍樹は秘密語と呼んでいるのである。そして、この秘密語すなわち曼荼羅を真言と呼んでいるのは、翻訳者が五種の中の一つを採用したからであるという。

空海は、仏界の文字が含意する五種の言を梵語では曼荼羅といい、曼荼羅とは秘密語であり、秘密語は真言ともいうと述べているが、直接に真言を梵語では曼荼羅であると述べているわけではない。とはいえ、いわゆる三段論法的には秘密語を媒介にして、真言とは曼荼羅であるとする定義が成立していることは確かである。しかし、注意すべきは、『声字義』での空海は、仏界の文字の含意する真語者、実語者等の五種の言を梵語で曼荼羅というと述べていること、そして、その曼荼羅を秘密語と捉えていることである。つまり、空海は、真言を秘密語と述べているのではなく、五種の差別すなわち五仏を明かしている仏界の文字・曼荼羅を秘密語と捉えているのである。

ところで、空海のこのような語義理解について、これまでの研究者は、空海の文を『大日経疏』の次の文から直接に取意したものと考えてきたようである。すなわち、「真言とは梵に漫怛羅と曰ふ。即ち是れ真語、如語、不忘、不異の音なり。龍樹の釈論には之れを秘密号と謂ふ」[16]（真言梵曰漫怛羅。即是真語如語不忘不異之音。龍樹釈論。謂之秘密号）という文言である。この文言は、真言の語義とそれが秘密語であると規定しているだけであって、ここには、仏界の文字が五種の差別を具える曼荼羅（秘密語）にほかならないというような思考はまったく見られない。その意味では、『声字義』の言葉は、空海が真言を直接問題にしているのではなかったことがわかる。しかし、仮に『大日経疏』の文に引きずられて、空海が「真言とは梵語で曼荼羅である」と規定していると読み取ったとすると、次のような疑問が浮かぶことになる。すなわち、梵語では真言はそもそもマントラ（漫怛羅）である筈なのに、マンダラ（maṇḍala・曼荼羅）であるとするこの『声字義』の記述は、後代の誤写ではないだろうか、と。

しかし、この記述について、たとえば『宥快鈔』には何の言及もない。小田慈舟は、曇寂が『付法伝』にもこの記述が見られると述べている(17)ところから、後代の誤写説を退けている。(18)しかし、『付法伝』の中に、真言は曼荼羅であるという直截な記述はない。おそらく、曇寂は『広付法伝』の「かくの如くの法身、(略)常恒に真実語、如義語の曼荼羅法教を演説したまふ」(19)〔如是法身(略)常恒演説真実語如義語曼荼羅法教〕という文から取意したのではないかと思われる。

それよりも、空海の「真言とは曼荼羅である」とする明快な規定を探すならば、『秘密曼荼羅十住心論』(以下『十住心論』)第十住心における次の記述こそを考えるべきである。

謂く、真言とは且《しばら》く語密に就いて名を得。若し具《つぶさ》に梵語に拠《よ》らば、曼荼羅と名づく。龍猛菩薩は秘密語と名づく。且く語密の真言法教に就いて、法曼荼羅心を顕示せば、経に云く。(20)

謂真言者且就語密得名。若具拠梵語名曼荼羅。龍猛菩薩名秘密語。且就語密真言法教顕示法曼荼羅心者。経云。

すなわち、真言とは語密であり、その意味の秘密語である。梵語では曼荼羅であり、その曼荼羅を法(種子・真言)曼荼羅によって明らかにするとしている。この発言は、空海が語密としての真言とはその表象としての曼荼羅にほかならないと把捉していたことを明確に示しているといえる。したがって、その思想内容が空海の密教思想の本質を表現しているだけに、簡単に誤写と判断することはできない。これについて付け加えると、おそらく九〇〇年頃に成立していたと考えられている『秘蔵記』に次のような記述がある。

真言と者、如来の言は真実にして虚妄なきが故に、真言と曰ふ。然も皆是れ一一の辺を挙げて名づくる所なり。曼荼羅を以て真言の名と為す。曼荼羅の言と者、梵語か漢語か。梵語にして漢語に非ず。曼荼羅を以て漢語に翻せば云何ぞ。曼荼羅に衆多の義を含む。相当の者なきに依って、翻訳家翻せずのみ。(21)

真言者如来言真実無虚妄故曰真言。然皆是挙一一辺所名也。以曼荼羅為真言名耳。言曼荼羅者、梵語歟漢語歟。

梵語非漢語。以曼荼羅翻漢語云何耶。曼荼羅含衆多義。依无相当者翻訳家不翻耳。

すなわち、真言というのは、如来の言葉は真実にして偽りがない、だから真言という。しかし、この言葉は、陀羅尼のもっている一々の意味の中からその一つ意味をあげて名づけているのである。曼荼羅をもって真言の概念としている。曼荼羅は梵語であるが、漢語に翻訳するのに適当な訳語がないので、翻訳家が翻訳しなかったのだ、としている。

『秘蔵記』の作者が真言を曼荼羅と規定した根底には、おそらく先の『十住心論』の記述が典拠になっているのではないかと思うが、この記述には、真言を曼荼羅とする空海の理解が誤写としてではなく、空海の真言理解そのものとして後世に伝わっていたことをうかがわせるものである。

ところで、このような空海の真言理解について、すでに芙蓉良順の「真言について」というすぐれた研究がある。[22]芙蓉は、この論文の中で、おそらく曇寂の説に基づいてであろうが、[23]『声字義』が引用している「経」と五種の語が『大日経疏』とそこに出す四種の語ではなく、鳩摩羅什訳の『金剛般若波羅蜜経』であり、そこに出す五種の語すなわち「如来とは是れ真語者、実語者、如語者、不誑語者、不異語者」(如来是真語者。実語者。如語者。不誑語者。不異語者)であることを論証している。[24]したがって、先の「五種の差別を具するが故に」について、この真語者、実語者等の五種とは、「者」の字が仏(如来)を指すことに留意して、それは他でもなく曼荼羅の五仏を明かしているとみている。そして、「それがまた仏の三昧の分類であり、その分類をそのまま曼荼羅の五仏の内証に当て、その内証から出る言葉を真語・実語等と名づけたものと見るのが大師の真言観である」[25]と述べている。つまり、芙蓉は、空海の真言観とは真語者・実語者等を仏の三昧の表象である曼荼羅の五仏と捉え、その三昧の内証から出生する言葉を真語・実語等と捉えているとみているのである。

この芙蓉の理解は、空海が真語・実語等の「ことば」の概念を単なるマントラの意味に限定して捉えているのではなく、如来の語密（真言・三昧）と解釈することによって、それらの「ことば」を曼荼羅の意味に拡張していることを明確に説明しているといえる。その意味で、この説は妥当な理解であると思う。したがって、ここで屋上屋をかすつもりはないが、芙蓉の論とは別の視点から、空海の真言理解をとおして、その「ことば」の思想性を考察してみたい。

先にも引用したが、空海の『大日経開題』の中の数本に次のような記述がある。

真言とは、梵には漫怛羅と曰ふ。すなわち、これ真語、如語、不妄、不異の義なり。龍樹の釈論には之れを秘密号といひ、旧訳には呪といふ。正翻にはあらざるなり。[26]

真言者梵曰漫怛羅。即是真語如語不妄不異之義。龍樹釈論謂之秘密号。旧訳云呪非正翻也。

この文言は、『大日経疏』住心品からの引用である。写本や刊本によっては、『開題』の中には漫怛羅が曼荼羅となっているものもあるが、ここでは『大日経疏』の文を忠実に引用しているとみてよいであろう。したがって、空海が真言を正確にマントラ（漫怛羅）の訳であると理解していたことがわかる。

しかし、後半の呪と訳すのは正しい訳ではないと述べられていることは、空海の真言理解を知る上で重要である。なぜなら、この言葉は、『大日経疏』が真言を呪的意味の概念としては必ずしも理解していないことを示しているからである。呪という語は、祝と関係のある言葉である。祝は、兄《しゅく》（口と人）が源字であって、神おろしをする巫女を表し、そこから「のる」・宣の意味を表している。転じて、神に祈る、神に告げる、祝詞あるいはいわい・いわう、幸いを祈る等の意味になった。呪の語源は、口と兄《しゅく》から成っていて、人に災いを下すことを神に祈る、「のろい」の意味になり、転じて「まじない」の意味になった。『大日経疏』は、マントラの語義がこのような呪の意味に限定されることを嫌ったようである。

空海も同様に、この『大日経疏』の文言からマントラを呪と翻訳することの問題を理解したことは明らかである。すなわち、この文言から真言が単なる呪的概念ではなく、如来の語密である秘密語いわば仏智の表象であるという理解を得たと考えられる。仏智の表象とは曼荼羅にほかならない。それ故に、空海が『金剛般若波羅蜜経』の五種の「者」すなわち曼荼羅の五仏と、仏智の表象である真言（秘密語）とを結びつけたとき、『十住心論』にあるように「真言は曼荼羅なり」とする理解に至ったことは十分に考えられることである。その意味で、『大日経開題』では、真言は漫怛羅であると説明しているが、この場合でも、空海が真言の本質的意味を呪ではなく曼荼羅（仏智の世界）を含意しているものと把握していたことは予想できるのである。そのかぎり、写本や刊本の中に漫怛羅とあるべきを曼荼羅と記すものがあったとしても、明らかに誤写であろうが、空海の思想からするとあながち誤りとはいえないことになる。

これまでのことから、空海は、真言が梵語ではマントラ（漫怛羅）であることを知っていながら、しかし彼自身の思想を語るとき、真言の語義を拡張し、それを語密と把握することによって、真言が曼荼羅を表象している秘密語であると捉えていたことがわかった。したがって、この点に空海の真言理解の特徴を見ることができよう。なぜなら、このような語の拡張的理解こそが空海の思想の基本つまり思想性であり、真言密教の思想を体系化する際の根幹となっている原理にほかならないからである。

そこで、空海の真言・秘密語の理解を整理すると次の二つのことがいえる。第一に、『声字義』の中で、「所謂声字実相とは即ちこれ法仏平等の三密、衆生本有の曼荼なり」[27]〔所謂声字実相者即是法仏仏平等之三密。衆生本有之曼荼也〕、「真言とは則ち声なり。声は則ち語密なり」[28]〔真言者則声。声則語密〕と述べている真言理解である。すなわち、「声」・真言とは、法身如来の働きである語密であり、その語密が明らかにする実相・声字実相とは、衆生に本来性として具わっている曼荼羅すなわち仏の世界であり仏性そのものであるというものである。この言葉には、声字がすなわち実相であるとする思想の背後に声字実相である曼荼羅の世界が構想されていたことを示している。それ故に、語密すなわち「ことば」が世界（曼荼羅）を開示しているという意味で、空海は真言とは曼荼羅なりと理解しているのである。世界を開示する真言すなわち「ことば」の思想性は、かかる真言＝曼荼羅概念においてはじめてわれわれの前に明かされているといえる。

言い換えれば、空海は、真言を曼荼羅と捉えることによって、密教の同義語として使用しているだけでなく、真言が密教の世界を開示している「ことば」・語密であり、しかもその「ことば」は、顕教あるいは大乗経典の言葉ではなく、仏界自体の直接の「ことば」として世界（存在）の実相をわれわれの前に明かしている密教の言葉として捉えているのである。それ故に、空海は、如来の語密・秘密語である真言とは如来の「ことば」の表象であり、したがって仏界の「ことば」そのものであると同時に、仏智いわば世界の実相を表象している曼荼羅にほかならないと述べているのである。

第二に、『般若心経秘鍵』の「真言は不思議なり　観誦すれば無明を除く　一字に千理を含み　即身に法如を証す」[29]（真言不思議　観誦無明除　一字含千理　即身証法如）という頌の言葉がよく示しているように、『吽字義』の字義理解につながる真言理解である。すなわち、この頌句からいえることは、第一に、一字の真言の中に世界の実相と無数の智（真言）が摂されているとする真言（字義）理解、すなわち総持（ダラニ）の意味の理解である。[30]そして第二に、この総持である真言・秘密語を単に不可思議な呪的言語としてではなく、仏智の功徳あるいはエネルギー（威力）を表象している「ことば」として理解していることである。その意味では、この真言・ダラニ（陀羅尼）は、その含意としてマントラが本来もっている呪的威力・エネルギーの意味を維持していることは明らかであるが、しかし、本質的に仏智の功徳あるいはエネルギーとして把捉されているかぎり、もはや単なる呪的次元の概念でないことは明らかである。空海は、この二つの真言・秘密語の意味理解に立って、真言（語密）の教えすなわち三密の教えが果分不可説の大乗（顕教）を超えた教えであり、まさに最上乗の秘密仏乗であると主張することができたのである。

四　「ことば」の開示する世界

空海は、先に「真言とは語密について名を得」と捉えていた。それは、真言の概念が世界を開示する如来の秘密の活動であることを示している。このことは、真言が単なる象徴の概念あるいは言語ではなく、どこまでも世界を開示する語密（秘密語）として把握されていることを明かしている。そして、先の『十住心論』からの引用にあった、「曼荼羅を法曼荼羅心すなわち種子〔梵字《筆者注》〕によって顕示すれば」という文言からも明らかなように、このような語密・真言によって開示された世界こそが空海のイメージしている曼荼羅の概念にほかならなかったのである。

また、ここでいう語密とは、単なる隠された秘密の働きという意味を明かしているのではない。あるいは、不可思議な呪的威力をもっている呪（まじない）をいうのでもない。それは、如来の絶対の境界である世界そのものがわれわれの現前に開示されていることを告げ知らせる「如来の働き」を意味しているのである。そして、その境界は、一般には言葉を超えた世界であり、そのかぎり、認識論的には主客に対象化することのできない世界である。いわば、言説を超えた世界、不可説の世界である。そのような意味での如来の語密であり、秘密語であった。しかし、空海は『二教論』以来、この世界が直接われわれの前に明かされていることを主張している。法身説法の主張がそれである。

空海が法身説法で明らかにしているのは、世界の実相が如来の「ことば」、すなわち真言とその言名（字）である「声字」によって明かされているというものであった。すなわち、世界の実相（存在性）がわれわれの前に姿を顕現するのは、ただ如来の「ことば」によるということである。あるいは、「ことば」によってはじめて存在者の存在がこの世界に顕現するという意味で、井筒俊彦のいう「存在はコトバである」[31]ということである。この意味は、絶対の境界である未分節の世界（六大体大の世界）が「ことば」によって意味を付与されて分節するとき、この現象世界（四曼相大の世界）がその姿（存在相）を現すことを明らかにしている。この存在の実相（存在性）を明らかにしている如来の「ことば」こそが空海における真言の意味であった。[32]

このことを言い換えると、未分節の法界を真言・語密によって意味分節するとき、そこに世界の真実相すなわち曼荼羅が現象するのである。そして、この曼荼羅は、真言・語密によって意味分節された世界として、われわれの前に措定されている。したがって、空海が「真言は曼荼羅なり」というとき、この文言は、真言の言語的意味が曼荼羅であることをいうのではなく、真言・秘密語が世界の実相を曼荼羅として開示しているという奥深い存在の真相を述べている定義なのである。

空海は『十住心論』第三住心の中で、このような「ことば」の本質を曼荼羅との関係で次のように述べている。

若し阿字門に入れば、悉く一切の相を離る。離相の相は、相として具せずといふことなし。これ則ち法身の普現色身なり。各各に四種曼荼羅を具す。若し衆生あって、よくこの義を解せば、則ち世天の真言と大日の真言と無二無別なり。[33]

若入阿字門悉離一切相。離相之相無相不具。是則法身普現色身。各各具四種曼荼羅。若有衆生能解此義。則世天真言与大日真言無二無別。

すなわち、阿字門に入れば、一切の相を離れるといっても、相すなわちこの現象世界の姿がないというのではない、この現象世界の姿は法身の現象(色身)であり、それぞれに四種の曼荼羅を具えている。この意味をよく理解すれば、世天の真言と大日の真言とは同じであるというのである。いわば、この現象世界が法身の曼荼羅(存在相)であるのと同様に、世天の「ことば」といえども大日如来の「ことば」であり、存在そのものの在り方を開示しているというのである。この思考から、空海において真言も曼荼羅もともに世界の存在相を開示する概念として捉えられていることがわかる。

このような真言と曼荼羅の関係に、『即身成仏義』(以下『即身義』)にいう「即」の意味を重ね合わせてみることができる。空海は、『即身義』で六大体性の「即」(無碍渉入)の地平に姿(存在)を現す一切の存在者の存在相(本質)を「四曼」の概念で明らかにしている。[34] そして、この四曼の実相を「不離」と捉え、それを「即」と規定している。[35] この不離いわば未分節・「即」である世界の存在相を真言が意味分節することによって、世界(存在)は、四種の曼荼羅(現象世界)としてその存在の相(姿)を現すことができるのである。真言と曼荼羅はこのような関係にある。端的にいえば、それは世界の「即」である存在相を開示している関係以外の何ものでもない。そして、このように理解するとき、存在は「ことば」であるという意味で、先にも述べたように、真言は、その内実において世界の真実相を曼荼羅として開示しているのである。別のいい方をすれば、世界(法界)と一切の存在者(一切諸法)は、如来の秘密の開示語である真言・「ことば」の働き(語密)によって、はじめてその存在の相(本質)を曼荼羅として現すことができるのである。

かくして、空海の真言の概念が曼荼羅であることから、空海の真言把握が言語的語義の問題ではなく、どこまでも密教の世界観から把捉されていることがわかる。すなわち、空海にとって、真言とはその声字実相において存在相（曼荼羅）を開示する語密以外の何ものでもなかった。かかる語密すなわち如来の働きの地平に立つとき、存在は「ことば」であるという意味で、まさに真言は曼荼羅であると捉えることができたのである。

このように見てくると、空海が仏界の「ことば」の表象である真言乗あるいは真言教法をまた、曼荼羅教法と言い換えていることの理由が理解できよう。それは、言語の問題ではなく、あくまでも真言が如来の語密として世界の実相、存在の諸相を曼荼羅として表象していると捉えていることに基づいている。

五　おわりに

これまでの考察から明らかになったことは、真言は曼荼羅なりとする空海の真言理解を訳語のレベルで問題にすることの危険性である。空海は、真言が梵語マントラの訳であることを十分に認識していながら、しかし、彼独特の語義理解から、それを拡張することによって、まさにわが国にはじめて体系的な真言教・曼荼羅法教、いわば正統な密教（純密）を成立させ得たのである。

真言・マントラそのものは、空海以前からすでに陀羅尼経典などの読誦や悔過の中で唱えられている。しかし、その真言はあくまでも不可思議な呪的威力をもった「呪」でしかなかった。空海が真言の本質を如来の語密と捉え、仏智の表象である曼荼羅と捉えたとき、真言は呪的性格から解放され、「真言」の語が正統な密教そのものを意味するとともに、その智の立場を表象する如来の秘密語いわば仏智を含意する「ことば」となったのである。真言の概念に曼荼羅の意味を読み込む空海の真言理解はこの延長線上にあるといえよう。そして、このような大胆な解釈を打ち出したとき、空海の真言概念とその思想性が平安初期の仏教界に相当大きな刺激と影響を与えたことは想像に難くないところである。

註

空海の撰述書からの引用は、『定本弘法大師全集』（以下『定弘全』・高野山大学密教文化研究所編）によった。なお、読み下しについては、多少異なるところがある。

（1）『秘蔵宝鑰』（『定弘全』第三巻）一六七頁。
（2）『御請来目録』（『定弘全』第一巻）三六頁。
（3）同前二六頁。
（4）「伝教大師消息」（『伝教大師全集』巻五、比叡山専修院附属叡山学院編・昭一九七五年復刻）四四七頁。
（5）同前四六九頁。
（6）『続日本後紀』巻四。
（7）「依憑天台集序」（『伝教大師全集』巻三）三四四頁。
（8）『二教論』（『定弘全』第三巻）八七頁。
（9）同前九八頁。
（10）『菩提心論』（『大正蔵』第三二巻）五九二頁下。
（11）『二教論』九四頁。
（12）『不空表制集』巻三（『大正蔵』第五二巻）八四〇頁上・中、『広付法伝』（『定弘全』第一巻）九二頁。
（13）『貞元録』巻一六（『大正蔵』第五五巻）八八七頁上、『広付法伝』九〇頁。
（14）『不空表制集』巻三、八四〇頁中、『広付法伝』九二頁。
（15）『声字義』（『定弘全』第三巻）四〇頁。

(16)『大日経疏』巻第一（『大正蔵』第三九巻）五七九頁中。
(17)曇寂『声字実相義私記』巻中（『真言宗全書』第十四）四三頁。
(18)小田慈舟著『十巻章講説』上巻（高野山出版社・一九八四年）二一〇〜二一一頁。
(19)『広付法伝』六七頁。
(20)『十住心論』（『定弘全』第二巻）三〇八頁。
(21)『秘蔵記』（『定弘全』第五巻）一三八頁。
(22)『密教学研究』創刊号（一九六九年三月）所収。
(23)曇寂註(17)前掲書、四二頁。
(24)芙蓉良順「真言について」（『密教学研究』創刊号）二〇頁。四種の語については、『大日経疏』巻第一、五七九頁中に、五種の語については、『金剛般若波羅蜜経』（『大正蔵』第八巻）七五〇頁中にある。
(25)芙蓉註(24)前掲論文、二六頁。
(26)『大日経疏』巻第一、五七九頁中。『大日経開題』（衆生狂迷）（『定弘全』第四巻）二一頁。同（隆崇頂不見）四六頁。なお密教文化研究所編『弘法大師全集』第一輯や仁和寺本では「曼荼羅」となっている。同（関以受自楽）六二頁。
(27)『声字義』三五頁。
(28)同前三八頁。
(29)『般若心経秘鍵』（『定弘全』第三巻）一一頁。
(30)北條賢三「『吽字義』の源流について」（『那須政隆博士米寿記念仏教思想論集』所収）八七〇〜八七一頁参照。
(31)井筒俊彦「言語哲学としての真言」（『密教学研究』第十七号・昭和六十　年三月）三〜五頁参照。
(32)村上保壽著『空海と智の構造』（東方出版、一九九六年）一二〇頁。
(33)『十住心論』一四五頁。
(34)村上保壽「空海の思想と曼荼羅」（『高野山大学密教文化研究所紀要』第十号・平成九年一月）八頁。
(35)『即身義』（『定弘全』第三巻）二五頁。

キーワード　空海、真言、曼荼羅、マントラ、語密

追記

本論は、「空海と日中文化交流」国際学術研究会のために、既発表の論文「空海の真言理解」（山崎泰廣教授古希記念論文集『密教と諸文化の交流』永田文昌堂、一九九八年八月）に追加訂正を加えて大幅に書き直したものである。なお、本論文は、中国側に提出した後で、拙著『空海の「ことば」の世界』（東方出版、二〇〇三年九月）に掲載した。当時、日本語での論文集発行の企画はなかった。しかし、今回、結果的に同じ論文を二度発表する事態になったことは残念であるが、事情をご理解していただきたい。

空海と灌頂の意義

栗山　秀純

一　はじめに

真言宗宗祖弘法大師空海（七七四～八三五）は、一二〇〇年前の延暦二十三年（八〇四、貞元二十年）に入唐求法し、青龍寺三朝灌頂の国師恵果和尚（七四六～八〇五）から真言密教の教法をことごとく写瓶相承し、大同元年（八〇六、元和元年）に帰国した。

空海が新たに請来した教法は、日本において、真言密教として大いなる歓迎を受け、日本の仏教に新鮮な活力を与え、今日にいたるまで中心的役割を果たしている。空海が請来した教法は、『大日経』と『金剛頂経』の両部大経を正所依とするインド伝来の秘密仏教とされ、善無畏三蔵（六三七～七三五）・金剛智三蔵（六七一～七四一）・不空三蔵（七〇五～七七四）・恵果阿闍梨と相承されたものである。空海は、恵果阿闍梨から相承した教法について『新請来経等目録』の中で、一、両部の大法、二、諸尊の瑜伽、三、諸仏の肝心、四、成仏の経路、五、国においては城墩、六、人においては膏腴たり等と述べられている。これらは、金胎両部の教えを根本とする三密瑜伽による加持三昧の修道により諸仏と入我我入し、即身成仏を証果とする教法である。あわせて、鎮護国家、済世利人を旨とするものである。

空海請来の真言密教は、経軌に則った修法、両部曼荼羅をはじめとする荘厳な本尊と法具、インド伝来のサンスクリット（Sanskrit）語学としての悉曇学に基づく真言・陀羅尼の呪誦等は、いずれも人びとが刮目・渇仰するところとなった。とくに入壇灌頂の修習は、瑜伽三昧・法界入住の修道の極位とされ、もっとも尊ばれている。空海は、師である恵果阿闍梨を称えて「大唐神都青龍寺故三朝国師灌頂阿闍梨恵果和尚之碑」において、

法界宮に遊びて胎蔵の海会を観じ、金剛界に入って遍智の麻集を礼す。百千の陀羅尼之れを一心に貫き、万億の曼荼羅之れを一身に布く。若しは行、若しは坐、道場即ち変ず。眠るに在っても、覚めたるに在っても、観智離れず。是を以て朝日と与んじて、長眠を驚かし、春雷と将んじて、以て久蟄を抜く。我が師の禅智、妙用此に在るか。栄貴を示して栄貴を導き、有疾を現じて有疾を待つ。病に応じて薬を投じ、迷を悲しむで指南す。(1)


と記している。

『大日経』全体の主張を概観し、他の諸大乗経典と比較して本経のもっとも特色と考えられるのは、身・語・意三密の教説とこの三密瑜伽によって体得される法界への契入、すなわち加持世界の説示である。さらに、その具体的修道として具縁品以下に説かれているいわゆる灌頂修行の教説である。

『大日経』具縁品には、法爾無相の法相を認識体得するために何故に有相具縁の修道を説くかを明かして次のように示している。

仏法は諸相を離れたり　法は法位に住せり　所説は譬類なし　相もなく為作もなし　何が故ぞ大精進　この有相と及び　真言行を説きたまふや　法然の道に順ぜず　爾時に薄伽梵　毘盧遮那仏　執金剛手に告ぐ　善く法の相を聴け　法は分別と及び　一切の妄想を離れたり　若し妄想と心思と　諸の起作とを浄除すれば　我最正

覚を成じ　究竟すること虚空の如し　凡愚は知らざる所なり　邪妄にして境界に執す　時方相貌等の　楽欲は
無明に覆わる　彼等を度脱せしめむが故に　随順し方便して説く　而も実には時方なく　作もなく造者もなし
彼の一切の諸法は　唯実相に住するのみ
復次に秘密主　当来世の時に於て　劣慧の諸の衆生は　痴愛により自蔽するを以て　唯有相に依って　恒に諸
の断常と　時方との所造の業の　善不善の諸相とを楽ひ　盲冥にして果を楽求し　此の道を知解せず　彼等を
度せむが為の故に　随順してこの法を説く(2)

また、その法門とは、住心品の巻頭に、「三時を越えたる如来の日、加持の故に、身・語・意平等句の法門なり(3)」と説かれ、この如来加持の法門を得る方便修道の基本は、三密瑜伽の修習による三平等の境地を体得することであることを説いている。秘密曼荼羅品には、随類形の如来発生の偈文を示し、この随縁有相の身を縁じて、法界法身に入る法平等観に住することを説いている。この法平等観に住する修道も三密平等の瑜伽によるのであるが、そのことを「次に、世尊の身・語・意平等を得て身量虚空に等同なり。語・意の量もまた是の如し。無辺の智正ずることを逮得して、一切の法において自在にしかも法を演説し玉ふ。(4)」と説いている。この文を釈して、『大日経疏』巻十四には

謂く仏、金剛道場に坐して、纔かに此の三道の真言を念じたまふ。謂く所説の如く、身口意の三の真言なり。是の如く念じたまふ時に当って、即ち身口意平等の地を得、身及び語意皆是れ法界の体なり、辺際有ること無し、由し虚空の如し、即ち是の如くの力を以て、而も四魔を伏したまふ。前に云ふ所の三道とは、有が一の釈に云はく、此の三道の真言といふは、身口意自在平等の力なり、即ち是れ仏より出ずるなり。此の身口意三道の真言に由るが故に、如来、三平等の地に超入することを得て、上中下の類に随って、普門をもって、種種の

本尊の身、種種の真言、種種の印法を示現したまふ。虚空に等同にして、其の分限有ること無し。法界に普周して、而も群生を度したまふ。究竟じて皆同じく如是の如くの三平等地に超入することを得せしめたまふ。(5)と説き、ここに明かすように、身・語・意の三密修行により法界法身の加持世界に直入する。それは、灌頂をもって最勝無上の修行の方軌としているのである。

真言密教では、古来から教相と事相の双修を基本としている。すなわち、教相とは、真言密教で説く法爾・平等の世界・宗教的理念の本質を理論的に追求することであり、事相とは、差別・随縁と説かれる現象世界にあって、宗教的行為の実修の中に自己の存在を確立するものである。

ここで論じようとする灌頂とは、一般には事相の問題のように考えられがちであるが、空海の諸撰述を通してみても明らかなように、真言宗の本質であり、また究極の世界である。それは、宗教的理念・本質を踏まえ、宗教的行為の極地として修習されるものであり、真言宗の生命とも言い得る秘密相承・伝法の原点である。

豊山第五十八世能化権田雷斧（一八四六〜一九三四）師は、『伝法院流伝法灌頂式私勘』において、灌頂の意義について「秘密灌頂の法則儀軌は、遮那内証の精要にして、金剛薩埵の為めに、法界宮に於て行じ給ふ作法なり」(6)と説示されている。それは、空海があえて『秘密曼荼羅教付法伝』二巻(7)と『真言付法伝』一巻(8)を撰述され、真言密教の付法として八祖相承の次第を示された意義とを考え合わせ、真言宗の宗教的極地である法身大日如来の加持世界を体得する場であることを明示されている。

ここでは、『大日経』および『大日経疏』を中心として、一、灌頂の由来、二、付法相承と灌頂、三、灌頂の語義、四、灌頂の種類、等について略述し、もって真言密教における灌頂の意義について論ずるつもりである。

二　灌頂の由来

灌頂とは、アビシェーカ（abhiṣeka or abhiṣecana）の訳語であり、「頂に水を灌ぐ」意味である。この灌頂の儀式についての由来は、『賢愚経』頂生王品等にも説かれているように、インドのクシャトリヤ（kṣatriya）における立太子位の儀式において行われていたものが、次第に仏教思想としても取り入れられ、『華厳経』十地品に示されるように、菩薩受職の時、諸仏が如来の智水をもって灌頂するものと考え、第九菩薩地から第十仏地に至る時にこの受職灌頂を得て第十地に住するとされ、この第十地を灌頂地（abhiṣeka-bhūmi）とも称している。[9] [10]

この灌頂の由来と具体的事作業を伴う法式を基本とする真言密教における灌頂の意義について、善無畏（六三七～七三五）の『大日経疏』巻第十五、秘密曼荼羅品には次のように説いている。

譬へば世間の刹利の種の如きは、謂く其の継嗣を経て、王種をして断ぜざらしめむと欲するが故に其の嫡子の為に、而も灌頂を作す。四大海の水を取って、四宝瓶を以て之を盛りて、種種に厳飾し、又子の身を厳飾して、衆物咸く備へしめ、又大象を飾って、象の背の上に於て瓶を持し、太子をして壇の中に坐さしめ、所統畢集す、象の牙の上より、水を太子の頂に流注せしむ。此の水を灌ぎ已って、大声をもって三たび唱ふ、汝等、当さに知るべし、太子已に位を受け竟り、今より以後、所有の教勅皆当に奉行すべし。今如来の法王も亦復た是の如し、仏種をして断ぜざらしめんが為の故に、甘露の法水を以て、而も仏子の頂に灌ぎ、仏種をして永く断ぜざらしむるが故に、世法に順ぜんが為の故に、此の方便印持の法有り、此れより以後、一切の聴衆に咸く敬仰せられ、亦是の人畢竟じて、無上菩提を退せず、定めて法王の位を紹ぐべしと知って、諸有の所作真言身印瑜伽等の業皆敢へて違越せざるなり。[11]

ここで善無畏が示そうとした灌頂の意義は、「仏種をして断ぜざらしめんが為」であり、灌頂により「無上菩提を退せず」とされる真言密教における誓戒である菩提心の確立と同時に、本有の三密に住することである。それを「諸有の所作・真言・身印・瑜伽等の業・皆あへて違越せざるなり。」と説いているのである。さらに、「世法に順ぜんが為めの故に、この方便印持の法あり。」と釈している。前述の権田雷斧能化は、同じく『伝法院流伝法灌頂式私勘』においてこれに触れ、次のごとく述べられている。

しばらく浅名に約して、為順世法故と釈すと雖も、深秘に約すれば、世間の浅名をもって、法性の深号を顕はすにあり。何となれば、秘密灌頂の法則儀軌は、遮那内証の精要にして、金剛薩埵の為めに、法界宮において行じ給ふ作法なり。世法に順ぜんが為めに、方便をもって、あへて新に造作する法にあらず。故に其の作法儀式は、本有法爾の法式にして、本無今有にあらざるなり。輪王太子の灌頂は、遮那法界宮の灌頂の儀式が、縁に随ひて世間に流伝せしならむ歟。[12]

これによれば、灌頂の由来が、クシャトリア（刹帝利）の立太子位の世法によるものであるが、真言密教における灌頂の宗教的意義としては、「遮那内証の精要」、「法界宮において行じ給ふ作法」「本有法爾の法式」と解すべきことを明している。すなわち、真言密教の求めるところは、法身大日如来の加持世界に住することであり、衆生の三密がそのまま法爾法身の随縁の相としての差別智身における仏作仏業として顕現することを目指している。この意味から灌頂における事作業が、そのまま法爾の三密に契い、灌頂受職による付法相承の意義を有するとともに如来の教勅を逮得する加持感応の法式であるとするのである。この意義については、次節で述べる付法相承と灌頂の項における空海の諸文からも十分理解できるところである。

三　付法相承と灌頂

真言密教における灌頂は、事作業修行による灌頂を基本としている。この事作業灌頂の修業に堪えられない者が修する印法灌頂と、すでに三昧に住し事作業を必要としない者が修する離作業の灌頂としての以心灌頂の二種を加えて三種に分けることができる。

また、修行者の機根の浅深により住する異なりから、五種三昧道による区別のあることも説かれている。いずれにしても、これら三種・五種の別があっても、灌頂をもって入信・学法・付法の要としているのである。

真言密教の教法は、法身大日如来の加持せる法界心殿中における自内証智三摩地法門とされ、その相承の基本は、大日如来から金剛薩埵への付法にあると説かれている。これについて、空海の『秘密曼荼羅教付伝』巻第一には、

大日如来は普遍常恒に是の如きの唯一金剛秘密最上仏乗大漫荼羅法教を演説したまふと雖も、而も機に非ず、時に非ざれば、聴聞し信受し修行し流伝することを得ず。謂ゆる道は自ら弘らず、弘ること必ず人に由る。誰か能く弘むる者ぞ。則ち七箇の大阿闍梨耶有り。上、高祖法身毘盧遮那如来より、下、青龍の阿闍梨に至るまで、嫡嫡相続して今にいたる迄絶えず。斯れ則ち如来加持力の致す所なり。法の最上なるもの此に於て見へたり(13)。

等と説かれ、真言密教の教法は、法身大日如来の普遍常恒の説法により説かれるところであるが、その教法の授受は、いわゆる師資相承によりその法軌が示され修習され、宗教的根本生命を伝え得るものである。このことを空海は「道は自ら弘らず、弘ること必ず人による。」と説かれこの付法の原点として「上、高祖法身大毘盧遮那如来より

云々」とされているのである。

『広付法伝』巻一には、

第一の高祖法身大毘盧遮那如来は、自眷属の法身如来と与に秘密法界心殿の中に於て自受法楽の故に、常恒不断に此の自内證智の三摩地の法を演説したまふ。具には金剛頂経に説くが如し。

第二の祖、嚩曰囉二合薩怛嚩二合摩訶薩怛嚩二合、親たり「法身如来の海会に対して灌頂の職位を受く。則ち自証の三密門を説きて以て毘盧遮那及び一切如来に献じて、便ち加持の教勅を請ふ。毘盧遮那如来の言はく。汝等将来に無量の世界に於て最上乗者の為めに現生に世・出世間の悉地成就することを得せしめよ」と。具には経に説くが如し。

第三の祖は昔、釈迦如来掩化の後、八百年の中に、一《ひと》りの大士あり。那伽閼頼樹那菩提薩埵と名づく。（唐には龍猛菩薩と云ふ。旧に龍樹と云ふは訛略なり。）………

南天の鉄塔の中に入って親たり金剛薩埵に灌頂を授けられ、此の秘密最上漫荼羅教を誦持して人間に流伝す。

………

第四の祖を号して龍智阿闍梨耶と曰ふ。即ち龍猛菩薩の付法の上足なり。………

又貞元新定釈教録に云はく、「龍樹菩薩の弟子を龍智と名づく。年七百余歳にして、今猶見に南天竺国に在って、金剛頂瑜伽経及び毘盧遮那惣持陀羅尼法門、五部灌頂、諸仏秘密の蔵、及び諸大乗経論等を伝授す」と。[14]

とされ、龍猛菩薩は「親たり金剛薩埵に灌頂を授けられて云云。」とし、さらに、龍智菩薩・金剛智三蔵・不空三蔵・恵果阿闍梨と次第相承されていることを明記されている。このような空海の提撕による次第相承の真意は、後に真言密教の本旨が口伝為本と称されるようにその宗教的根幹ともなり生命ともなったのである。

したがって、空海の帰朝後の上表の書である『新請来経等目録』のはじめに、在唐中の学法について述べ、とくに新来の仏教である真言密教のもっとも肝要な点について次のように記されている。

入唐学法沙門空海言す。空海去んじ延暦廿三年を以て、命を留学の末に銜んで、津を万里の外に問ふ。其の年の臘月、長安に到ることを得たり。廿四年二月十日、勅に准じて西明寺に配住す。爰に則ち諸寺に周遊して師依を訪ひ択ぶに、幸に青龍寺の灌頂阿闍梨、法の号恵果和尚に遇ふて以て師主と為す。其の大徳は則ち大興善寺大広智不空三蔵の付法の弟子なり。経律を弋釣し、密蔵に該通す。法の綱紀、国の師とする所なり。大師、仏法の流布を尚び、生民の抜く可きを歎ず。我れに授くるに発菩薩心戒を以てし、我れに許すに灌頂道場に入ることを以てす。受明灌頂に沐すること再三なり。阿闍梨位を受くること一度なり。肘行膝歩して未だ学ばざるを学び、稽首接足して聞かざるを聞く。幸に国家の大造、大師の慈悲に頼って、両部の大法を学び、諸尊の瑜伽を習ふ。斯の法は則ち諸仏の肝心、成仏の径路なり。国に於ては城墩たり。人に於ては膏腴たり。(14)

これによって明らかな如く、大師が、国家の留学生として入唐し、学法し、帰国後先ず第一に　陛下に奏上申し上るところは、恵果阿闍梨から相承したところの真言密教である。それは、大唐の皇帝、玄宗（在位、七一二—七五六）、粛宗（在位、七五六—七六二）、代宗（在位、七六二—七七九）の三朝の国師として尊崇せられていた大興善寺大広智不空三蔵から、さらに代宗（在位、七六二—七七九）徳宗（在位、七七九—八〇四）、順宗（在位、八〇五）の三朝の灌頂の国師、灌頂の阿闍梨と称される恵果阿闍梨と伝えられた教法であり、空海は、恵果阿闍梨を師主として学法したところの仏法を請来したことである。また、空海の学法したところは、『大日経』『金剛頂経』に説かれている両部の大法であり、とくにその要諦とするところは、瑜伽三摩地を根幹とする法であり、これは仏法の肝心、成仏の経路を説くものであるとされている。

この法を受持、学法する要点は、まさに受戒、灌頂にあるので、空海は『新請来経等目録』の初頭にこのことを明記され、自らも受明灌頂、阿闍梨位灌頂に入壇し、正しく真言密教の正嫡として受法伝授されたことを申し上げている。

さらに、恵果阿闍梨からの学法については、『新請来経等目録』の後半において、詳述されており、この法が、灌頂をもって付法相承される教法であることを明記されている。すなわち、

> 是に於て城中を歴て名徳を訪ふに、偶然にして青龍寺東塔院の和尚、法の諱は恵果阿闍梨に遇ひ奉る。其の大徳は則ち大興善寺の大広智三蔵の付法の弟子なり。徳は惟れ時の尊、道は則ち帝の師なり。三朝之れを尊びて灌頂を受け、四衆之れを仰ふぎ密蔵を学す。空海、西明寺の志明・談勝法師等五六人と同じく往いて和尚に見ゆ。和尚乍ちに見て笑を含み、喜歓して告げて曰はく、「我れ先より汝が来ることを知りて相待つこと久し。今日相見ること大に好し、大に好し。報命竭きなんと欲すれども、付法に人無し。必ず須らく速かに香花を辦じて灌頂壇に入るべし」と。即ち本院に帰り、供具を営辦して、六月上旬に学法灌頂壇に入る。是の日大悲胎蔵大曼陁羅に臨んで、法に依って花を抛うつに、偶然にして中台毘盧遮那如来の身上に着く。阿闍梨讃じて曰はく、「不可思議、不可思議なり」と。再三讃歎したまふ。即ち五部灌頂に沐し、三密加持を受く。此れより以後、胎蔵の梵字・儀軌を受け、諸尊の瑜伽観智を学す。七月上旬に更に金剛界大曼荼羅に臨むで重ねて五部の灌頂を受く。亦抛うつに毘盧遮那を得たり。和尚驚歎したもうこと前の如し。八月上旬に亦伝法阿闍梨位の灌頂を受く。是の日五百の僧斎を設けて普ねく四衆を供ず。青龍大興善寺等の供奉大徳等並に斎筵に臨み、悉く皆随喜す。金剛頂瑜伽、五部真言密契相続いで受け、梵字・梵讃間《ママ》以て之れを学す。[15]

以上、略述したところでも明らかなごとく、空海の学法は、師である恵果阿闍梨からの相承であり、その奥義は、

法身大日如来の教法である如来秘密内証智の法門であり、この法は、灌頂をもって正しく次第相承されるところのものである。したがって、真言密教においてもっとも重んじるところとなり、すべての学法、付法において空海が示された八祖相承の次第を無視しては、真言密教の教法は存在しえないのである。さらに後述するがこの灌頂受職の法は、単なる事作法、形式的儀礼でないことはもちろんであり、この灌頂修行そのものが、真言密教の宗教的極地に住する大法であることは明らかである。

四　灌頂の語義

灌頂とは、サンスクリット語のアビシェーカ（abhiṣeka）の訳語であり、前述したごとく「頭頂に水を灌ぐ」ことであり、その由来によれば、インドにおける立太子位の儀式において行われていたところである。その趣旨は、四大海の水をもって太子の頭頂に注ぎ、もって国王となるべき職位を嗣がしめるのである。

この世法における王種継嗣の意義から大乗仏教においては、仏陀たる覚者にいたる有資格者である菩薩にいたる時、すなわち、第十地の菩薩の階位にいたる際に、一切如来たちによって灌頂せられ第十地に昇るとされたのである。したがって、この第十地を灌頂地（abhiṣeka-bhūmi）とも称するのである。

このインド文化におけるいわゆる世法としての儀式とその意義づけが転じて、大乗仏教における菩薩としての地位の意義づけとして取り入れられ、さらに、真言密教においては、その教法を伝え、修習する上で教理的意義が加えられ、ついには、瑜伽三摩地をもって極意とする宗教的境地を体得する修道としての意義を有するものとなったのである。

この灌頂の語義について、不空三蔵は「国のおんために灌頂道場を置かれむことを請ふ」と題する上表文において、次のごとく述べられていることが『不空三蔵表制集』巻第一に収められている。

不空聞ゆ。毘盧遮那は万界を包括し、密印真言は衆経を呑納す。其の教に准じ、宜しく頓有り、漸有り。漸とは声聞小乗が学処に登壇するを謂ひ、頓とは菩薩大士が法門に灌頂するを謂ふ。是れ極に詣るの夷途にして、入仏の正位為り。頂とは頭頂を謂ひ、大行の尊高を表し、灌とは灌持するを謂ひ、諸仏の護念を明かにす。超昇出離する、何ぞ斯れに由る莫からむ。(16)

と説かれている。すなわち、灌頂とは、大乗菩薩頓悟の法であり、灌頂の語を「灌」と「頂」の二語に分けて、頂とは、仏道修行者として菩薩大士のもっとも勝れていることを示す「尊高」の義を有し、灌とは、諸仏の大悲護念の意を表すものであり、これは諸仏の大悲をこの身に浴することであると解説しているのである。

さらに、『秘蔵記』に説かれているところを示すと、そこには、次のように記されている。

灌頂の義。灌とは諸仏の大悲なり。頂とは上の義なり。菩薩初地より乃し等覚に至り、究竟じて妙覚に遷る時、諸仏大悲の水を以て頂きに灌ぐ。即ち自行円満して仏果を證ずることを得、是れ頂の義なり。諸仏の大悲は是れ灌の義なり。世人皆幡を以て灌頂と号す。是れ幡の功徳を以て、先づ輪王と為り、後に終に仏と成り、仏果に到るを以て名づけて灌頂と為す。是の故に知んぬ、果を以て因に名づくるなり。若し然らば因より果に至るまで、其の間の一切の功徳灌頂にあらずということ莫し。又灌頂に於て三種有り。一には摩頂灌頂、諸仏の摩頂授記なり。二には授記灌頂、諸仏言説を以て授記したまふ。三には放光灌頂、諸仏光を放って其の人に得益を被らしむ。(17)

この『秘蔵記』の解説は、灌頂の語を灌と頂とに二分し釈しており、明らかに『不空表制集』所収の不空三蔵の文を依用し、敷衍している。そこで注目すべき解説は、この灌頂とは、諸仏大悲の水を頂きに灌ぎ、これによって「自行円満して仏果を証することを得」と明言している点である。また、この灌頂とは、「果をもって因に名づくるなり」と説かれているように、入信より仏果にいたるまでを内容とするものであり、その意味を踏まえて、三種の灌頂を示している。この灌頂の三種の別は、説相は少し異なっているが、次節で述べる『大日経』および『大日経疏』所説の三種灌頂の別と同様の趣旨であると考えられる。

五　灌頂の種類

灌頂とは、入信より学法、伝法、さらには仏果にいたるものであるとされているが、その別を『大日経』秘密曼荼羅品には三種の別があることを示して

> 灌頂に三種有り　仏子至心にして聴くべし　若し秘印の方便は　則ち作業を離る　是れを初の勝法と名づく　如来の灌頂したまふ所なり　謂ゆる第二とは　衆事を起作せしむ　第三には心を以て授く　悉く時と方とを離る　尊をして歓喜せしむるが故に　所説の如く作すべし　現前に仏灌頂したまふ　是れ則ち最も殊勝なり(18)

と説かれている。この三種の別は、印法灌頂、事業灌頂、以心灌頂と称され事作業の有無により区別するものである。この三種灌頂について『大日経疏』には、次の如く釈している。

> 然も灌頂に三種有り（初めは但し手印を以てし、二には倶に法事を具す。三には三昧に在りて灌頂するなり）。一には但し印法を以て之を作して、諸の作業を離る。是れは是れ入秘密漫荼羅なり。謂く弟子有りて誠心慇重に、深く真言行を楽ひ、大乗を志求す。然も資力乏少なり。若し一一に具さに衆事を求めしめば、反って当に道に於

て礙り有るべし。是の如くの人には師当に深く慈心を起し、彼れの心行を観じて、而も之れを摂引すべし。然も但し此の人の為に作すこと得ざれ。何を以ての故に、彼れの資力能く辦ぜむ者は、怠慢の心を生じて、而も心を尽さずして、衆の徳本を損することを恐れるが故に、時には力に随って、少供を辦じて、三宝を供養せしめよ。此れ第一の最勝といふは、謂く本尊の身語意の三を合して一と為す、三倶に浄きが故に、此の印を以てこれを印す。此れ最勝なり。師秘かに其の真言手印を受けしむるの類なり。

二には事業を作すを以て、而も灌頂すとは、即ち是れ師及び弟子皆先ず事業を作すなり。謂く先ず弟子をして、七日以来誠心に礼悔せしむるの類なり。師も亦七日以来、其れが為に、持誦して秘かに感応を求め、及び諸の供養物香花を辦ぜしむるの類なり。縁壇の所須一一に作さしむ。然も此の灌頂は前の者と殊ならず。資力有るを以ての故に、其の所有を尽くして、諸仏海会の中に於て、而も無尽の供養を作さしむ。此の因縁に由りて、福施の果窮尽すべからず。故に須べからく彼れを勤めて具に作さしむるなり。

三には但し心を以て而も灌頂を作す。是の如くの灌頂には、時を択ばず、方を択ばず。謂く東に向ひて位を設け、或は南に向ふ等皆得るなり。師弟子倶に瑜伽を得て、心を以て灌頂す(19)。

第一は、手印灌頂とも称され初入の受法であると同時に、とくに資力乏少なる者に対して、慈心により行われるものである。また、多少なりとも資力ある者は、是非とも少供を弁じて受法せしむるものとされ、支具、作業を略して印、明を授ける灌頂である。

第二の事業灌頂については、七日作坦、曼荼羅建立の事業、具支をことごとく調え修行されるものであり、作事灌頂、具支灌頂とも称されている。これすなわち、現行の伝法灌頂、阿闍梨位灌頂に当たるものである。

第三の以心灌頂とは、最極の灌頂で、師資ともに三摩地に住して修されるものである。これは、時を択ばず、師資ともに入法界、自証三昧の瑜伽三昧に住し自心に曼荼羅を建立し以心伝心に修されるものであるので、心授灌頂、秘密灌頂、瑜祇灌頂等と称されている。

以上が『大日経』所説の灌頂の三種であるが、経には、これにつづいて五種の三昧耶（samaya）が説かれている。この五種三昧耶の別は、弟子の機根および修行の階梯による種別であり五種灌頂とも称されている。真言密教における証道とは、法界に住することとされているが、具体的に修道を示す上では、法界法身の幖幟である曼荼羅を本尊とし、この曼荼羅に契入する修習の階梯をもっても知ることができる。この意味から、ここに五種の三昧耶、（五種灌頂）の次第が説かれているのである。

五種三昧耶とは、一、初見三昧耶（曼供）、二、入観三昧耶（結縁灌頂）、三、具壇三昧耶（受明・学法・許可灌頂）、四、伝教三昧耶（伝法・阿闍梨灌頂）、五、秘密三昧耶（以心灌頂）の五種である。これについて、『大日経』秘密曼荼羅品には、

正等覚略して　五種の三昧耶を説きたまふ　初は漫荼羅の　具足せるを見る三昧耶なり　未だ真実の語を伝へず　彼の密印を授けず　第二の三昧耶は　入りて聖天の　会を観るなり　第三は壇と印とを具し　教に随って妙業を修す　復次に伝教を許すには三昧耶を具することを説く　印壇の位を具して　教の所説の如くすと雖も未だ心灌頂に逮ばざれば　秘密の慧生ぜず　是の故に真言者　秘密道場の中に於て　第五の要誓を具して　法に随って灌頂すべし　当に知るべし此れに異なる者は　三昧耶と名づくるに非ず[20]

と説かれている。さらに、この五種三昧耶について、『大日経疏』には、三昧耶の語義および五種それぞれについて次のように釈している。

次に三昧耶に幾種か有るといふことを答ふとは、今世尊の答に略して五種有り。三昧耶とは、人有って衆多の

国王大臣所尊重の集会の処に於て、而も自ら言を発して大要誓を作す、我れ今是の如くの事は永く当さに作さざるべし、是の如くの事は当さに之れを依行すべしといふ如きは、自ら可信の人に対して而も誠言を発するを以て、若し違する所有れば、即ち重罪を得。是の故に、三昧耶とは即ち是れ不可違越の義なり、略して之れを言はば、即ち是れ戒の義なり(21)。

三昧耶の語義についてここでは、大要誓とされ「自ら可信の人に対して誠言を発する」こととされ、この意味から戒および不可違越の義とされている。空海は、『平城天皇灌頂文』において、三昧耶に、本誓（誓願）、平等、摂持の三義があるとしている(22)。本誓とは、『大日経疏』の所説における意と同様で大誓願ともいわれている。平等とは、三密・三部等の三平等をいい、さらに「無数の仏は、すなはち、一衆生の仏なり。よく自仏（自身本覚法身仏と平等なること）のかくの如くなることを察し、兼ねて他の衆生のかくの如くなることを明す(23)」と説かれているが、これは、身・語・意の三密行が、自身本覚の仏を顕証するための所業であることを示している。この意味から、三昧耶に摂持の義ありとし、これを釈して「摂持とは、入我我入なり。自心塵数の仏よく他心の仏に入り、他心の塵数の仏よく自心の仏に入り、彼此互ひに能摂・所摂・所持となる(24)」とするのである。

さらに、五種三昧耶の一々について『大日経疏』の釈文について見ると、次のように釈されている。

此の中の五種とは、第一は但し遥かに漫荼羅を見ることを得。謂く造漫荼羅の時、具足の漫荼羅を見ゆと謂ふが如し。忽ちに諸人有りて、善心をもって随喜して、礼拝供養せむことを欲求す。爾の時に阿闍梨聴して引入せしめ、壇の外に於て遥かに礼拝して、花香等を以て遥かに道場に散じて、而も供養を作し、是の如くの法会を見ることを得せしむるが故に、無量の罪業皆滅除することを得。然も未だ彼の真言及び印を授く合からず、是れ第一なり。

第二は漫荼羅の坐位を見ゆ。謂く彼れを引いて壇の中に入れ、礼拝し供養し、花を投げて本位に散ぜしむ。師彼れに告げて、汝が花は某の尊位の上に堕して、為めに本尊の名号を説き、並に壇門の内に入れて、悉く諸位を見ることを得せしむ。此の人を説ひて第二の三昧耶と名づく。若し真言及び印を請へば、亦所応の者に随って之を授くることを得。

第三は漫荼羅及び印位を見、幷に諸事を作すとは謂く阿闍梨首めより末に至るまで、此の人の為に、而も漫荼羅を作す、乃至、諸尊及び印等一一に告げ示し、又真言手印を授け、一一の行法皆之れを教授す。此れは是れ第三なり。

第四とは、已に能く真言門を修行する所有の法則を依随す。言く一一に通解し、具さに縁壇所須の方便衆芸を知りて、師位に在るに堪へ、師の意を悦可せしむ、師即ち為に伝教漫荼羅を作る、告げて言く、汝今より已後、亦我が如くして異り無く、漫荼羅を造り、諸の弟子を度して、法をして久住せしめ、仏種を断ぜざるが故に、此れ第四なり。

第五は即ち是れ秘密三昧耶なり。即ち前の所説の第三の灌頂の時の所入なり、教の所説の如く、印壇配位皆見れども、若し此の壇に経入せざれば、秘密の智生ぜず。是の故に、当に秘密壇の中に於て、法の如く灌頂を作すべし。是れを第五と名づく。智者応さに知るべし。若し此れに異なるをば三昧耶と名づけず[25]。

要するに、第一の三昧耶は、「遥かに漫荼羅を見ることを得。……その時、阿闍梨ゆるして引入せしめ、壇の外において遥かに礼拝して、しかも未だ彼の真言および印を授くべからず」とされるいわゆる一見曼荼羅の三昧耶である。第二・三・四の三昧耶は、いずれにしても具支灌頂であるが、これは機根あるいは修習の浅深により段階的に区別される三昧耶である。第五の三昧耶は、瑜伽に住し、自心に曼荼羅を建立し伝法される最極位の三昧耶である。

さらに、『大日経』持誦法則品には、阿闍梨灌頂と持明灌頂（第三の三昧耶）が挙げられており、[26]『大日経疏』には、この別を具足戒の具不具の別によるとしている。[27]

六　おわりに

以上、真言密教の灌頂の意義について灌頂の由来、付法相承における意義、灌頂の語義および種類等について『大日経』を中心として略述したのであるが、『大日経』の主張として、まず挙げなければならない点が、この灌頂の説示である。また、そこに説かれているところの灌頂の種類について見れば、それは、まさに事作業の有無と修習の階梯としての三昧耶の浅深によっていることが明らかである。この二点は、ともに真言密教における法界観にその根拠がある。したがって事作業の意義を明かすことにより灌頂の意義もより鮮明に理解することができると考える。

『大日経』住心品には、諸法は無相なりと説き、入漫荼羅具縁真言品には「仏法は諸相を離れたり、法は法位に住せり、所説は譬類なし、相もなく為作もなし、何が故ぞ大精進、この有相とおよび真言行を説き給ふや、実には、時、方なく、作もなく造者もなし、彼の一切諸法は、ただ実相に住すのみ」[28]として、法界および諸法の実相を説いているのであるが、灌頂等における有相・有為の事作業の意義を「彼等を度せんが為の故に、随順してこの法を説く」[29]としている。要するに、衆生も本来法爾として仏であるが、これら法爾の法界法身を知らずに有相・有為に著している。しかるに、有為・有相の三密行を示し、仏身を建立して（曼荼羅等）有相の事作業により法界、法身に契入せしめんとするものである。そして、ついには、無相・無為の三昧に住することを示しているのが以心灌頂・

瑜祇灌頂（秘密三昧耶）の所説となっているのである。

要するに、真言密教における灌頂の意義は、ただ事作業としての宗教儀礼ではなく、これは真言密教における修道の基本であり、入信・学法・付法すべてにわたり、ついにはそのまま修道の極地としての加持世界に入住する法儀であるとされているのである。

註

（1）『弘法大師全集』（以下『弘全』）第三輯、四二二・四二三頁。
（2）『大正新脩大蔵経』（以下『正蔵』）一八、四下。
（3）『正蔵』一八、一上。
（4）『正蔵』一八、三一中。
（5）『正蔵』三九、七二九上。
（6）権田雷斧述『伝法院流伝法灌頂式私勘』（以下『伝流灌頂式私勘』）一丁左。
（7）『弘全』一、一・四九。
（8）『弘全』一、五〇・六五。
（9）『正蔵』四、三四九下。
（10）『正蔵』九、五七二中（二七八番）。
『正蔵』一〇、二〇六上（二七九番）。
『正蔵』一〇、五六八中下（二八七番）。
（11）『正蔵』三九、七三六中。
（12）『伝流灌頂式私勘』一丁左。
（13）『弘全』一、五・一〇（『広付法伝』）。
『弘全』一、五〇・五五（『略付法伝』）。

(14)『弘全』一、六九。
(15)『弘全』一、九八・九九。
(16)『正蔵』五二、八三〇上。
(17)『弘全』二、三五。
(18)『正蔵』一八、三三上。
(19)『正蔵』三九、七三六中・下。

第三の心灌頂についての『大日経疏』の文には、古来から乱脱ありとされている。それは「………等皆得るなり」と次の「師弟子倶に云云」の間にある「由此弟子已修真言之行。於秘密蔵中有所堪任。令師心悦。此又最勝也」の文を乱脱と見ており、ここで、相伝に随ってこの文を略してある。

(20)『正蔵』一八、三三上。
(21)『正蔵』三九、七三六下・七三七上。
(22)『弘全』二、一六二。
(23)『弘全』二、一六二。
(24)『弘全』二、一六二。
(25)『正蔵』三九、七三七上。
(26)『正蔵』一八、五二下。
(27)『正蔵』三九、八〇五下。
(28)『正蔵』一八、四下。
(29)『正蔵』一八、四下・五上。

南無大師ということの基層

福田　亮成

一　問題の所在

日本仏教には種々なる宗派が存在し、各々の宗祖とその教えを信奉している。我が真言宗においても宗祖を弘法大師空海とし、真言密教の教えを信奉し、真言宗という組織を構成している。そして、その教義上の総本尊は法身大日如来である。しかし、実際には必ずしも一貫したものではなく、かえって法身大日如来よりは種々なる仏・菩薩を本尊として礼拝しているのである。そこに真言宗の本尊論の特色がある。

さて、真言宗徒は、宗祖弘法大師空海を「南無大師遍照金剛」と念誦している。それは総本尊法身大日如来を「南無遍照金剛」と唱えることと重層している。たとえば、日蓮宗という宗派があるが、その宗派では本尊を日蓮聖人としているが、実際には、その尊像の前に『妙法蓮華経』の八軸が立て並べられ、「南無妙法蓮華経」の唱題行によって帰依の誠が捧げられている。

真言宗系の寺院のうちには、総本尊大日如来を教義上の前提としつつ、実に種々なる本尊がまつられ、弘法大師を本尊とする寺院も存在し、大師堂の本尊ともされている。

ここでは、「南無大師ということの基層」というテーマを、何故に「南無大師遍照金剛」として念誦され、礼拝帰依の本尊とされているのか、その因由を探るため、空海教学の中から〈付法〉ということを時間軸、〈即身〉ということを空間軸として取り上げ、その接点において拡がる世界を考察し、日本密教における「大師信仰」の一側面を明らかにしてゆくものである。

二　時間軸としての〈付法〉

弘法大師空海（以下空海）は、延暦二十三年（八〇四）、三十一歳の時に留学僧の一人として入唐を果たした。そして大同元年（八〇六）に提出された「与本国使請共帰啓」（『性霊集』巻五）において、唐僧恵果阿闍梨との邂逅について、

> 留住学問の僧空海啓《もう》す。空海、器楚材に乏しく、聡五行を謝す。謬って求撥を濫りがわしうして、海を渉って来れり。草履を着けて城中に歴るに、幸いに中天竺国の般若三蔵及び内供奉恵果大阿闍梨に遇いたてまつって、膝歩接足して、彼の甘露を仰ぐ。(1)

と述べている。具体的には、『御請来目録』の序に記するところによれば、延暦二十四年（永貞元年・八〇五）二月十日に、

> 爰に則ち諸寺に周遊して師依を訪い択ぶに、幸いに青龍寺の灌頂阿闍梨、法の号恵果和尚に遇うて以て師主と為す。(2)

とあるごとくであった。そして、その年の六月・七月・八月の三カ月にわたって学法灌頂、伝法灌頂を授けられ、

是の日大悲胎蔵大曼陀羅に臨んで、法に依って花を抛うつに、偶然にして中台毘盧遮那如来の身上に着く。阿闍梨讃じて曰わく、「不可思議、不可思議なり」と。再三讃歎したもう。

とその不思議を讃歎したのであったが、後に空海自身が〈遍照金剛〉と灌頂名を自称する因由が、まずはそこにあったのである。

空海は自身の付法については、後に『秘密漫荼羅教付法伝』（二巻）によって詳細に論じることになるわけであるが、その付法の系譜は、不空三蔵（七〇五〜七七四）の『表制集』に見出せるものであった。すなわち、大日如来―金剛薩埵―龍猛菩薩―龍智菩薩―金剛智三蔵―不空三蔵、空海は恵果阿闍梨を加えて七箇の阿闍梨とした系譜は、金剛頂系の法の系譜であり、それに胎蔵界系の系譜を合わせて、両部ということになるのである。『秘密漫荼羅教付法伝』巻第二の第七祖恵果阿闍梨の項において、

金剛頂五部大漫荼羅の法、及び大悲胎蔵三密の法門真言密契悉く師授を蒙る。即ち両部大法の阿闍梨位、毘盧遮那根本最極伝法の密印を授かる。

と述べている。このことは、『表制集』巻三における不空三蔵の遺言の文において、

吾れ当代に灌頂すること三十余年、入壇授法の弟子頗る多し。五部琢磨して成立するもの八箇なり。淪亡相次いで唯六人のみ有り。其れ誰か之れを得たるや。則ち金閣の含光、新羅の恵超、青龍の恵果、崇福の恵朗、保壽の元暁・覚超有り。

として実際の付法僧の名称をあげ、それらをまとめて、

広智の数万、印可は八箇なり。中に就いて、七人は金剛界の一部を得、青龍は則ち兼ねて両部の師位を得たり。

とし。さらに弟子呉慇の「大唐神都青龍寺東塔院灌頂の国師恵果阿闍梨の行状」には、

大師（恵果）唯心を仏事に一にして、意を持生に留めず。受くる所の錫施は一銭をも貯えず。即ち漫荼羅を建立し、之れが弘法利人を願う。……常に門人に謂って曰わく、金剛界大悲胎蔵両部大教は、諸仏の秘蔵、即身成仏の路なり。普く願わくは法界に流伝して、有情を度脱せんことを。訶陵の弁弘、新羅の恵日には、並びに胎蔵の師位を授け、剣南の惟上、河北の義円には金剛界の大法を授け、義明供奉には亦両部の大法を授く。今日本の沙門空海というひと有り。来って聖教を求むるに、両部の秘奥壇儀印契を以てす。漢梵差うこと無く、悉く心に受くること猶し瀉瓶の如し。此れ是の六人、吾が法灯を伝うるに堪えたり。吾が願足んぬ。

とあるごとく、空海への付法のありさまが記録されている。それが『御請来目録』の恵果阿闍梨からの付法のことにつながってくるのである。

すなわち、不空三蔵がもたらした金剛頂系の付法が恵果阿闍梨につらなり、さらに恵果阿闍梨から両部の系譜が空海へつながっているのである。さらに、空海は恵果阿闍梨からの灌頂の場面において、曼荼羅壇上の投花得仏の不思議が、法身大日如来と結縁を果たし、

宜しく此の両部大曼荼羅、一百余部の金剛乗の法、及び三蔵転付の物、並に供養の具等、請う、本郷に帰りて海内に流伝すべし。纔に汝が来れるを見て、命の足らざることを恐れぬ。今則ち授法の在る有り、経像功畢んぬ。早く郷国に帰って以て国家に奉り、天下に流布して蒼生の福を増せ。然れば則ち四海泰く、万人楽しまん。是れ則ち仏恩を報じ、師徳を報ず。

と述べ、「付法殷懃なり、遺誨も亦畢んぬ」とまとめている。

さらに、空海の弟子真済（八〇〇～八六〇）は、師空海の文章を編纂して、『遍照発揮性霊集』（十巻）としたが、その序文において、

爰に一りの上人有り。号して大遍照金剛と曰う。……去《い》んじ延暦の末に命を銜んで入唐す。適たま京城の青龍寺の大徳慧果阿闍梨に見ゆ。即ち南天竺大弁正三蔵の上足の弟子、代宗皇帝の師とし供ずる所なり。和尚始めて一たび目て以て喜びたもう。待すること已に厚うして曰わく、「吾れ汝を待つこと久し。来ること何ぞ遅かつる。生期向《まさ》に闋《おえ》なんとす。精勤して早く受けよ」と。則ち二部の大曼荼羅の法、百余部の秘蔵を授く。……故に付法して云わく、「今日本の沙門有り、来って聖教を求むるに両部の秘奥壇儀印契を以てす。唐梵差《たが》うこと無く悉く心に受く、猶し瀉瓶の如し。吉《よ》いかな。汝伝灯了んぬ。吾が願も足んぬ」と。金剛薩埵、大日の寂を扣きし後、謂ゆる第八の析負たる者は吾が師是れなり。

と述べ、密教の付法、なかんずく金剛頂系の系譜である大日如来―金剛薩埵―龍猛菩薩―龍智菩薩―金剛智三蔵―不空三蔵―恵果阿闍梨の七箇の阿闍梨にさらに空海を加え、八祖による密教付法の系譜が完成されたのである。

このようにして恵果阿闍梨のもとで入壇灌頂を行った時、曼荼羅会上への投花得仏によって結縁を結んだ仏が、中央大日如来であり、それが再三であったところから、恵果阿闍梨は「不可思議、不可思議なり」と讃歎したのであったが、その灌頂得名を〈遍照金剛〉とし、空海は以後「遍照金剛」と自称することとなった。そして、空海の弟子達は、師空海を〈大遍照金剛〉と尊称し、付法の第八祖として空海を加えて、八祖相承を完成させたのであった。

いうならば、初祖大日如来は、空海の〈遍照金剛〉という灌頂得名に重ねて、大日如来と空海との一体観を実現させたのであるということができよう。

三　空間軸としての〈即身〉

『性霊集』巻第一におさめられている「遊山慕仙詩并序」の一句に、次のようにある。

遮那は阿誰《たれ》が号《な》ぞ　本《もと》是れ我が心王なり
三密刹土に遍《あまね》し　虚空に道場を厳《かざ》る

と。この一句は、これから考察していこうとしている〈即身〉観を、端的に表現しているということができよう。いうところの〈即身〉観とは、即身成仏の即身であって、法身如来即我身ということであろう。まずは、『即身成仏義』にそれを尋ねることにしよう。『即身成仏義』は、まず「即身成仏の偈」が掲げられ、それらの各偈が順次に論じられていく構成となっている。すなわち、

六大無礙常瑜伽　体
四種曼荼各不離　相
三密加持速疾顕　用
重重帝網名即身　無礙　　即身
法然具足薩般若　法仏成仏
心数心王過刹塵　無数
各具五智無際智　輪円
円鏡力故実覚智　所由　　成仏

とあるのがそれである。この偈文のとくに前偈にあるごとく、いうところの〈即身〉を、三つの場面から論じられる。すなわち、六大の体大、四曼の相大、三密の用大の三大説によってである。

まず、六大体大ということの〈六大〉については、その六大ということの根拠を二つの経典からの引用をもって論証している。『大日経』巻二、具縁真言品第二から、

我覚本不生　出過語言道　諸過得解脱　遠離於因縁　知空等虚空

さらに『金剛頂瑜伽修習毘盧遮那三摩地法』から、

諸法本不生　自性離言説　清浄無垢染　因業等虚空

この二種の偈文に、大日如来の種子真言をもって分割を加えてみると、

本不生—地大　　本不生—地大
出過語言道—水大　　自性離言説—水大
諸過得解脱—火大　　清浄無垢染—火大
遠離於因縁—風大　　因業—風大
知空等虚空—空大　　等虚空—空大
我覚—識大　　諸法—識大(3)

と、これら両偈から六大を導き出しているのである。とくに〈我覚〉について、

我覚とは識大なり。因位には識と名づけ、果位には智と謂う。智即ち覚なるが故に、……覚知義相渉るが故に、此の経に識を号して覚と為ることは、強きに従えて名を得。(4)

と述べ、さらに〈諸法〉についても、

諸法とは、謂く諸の心法なり。心王心数其の数無量なり。故に諸と曰う。心識名異にして義通ぜり。[5]

と解釈している。すなわち、〈六大とは五大と及び識となり〉との前提から構築されたものであった。それも大日如来の真言であるa vi ra hūṃ khaṃ huṃ の六文字に六大を読みとったということは、六大とは大日如来そのものということになろう。このことは、たとえば『金剛頂経開題』に、

如来の身は六大を以て体と為《な》す[6]

とあるごとくである。

さらにもう一つの引用、すなわち『大日経』巻五、阿闍梨真実智品第十六から、

我れ即ち心位に同なり。一切処に自在にして、普く種種の有情及び非情に遍ぜり。阿字は第一命なり。嚩字を名づけて水と為《な》し、囉字を名づけて火と為し、吽字を名づけて風と為す。佉字は虚空に同じ。[7]

の引用を重ねて、五大と、さらに〈我即同心位〉とは心は則ち識・智なりとし、〈一切処に自在にして、普く種種の有情及び非情に遍ぜり〉から、六大の自在用無礙の徳を表すとして、六大の根拠とその働きの実際をば〈遍ぜり〉といっているのである。

六大体大説は、以上の論述でその主題は述べ終わり、後は六大が四種法身、三種世界を所生の存在と述べるために三種の引用をしている。すなわち能造（生）と所造（生）の関係である。

そして、次のごとく結論する。

此の如くの経文は皆、六大を以て能生と為し、四法身・三世間を以て所生と為す。此の所生の法は、上《かみ》法身に達し、下《しも》六道に及ぶまで、麁細隔て有り、大小差有りと雖も、然れども猶六大を出でず。故に仏、六大を説いて法界体性と為したもう。諸の顕教の中には四大等を以て非情と為す。密教には則ち此れを説いて如来の三摩

耶身と為す。[8]

と。六大が遍満しているさまが、上法身から下六道にいたるすべてにわたり、六大が能生、四種法身、三種世間が所生であり、それらのすべてを〈法界体性〉という言葉で括り、さらに〈六大法界体性所成の身〉という言葉によって、それを主体化している。

要するに、六大の無礙なる体、四曼の不離なる相、三密の加持なる用、こそが六大法界体性所成の身（体）と、その相と、その用（働き）ということであった。この六大法身体性所成の身は、如来と我との共通する場であるから、如来と我とは、

無障無礙にして互相に渉入相応し、常住不変にして同じく実際に住せり。[9]

ということになろう。

よって、〈六大無礙常瑜伽〉の偈文を、単純に解釈して、〈無礙とは渉入自在の義なり、常とは不動・不壊等の義なり、瑜伽とは翻じて相応と云う〉とし、〈即身〉の即は、相応渉入の義であると結論している。

この〈即〉については、〈四種曼荼各不離〉の不離がそれであり、〈三密加持速疾顕〉の加持が、常の即時・即日のごとく即身の義もそのようであるとしている。

四　法身大日如来観

『即身成仏義』における六大の能造・所造にかかわる問題は、

能所の二生有りと雖も、都て能所を絶せり。法爾道理に何の造作か有らん。能所等の名は皆是れ密号なり。常

途浅略の義を執して種種の戯論を作す可からず⑽。
と喝破されているとはいえ、所造の法としてあげられている四種法身・四種曼荼羅・三種世間についていささか考察してみたい。
『大日経』巻三、悉地出現品第六から、
大日尊の言わく、「金剛手、諸の如来の意より生じて業戯の行舞を作すこと有り。広く品類を演べたり。四界を摂持して心王を安住し、虚空に等同なり。広大の見・非見の果を成就し、一切の声聞・辟支仏・諸の菩薩の位を出生す」と⑾。
の文を引用して、ここにも六大の根拠を認めている。文中の〈心王〉とは、識大であり、〈四界を摂持する〉とは四大であり、〈虚空に等同〉とは、空大である、というがごときである。さらに〈見・非見〉とは、三界であるとし、〈一切の声聞・辟支仏・諸の菩薩の位〉とは、四種法身を想定しているにちがいない。さらに、
謂く六大能く一切を生《しょう》ずることを表す⑿。
と述べてもいる。ここにいう〈一切〉とは、四種法身・三種世間を指しているはずである。
さて、四種法身とは、法身大日如来説の展開であり、法身観の究意的な結論ともいうことができる。
四種法身説の典拠をさぐってみると、たとえば、『略述金剛頂瑜伽分別聖位修証法門序』に、
真言陀羅尼宗とは一切如来秘奥の教、自覚聖智修証の法門なり。亦是れ一切如来の海会の壇に入って菩薩の職位を受け、三界を超過して仏の教勅を受くる三摩地門なり。是の因縁を具して頓に功徳広大智慧を集めて、無上菩提に於て皆退転せず。諸の天魔・一切の煩悩及び諸の罪障を離れ、念念消融して仏の四種身を証ず。謂わく自性身・受用身・変化身・等流身なり。五智三十七等の不共の仏の法門を満足す⒀。

とあるのを〈宗の大意を標す〉とまとめている。

さらに、『金剛頂一切瑜祇経』の、

一時薄伽梵金剛界遍照如来、五智所成の四種法身を以て(14)

の引用句のとくに〈五智所成四種法身〉に割注して、

謂わく五智とは、一には大円鏡智、二には平等性智、三には妙観察智、四には成所作智、五には法界体性智。即ち是れ五方の仏なり。次いでの如く東・南・西・北・中に配して之れを知れ。四種法身とは、一には自性身、二には受用身、三には変化身、四には等流身なり。此の四種身に竪横の二義を具せり。横は則ち自利、竪は則ち利他なり。深義更に問え。(15)

〈五智所成の四種法身〉としての大日如来ということは、諸仏諸菩薩のすべてが法身大日如来にほかならない、ということであろう。『大日経開題』（法界浄心）には、

此の経（大日経）も亦是の如し。諸の大乗衆教の中に等此有ること無し。又帝釈の珠網、重重交映し、彼此渉入するが如く、四種法身、四種曼荼互相に渉入し、無尽無尽にして算数譬喩の知る所に非ず。(16)

とあり、さらに『三昧耶戒序』においても、菩提心に能求と所求との二種がありとして、

所求の心とは、謂ゆる無尽荘厳金剛界の身是れなり。大毘盧遮那・四種法身・四種曼荼羅、皆是れ一切衆生本来平等にして共に有せり。(17)

とあり、四種法身とは一切衆生の本来平等にして有するものであるとしている。

また『秘蔵記』にも、次のような問答が展開している。すなわち、

問う、法身と応身と化身と等流身との此の四種身は一身の所具とや為《せ》ん。各各に此の四種身を出生すとや為ん。

答う、一身の所に互に皆具足せり。皆一法門より出現す。問う、然らば此の四種法身は曼荼羅に於て何等か其の身なる。答う、中台の毘盧遮那を法身と為《な》し、四仏を応身と為し、釈迦を化身と為し、外金剛部の竜鬼等を等流身と為す(18)。

とあるが、四種身とは〈一身所具〉であり、曼荼羅上のすべての諸尊をもって四種身といっていることが明らかであろう。

五　三種世間について

六大の能造・所造について、所造の法として上掲の四種法身とともに、必ず三種世間があげられている。『即身成仏義』に、

是の如くの六大は能く一切の仏及び一切衆生・器界等の四種法身・三種世間とを造す(19)。

とあるようにである。〈三種世間〉とは、智正覚世間・衆生世間・器世間の意であるが、この三種世間については、『弁顕密二教論』上において引用される『釈摩訶衍論』巻十の文に、

諸仏と言っぱ、即ち是れ不二摩訶衍の法なり。所以者何となれば、此の不二の法を彼の仏に形ぶるに其の徳勝れたるが故に。大本華厳契経の中に是の如くの説を作す。其の円円海徳の諸仏は勝れたり。其の一切の仏は円円海を成就すること能わず。劣なるが故に。若し爾らば、何んが故にか分流華厳契経の中に是の如くの説を作す。盧舎那仏は三種世間を其の身心と為す。三種世間に法を摂するに余無し。彼の仏の身心も亦復摂せざる所有ること無し(20)。

とあるごとく、盧遮那仏は三種世間を身心としているとし、さらに三種世間に法を摂して余なし、ともいっている。また、『秘蔵宝鑰』の第九極無自性住心の説段においても、同じく『釈摩訶衍論』巻三から、次の文が引用されている。

又云わく、性浄本覚は三世間の中に皆悉く離れずして彼の三つを熏習して一覚と為して、一大法身の果を荘厳す。是の故に名づけて因熏習鏡と為《す》。云何が名づけて三種世間と為る。一には衆生世間、二には器世間、三には智正覚世間なり。衆生世間とは、謂わく異生性界なり。器世間とは、謂わく所依止の土なり。智正覚世間とは、謂わく仏菩薩なり。是れを名づけて三と為。[21]

この文は、『秘密曼荼羅十住心論』巻九にも引用され、それには前文があり、仏華所説の三種世間円融の仏は、則ち四種の鏡の中には第二に当たるなり。[22]とし、四種の鏡には四種あり、一如実空鏡、二因熏習鏡、三法出離鏡、四縁熏習鏡とし、その第二の因熏習鏡の説明の文であった。

ここにおいて一切衆生・器世間、そして仏菩薩の世界もすべてが、〈六大〉ということを能造の体とし、所造の法とする関係にある。すなわち一切衆生も、器世間も、仏菩薩も遍満・平等の原理によって通底しているのである。『声字実相義』において、〈法然有〉という句についてコメントし、それを大毘盧遮那にかけて、

謂わく大日尊とは梵には摩訶毘盧遮那仏陀と云う。大毘盧遮那仏とは是れ乃ち法身如来なり。法身の依正は則ち法爾所成なり。故に法然有と曰う。[23]

と述べている。このような前提によって、『即身成仏義』の六大説の結論において、

諸の顕教の中には四大等を以て非情と為す。密教には則ち此れを説いて如来の三摩耶身と為す。四大等、心大

を離れず。心色異なりと雖も、其の性即ち同なり。[24]

とあるごとくである。ここでは、非情として括られるすべての存在は、〈如来の三摩耶身〉であるというのである。むろんのこと、ここにいう〈非情〉とは、三種世間のうちの器世間にほかならない。『即身成仏義』においては、〈六大〉ということが主題であり、その所生の法としての三種世間ということであったが、『弁顕密二教論』巻下に、『金剛頂一切瑜祇経』の一文を引用され、「五智の光照常に三世に往するを以て暫くも息むこと有ること無き平等の智身なり」[25]という句に割注して、

五智と言っぱ、五大所成の智なり。一一の大に各々智印を具せり。三世とは三密三身なり。無有暫息とは此の如くの諸尊は業用無間なり。此の仏業を以て自他を利楽す。平等智身とは、智とは心の用、身とは心の体なり。平等とは普遍なり。言わく五大所成の三密智印、其の数無量なり。身及び心智、三種世間に遍満遍満し、仏事を勤作して刹那も休まず。[26]

とある。〈五大所成の智〉〈五大所成の三密智印〉とは、いうところの六大ということであろう。また〈智身〉を、智を心の用、身を心の体としていることも、要するに六大ということであろう。その身と心智とが三種世間に遍満・遍満しているというのである。

六　まとめ

弘法大師信仰は、長い歴史を通して現代社会においても照射しており、種々な形をもって顕在化している。従来、その信仰の中心に〈入定留身〉というものがあり、それを中心として論じられることが多い。

ここでは、その大師信仰には、空海ご自身が法身大日如来との一体観による時空を超越した広大なる世界を拓き、その世界にある空海の永遠なる相というものが横たわっている、ということについて考察をめぐらした。そのために、大日如来からの密教の付法を時間軸とし、大日如来の法身観と、その遍満・平等ということを空間軸とし、その接点において時空を超越した世界を認め、それと同一化した空海を信仰の中核とするものであろうことを確認したつもりである。むろん、信仰者も大師と同じレベルにおいて時空を超越した存在者であることが、大師信仰ということの実際でなければならないのである。

『即身成仏義』において主に論じられる〈六大体大説〉は、法身如来との同一性と遍満性を論ずる場合に〈六大〉ということは、その同一性と遍満性をより具体的に証明するのに有効である。むろん、

能所の二生有りと雖も、都て能所を絶せり。法爾道理に何の造作か有らん。能所等の名は皆是れ密号なり。常途浅略の義を執して種種の戯論を作す可からず。[27]

というごとき注意をうながしてはいるが、〈六大〉ということを通して、

此の所生の法は、上法身に達し、下六道に及ぶまで、麁細隔て有り、大小差有りと雖も、然れども猶六大を出でず。[28]

と述べ、上は四種法身、下は器世間にいたるすべてに〈六大〉が遍満していることを通して、その同一性が論じられているということができよう。そこに、六大法界体性所成の身という主体が確立する。そして、その主体こそが弘法大師空海と我々とが合一する場であろう。

無障無礙にして互相に渉入相応し、常住不変にして同じく実際に住せり。[29]

というゆえんである。

註

(1)『弘法大師全集』三、四六一頁。
(2)『弘法大師全集』一、六九頁。
(3)『弘法大師全集』一、五〇八頁。
(4)『弘法大師全集』一、五〇八頁。
(5)『弘法大師全集』一、五〇九頁。
(6)『弘法大師全集』一、七一一頁。
(7)『大正大蔵経』一八、三八b。
(8)『弘法大師全集』一、五一一頁。
(9)『弘法大師全集』一、五一二頁。
(10)『弘法大師全集』一、五一二頁。
(11)『大正大蔵経』一八、一九c。
(12)『弘法大師全集』一、五一一頁。
(13)『弘法大師全集』一、四九七頁、『大正大蔵経』一八、二八八a。
(14)『弘法大師全集』一、五〇〇頁、『大正大蔵経』一八、二五三c。
(15)『弘法大師全集』一、五〇〇頁。
(16)『弘法大師全集』一、六三九頁。
(17)『弘法大師全集』二、一三六頁。
(18)『弘法大師全集』二、四一～四二頁。
(19)『弘法大師全集』一、五〇九頁。
(20)『弘法大師全集』一、四七九頁、『大正大蔵経』三二、六六八a。
(21)『弘法大師全集』一、四六四頁、『大正大蔵経』三二、六二二a。
(22)『弘法大師全集』一、三九〇頁。

(23)『弘法大師全集』一、五三二頁。
(24)『弘法大師全集』一、五一一頁。
(25)『大正大蔵経』一八、二五三c。
(26)『弘法大師全集』一、五〇一頁。
(27)『弘法大師全集』一、五一二頁。
(28)『弘法大師全集』一、五一一頁。
(29)『弘法大師全集』一、五一二頁。

空海の出家と入唐

武内　孝善

一　はじめに

空海の生涯のなかで、もっとも困難な問題の一つは、空海が出家得度・授戒を受けられたのはいつであったのか、である。なぜなら、空海の伝記史料を整理すると、出家得度の年次については六つ、受戒の年次については三つの説が伝えられており[1]、いずれの年次が史実であったかを、ただちに決定することができないからである。

空海の出家・受戒の年次については、真言宗では古来、『遺告二十五ヶ条』の、

二十の年に及べり。爰に大師岩淵の贈僧正召し率いて、和泉国槙尾山寺に発向す。此こにおいて髻髪を剃除し、沙弥の十戒・七十二の威儀を授けらる。名をば教海と称し、後に改めて如空と称す。（中略）吾れ生年六十二、臈四十一。[2]

にもとづく二十歳得度・二十二歳受戒説をとってきた。しかるに近年、三十一歳得度説、または三十一歳受戒説が有力視されるようになってきた。この新しい説は、『続日本後紀』巻四、承和二年（八三五）三月庚午（二十五日）条の空海卒伝の、

三十一にして得度す。延暦二十三年入唐留学し、青龍寺恵果和尚に遇い、真言を稟け学ぶ。[3]にもとづく。しかしながら、空海の三十一歳をいつとみなすかについては、延暦二十二年（八〇三）説と同二十三年（八〇四）説の二つがあり、いまだ決着をみるにいたっていない。いずれにしろ、空海の出家はその入唐と密接なかかわりを有していたと考えられてきた。

一方、空海の入唐留学については、つぎのように考えられてきた。第十六次遣唐使の第一回目は、延暦二十二年（八〇三）四月十六日に難波津を出帆したが、瀬戸内海を航行中の同月二十一日、暴風に遭遇して甚大な被害をこうむり、この年の派遣はやむなく中止となった。嵐に遭ったものは不吉だとして、渡航の停止を命ぜられた留学僧の欠員補充のため、新たに選任された一人が空海であり、延暦二十三年の第二回目の出帆に間に合わせるために「急遽あつめられた」、とみなす説が有力視されてきた。[4]しかるに、この「急遽あつめられた」と解釈された空海の文章「箽留学末」の「箽」の訓みと字義の解釈に新しい見解「つらなれり」「留学僧の末席に名をつらねることができた」が提示された。[5]

また、空海の出家得度を考える上での根本史料の一つである延暦二十四年（八〇五）九月十一日付の太政官符に関しても、原本調査にもとづいた新しい見解が出されている。[6]よって、空海の留学僧選任の経緯についても、これら新しい解釈・見解を視野に入れた見地から、再考されるべき時期がきているように思われる。

そこで、ここに空海の出家・得度の年次について再考するとともに、空海の留学僧選任の経緯について私見を述べることにしたい。

二　空海の出家・入唐に関する根本史料

空海の出家・入唐を論じる場合、必ずとりあげられる史料が三つある。それは、
第一、『続日本後紀』巻四、承和二年（八三五）三月庚午（二十五日）条の空海卒伝（以下、「空海卒伝」と称す）[7]
第二、延暦二十四年（八〇五）九月十一日付太政官符（以下、「延暦二十四年官符」と称す）[8]
第三、大同三年（八〇八）六月十九日付太政官符（以下、「大同三年官符」と称す）[9]
の三つである。先行研究を紹介するときにも、たびたび触れることになるので、はじめにこれら三つの史料の本文と内容を簡単にみておきたい。個々の史料の問題点などについては、あとで詳述する。

第一の『続日本後紀』巻四、承和二年三月庚午条の空海卒伝は、貞観十一年（八六九）八月、天皇に奉進された正史の一つであり、空海の一等古い伝記でもある。そこには、空海の得度・入唐と化去のときの年齢・年次を、

年三十一にして得度す。

延暦廿三年入唐留学し、青龍寺恵果和尚に遇い、真言を稟け学ぶ。（中略）

化去の時、年六十三。[10]

と記している。ここに「年三十一にして得度す。延暦廿三年入唐留学し」と得度と入唐を明確に書き分けていることから、空海の得度と入唐は年次を異にしていたことが知られ、得度は三十一歳のときであり、入唐留学は延暦二十三年であったことになる。問題は、空海の三十一歳が何年であったかである。「化去の時、年六十三」を基準にして逆算すると、空海の生年は宝亀四年（七七三）となり[11]、「年三十一にして得度」したのは延暦二十二年（八〇三）の

こととなる。これより、卒伝の編者は、空海は延暦二十二年に出家し、翌二十三年に入唐留学した、と認識していたことになる。

この延暦二十二年出家説と一致する記述がみられるのが、第二の史料・延暦二十四年九月十一日付の太政官符である。中村直勝博士が蒐集された平安末期書写の案文によって本文をあげてみよう。すなわち、

□（太）政官符　治部省

□（留）学僧空海俗名讃岐国多度郡方田郷戸主正六位上佐伯直道長戸口同姓真魚

右、去延暦廿二年四月七日出家□□（入唐）、□（省）

□（宜）承知、□（依）例度之、符到奉行、

□（従）五位下守左少辨藤原貞副朝臣（ママ）　左大史正六位上武生宿禰真象

延暦廿四年九月十一日(12)

とあり、「去る延暦廿二年四月七日出家□□」の箇所は、まさしく卒伝にいう「年三十一にして得度す」の年次に符合する。つづいて、「省、宜しく承知すべし。例に依って之を度せよ。符到らば奉行せよ」(13)とあり、この官符の趣旨は延暦二十二年（八〇三）四月七日に出家した空海に、前例に準じて度牒を発給するよう、太政官から治部省に命じたものである。

この官符には、いくつかの問題点が指摘されている。重要なものを二つばかりあげると、一つは「去る延暦廿二年四月七日出家□□」の「延暦廿二年」であり、一つは同文の□□の箇所である。前者については、この官符を引用する大同三年（八〇八）三月十九日付の太政官符が『高野大師御広伝』（以下、『御広伝』と称す）『弘法大師行化記』（以下、『行化記』と称す）に収録されているが、写本によって空海の出家年次を延暦二十三年・同二十四年と異にし

ており、「延暦廿二年」は「延暦廿三年」の誤写とみなす見解が出されているからである。後者については、従来、同じく大同三年三月十九日付の官符にもとづいて、「去る延暦二十二年四月七日出家入唐す」と読んできたが、この場合、あとにつづく「省、宜しく承知すべし。例に依って之を度せよ」との間で、微妙なずれをきたすからである。

ついで、第三の史料である大同三年三月十九日付の太政官符を『御広伝』によってあげよう。

太政官符

応免課役度者一人

留学僧空海年卅五讃岐国多度郡方田郷戸主正六位上佐伯直道長戸口同姓真魚

右、得治部省解偁、被太政官去延暦廿四年九月十一日符偁、去廿三年四月出家入唐、宜依得度之者、仍同年夏季、応免課役申送者、省宜承知、符到奉行、

大同三年六月十九日(14)

これは、まず延暦二十三年(八〇四)四月に出家したことを証明する同二十四年九月十一日付の官符をあげ、ついで同年(大同三年〈八〇八〉)の夏季に空海の課役を免ずる手続きをとるよう、太政官が民部省に命じた官符である。この官符にも、問題点がいくつか指摘されている。たとえば、①『御広伝』と『行化記』とで本文が若干異なっていること、②とくに「去る延暦廿三年四月出家入唐す」の年次が『行化記』では「延暦廿四年」となっていること、③また唐から帰朝後三年目の大同三年(八〇八)六月の時点でなぜこのような官符が出されたのか、といったことである。

さきにも記したように、それぞれの史料の問題点についてはあとで詳述することとし、その前に先行研究をみて

おきたい。

三　先行研究の検討

はじめに、空海の出家得度・受戒と入唐留学について論じる場合、これまで何が問題とされ議論されてきたかを整理しておきたい。

出家得度に関しては、二つのことが問題とされてきた。一つは空海の出家がいつ・何歳のときであったかであり、一つは空海の出家が年分度者などの官度僧としてのものであったのか、それとも私度僧であったのか、の二つである。受戒に関しては、いつ・何歳のときに具足戒を受けたのか、が問題とされてきた。

一方、入唐留学に関しては、二つのことが問題とされてきた。一つはいかなる資格で入唐したのかであり、一つはいつ・いかなる経緯で遣唐使の一員に選任されたのか、である。

つぎに、空海の出家得度・受戒と入唐留学について論じるとき、参照すべき先行研究をあげると、つぎのごときものがある。

㈠長谷宝秀「弘法大師伝の疑義について（三）」『六大新報』第一四〇三号　一九三一年一月[15]
㈡蓮生観善編『弘法大師伝』一九三一年六月[16]
㈢守山聖真編『文化史上より見たる弘法大師伝』一九三四年八月[17]
㈣川崎庸之「空海の生涯と思想」一九七五年三月[18]
㈤五来　重『増補　高野聖』一九七五年六月[19]

㈥上山春平『空海』一九八一年九月[20]
㈦武内孝善「弘法大師伝をめぐる諸問題（一）――誕生年次――」一九八二年二月[21]
㈧高木訷元「空海の「出家入唐」」一九八五年三月[22]
㈨加藤豊仭「空海の「出家入寺」について」一九九五年三月[23]
㈩高木訷元「祖師伝の律令的考察（二）――空海の出家にかかわる二種の官符について――」一九九七年三月[24]
(十一)高木訷元『空海　生涯とその周辺』一九九七年四月[25]
(十二)竹内信夫『空海入門　弘仁のモダニスト』一九九七年五月[26]
(十三)佐伯有清「空海の入唐留学僧選任をめぐって」一九九八年三月[27]
(十四)牧　伸行「入唐前の空海」一九九九年九月[28]
(十五)東野治之「大和文華館所蔵の延暦二十四年官符」二〇〇〇年十月[29]

これらの論考を、さきにあげた出家得度・受戒および入唐留学の問題別に整理すると、つぎのようになろう。

空海の出家得度に関しては、まず、延暦二十三年（八〇四）に入唐したとき、朝廷から正式に得度を許された官度僧であったか、それとも私度僧であったのか、で大きく二つに分かれる。すなわち、

第一、私度僧のまま入唐したとみなす説……㈠長谷宝秀、㈤五来　重、㈥上山春平、㈨加藤豊仭
第二、官度僧として入唐したとみなす説……㈡蓮生観善、㈢守山聖真、㈣川崎庸之、㈧㈩(十一)高木訷元、(十二)竹内信夫、(十三)佐伯有清、(十四)牧　伸行

となる。このうち、第二の官度僧であったとする説はその出家の年次と月日によって、さらに五つに分けることができる。

イ、延暦十二年（七九三）二十歳説……蓮生観善・守山聖真
ロ、同二十二年（八〇三）四月七日説……川崎庸之
ハ、同二十二年（八〇三）三十歳説……牧　伸行
ニ、同二十三年（八〇四）正月説………高木訷元・竹内信夫
ホ、同二十三年（八〇四）四月七日説……佐伯有清

この官度僧として入唐したとみなす説のうち、㈡蓮生観善・大師伝と㈢守山聖真・大師伝の二つは、空海の得度は三論宗の年分度者としてのそれであったとみなされる。また、㈧をはじめとする高木訷元先生の諸論考では、大安寺三論宗の年分度者であったとみなされている。

空海の受戒に関しては、四説に分かれる。すなわち、

第一、延暦十四年（七九五）二十二歳説………㈡蓮生観善、㈢守山聖真
第二、同二十二年（八〇三）四月九日説………㈣川崎庸之
第三、同二十三年（八〇四）四月初旬三十一歳説……㈧㈩⑾高木訷元、⑿竹内信夫
第四、同二十三年（八〇四）四月九日三十一歳説……⒀佐伯有清

の四つである。

空海の入唐留学に関しては、二つのことが問題とされてきた。その一つ、いかなる資格で入唐したのかについては、㈤五来重氏がひとり、唐に渡ったあと留学僧へ名義変更するとの口約束のもとに、遣唐大使藤原葛野麻呂の私的アルバイトとして入唐したとみなす。あとの方は、私度僧として入唐したとみなす方も含めて、留学僧であったとみなされている。つぎに、入唐留学僧に選任された時期に関しては、

第一、延暦二十二年（八〇三）、第一回目の遣唐使が出発する前とみなす説……㈣川崎庸之

第二、同二十三年、第二回目の出発が目睫に迫った時期に、急遽集められ選任されたとみなす説……㈧㈩⑪高木訷元、⑫竹内信夫、⑬佐伯有清、⑭四牧伸行

の二説があり、第二の説が有力視されてきた。しかしながら、問題がないわけではない。

四 『続日本後紀』巻四所収「空海卒伝」の検討

空海の出家得度を考える場合の根本史料の一つとみなされてきたのが『続日本後紀』巻四、承和二年（八三五）三月庚午（二十五日）条の「空海卒伝」である。しばらく、「空海卒伝」をもちいて空海の出家得度を論じるときの問題点について考えてみよう。

「空海卒伝」のなか、空海の出家得度を論じるとき必ず触れられるのが、つぎの箇所である。

年三十一にして得度す。

延暦廿三年入唐留学し、青龍寺恵果和尚に遇い、真言を稟け学ぶ。（中略）

化去の時、年六十三。(30)

さきにも記したように、ここに「年三十一にして得度す。延暦廿三年入唐留学し、青龍寺恵果和尚に遇い、真言を稟け学ぶ」と、得度と入唐を明確に書き分けていることから、これを信ずるかぎり、空海の得度と入唐は年次を異にしていたことが知られ、得度は三十一歳のときであり、入唐留学は延暦二十三年（八〇四）であったことになる。

空海の入唐が延暦二十三年であったことは、『日本後紀』をはじめ諸書によって確認できることから間違いない。

問題は、「年三十一にして得度す」の三十一歳が何年であったのかである。「化去の時、年六十三」を基準にして逆算すると、空海の生年は宝亀四年（七七三）となり、「年三十一にして得度」したのは延暦二十二年（八〇三）のこととなる。これより、卒伝の編者は、空海は延暦二十二年に出家し、翌二十三年に入唐留学した、と認識していたことになる。

しかしながら、高木訷元先生は、この「化去の時、年六十三」は「年六十二」の誤写であり、『続日本後紀』の記事も本来「化去の時、年六十二」であって、空海の三十一歳は延暦二十三年であった、つまり出家と入唐は同じ年であったとの見解を出されている。ここでは、高木先生のいわれる「空海卒伝」の「化去の時、年六十三」は「年六十二」の誤写である、が成り立つか否かを検証しておきたい。

はじめに、高木先生が何を根拠に、「空海卒伝」の「化去の時、年六十三」は「年六十二」の誤写の可能性が高いとみなしておられるのか、をみておきたい。高木先生は『空海　生涯とその周辺』で、「空海卒伝」と居士野仲廉の『日本名僧伝』とを引用する済暹の『弘法大師御入定勘決記』（以下、『入定勘決記』と称す）に注目して、つぎのようにいわれる。

仁和寺の済暹（一〇二五〜一一一五）が撰述した『弘法大師御入定勘決記』上には、空海の入定説に言及して『続日本後紀』巻四を引き、「天長元年に少僧都に任じ、七年に大僧都に転ず。自ら終焉の志ありて、紀伊国の金剛峯寺に隠居す。入定の時、年六十二なり」とする。ここで「化去の時」を「入定の時」とするのは、明らかに済暹の恣意によるものであるが、さらにここで済暹は、小野仲廉が延喜十四年（九一四）に撰述した『日本名僧伝』を引いて、「紀伊国の金剛峯寺に隠居し、自ら終焉の志あり。承和二年乙卯春三月丙寅に紀伊国の禅居に終る。時に年六十二」（『弘法大師伝全集』第一）としている。これらがすべて『続日本後紀』にもとづく記述であることは一目瞭然である。したがって、『続日本後紀』の「化去の時、年六十三」というのは、誤写の可能性が高い[31]。

ここには、『入定勘決記』上に引用される「空海卒伝」『日本名僧伝』とも空海の入定したときの年齢を「年六十二」とすることから、「空海卒伝」の「化去の時、年六十三」は誤写ではないかとされる。

『入定勘決記』上をみてみよう。高木先生が典拠としてあげられるのは、つぎのような問答の一文である。

問う。又其の入定説は誰人の陳る所ぞや。
答う。是れに内外の二説有り。
問う。其の二説とは何等や。
答う。且く外説に約するに、三家の説有り。謂はく、一には『続日本後紀』第四に云はく。天長元年、少僧都に任ず。七年大僧都に転ず。自ら終焉の志有りて、紀伊国金剛峯寺に隠居す。入定の時、年六十二、と云々。二には居士野仲廉、大師の別伝を撰して云はく。紀伊国の金剛峯寺に隠居し、自ら終焉の志有り。承和二年乙卯春三月丙寅に、紀伊国の禅居に終る。時に年六十二、と文う。三には俗人令峯允高の『類聚国史』に云はく。承和二年三月丙寅に、大僧都伝燈大法師空海、紀伊国の禅居に終る。時に六十二《三イ》、と文う[32]。

確かに、ここにあげた『入定勘決記』の活字本では、引用された『続日本後紀』『日本名僧伝』『類聚国史』のいずれもが、空海が入定したときの年齢を「年六十二」としている。とはいえ、これだけで「空海卒伝」の「化去の時、年六十三」が「六十二」であったとはいえない。

なぜなら『入定勘決記』を略出した同じく済暹撰述の『弘法大師御入定勘決鈔』（以下、『入定勘決鈔』と称す）には、まったく同文が収録されているにもかかわらず、こちらはすべて「年六十三」となっているからである。[33]また、いま我々が目にしている『入定勘決記』『入定勘決鈔』は、いずれも江戸末期の写本を底本として活字化したものであり、[34]済暹が撰述した当初からこの語句であったかどうか、疑問が残るからである。

済暹撰とも伝えられる『大阿闍梨耶付法伝』には、『続日本後紀』の「空海卒伝」が全文引き写されているが、その最後は「化去の時、年六十三」となっている。[35]また、『類聚国史』巻一四七「撰書」の項の本文には、

仁明天皇、承和二年三月丙寅（二十一日）、大僧都伝燈大法師位空海、紀伊国の禅居に終る、と云々。法師、恵解日に新たにして筆を下して文を成す。世に伝うる『三教論』なり。是れ信宿の間に撰する所なり。書法に在りては、最も其の妙を得。張芝と名を斉しくし、草聖と称せらる。[36]

とあって、「大僧都伝燈大法師位空海、紀伊国の禅居に終る」とあるだけで、空海の年齢は記されていない。

このようにみてくると、『入定勘決記』に引用された諸書の「年六十二」は、もとから「年六十二」と記されていたのではなく、六十二歳で入定したことが定説として語り継がれてくる過程で、書き改められたものとみなしておきたい。[37]

また高木先生は、「手紙にみる交友の軌跡」では、

寛治二年（一〇八八）十月頃、成安が著した『三教指帰注集』では、「類聚国史に云く、承和二年三月丙寅（二十一日）、大僧都伝燈大法師位空海、紀伊国の禅居に終る。時に年六十二」とあって、これが『続日本後紀』における記述であることを示している。このことは、小野仲廉が延喜十四年（九一四）に撰述した『日本名僧伝』の記述とも合致しているから、空海の入定を承和二年三月二十一日、年六十二とすることに誤りはないことに

なる。[38]

と、新たに影印が公刊された成安の『三教指帰注集』に引用された『類聚国史』に注目され、そこにみられる「時に年六十二」がもともと『続日本後紀』の記述であることから、「空海卒伝」の「年六十三」を「年六十二」とすることに誤りはないといわれる。

では、この高木先生の新説ははたして妥当な説といえるのであろうか。私は二、三疑義をいだかされる。その疑義をつぎに記してみたい。第一の疑義は、成安撰述の『三教指帰注集』に引用された『類聚国史』の一文は、『類聚国史』の本文とも、また『類聚国史』の典拠である『続日本後紀』の本文とも異なるものであることである。『類聚国史』の本文は、さきにあげたので再説しないけれども、それは、『続日本後紀』巻四、承和二年（八三五）三月丙寅（二十一日）条と同月庚午（二十五日）条とを「云々」でもってつなぎ、ひと続きの文としている。ここには空海の年齢の記載はない。

『三教指帰注集』に引用された一文は、『続日本後紀』承和二年三月丙寅条を基調としている。そこで同条をあげると、

丙寅（二十一日）。大僧都伝燈大法師位空海、紀伊国の禅居に終る。[39]

とだけあって、ここにも空海の年齢は記されていない。にもかかわらず、『三教指帰注集』に引用された一文は、最後に「時に年六十二」と年齢が記されている。これは何を意味するのであろうか。

この「時に年六十二」は、『類聚国史』を引用した者が書き加えたとしか考えられない。しかも空海の入定したときの年齢を六十二歳とみなす考えが定着した時期に、『続日本後紀』「空海卒伝」の「化去の時、年六十三」を意識的に改変し、書き加えたと考えておきたい。

もう一つの疑義は、高木先生の引用の仕方についてである。なぜなら、高木先生のさきにあげた引用は、自説に都合のよい部分だけを引かれたとも受けとれるからである。つまり、『三教指帰注集』には、高木先生が引用された『類聚国史』の直前に、「化去の時、年六十三」と記す『続日本後紀』の「空海卒伝」が四カ所に分割してあげられており、つなぎ合わせると「空海卒伝」がほぼ復原できるからである。『三教指帰注集』に引用された「空海卒伝」をあげると、

・右大臣夏野が撰の続日本後記(ママ)の第四に云はく。空海法師は讃岐国多度郡の人なり。俗姓は佐伯直。年十五にして舅従五位下阿刀宿禰大足に就いて文書を読習す。
・続日本後記(ママ)に云はく。大法師空海、十八にして槐市に遊学す。
・続日本後記(ママ)に云はく。阿国の大瀧之嶽に攀躋り、土佐国室戸之崎に勤念す。
・続日本後記(ママ)に云はく。幽谷、声に応じ、明星、来影す。此れより恵解、日に新たにして筆を下して文を成す。世に伝うる『三教論』なり。是れ信宿に撰する所なり。書法に於ては、最も妙を得たり。張芝と名を斉しくし、草聖と称せらる。年三十一にして得度す。延暦廿三年入唐留学し、青龍寺恵果和尚に遇い、真言を稟け学ぶ。宗旨の義味、該通せざることなし。遂に法宝を懐きて、本朝に帰来す。秘密の門を啓き、大日の化を弘む。天長元年、少僧都に任じ、七年大僧都に転ず。自ら終焉の志有りて、紀伊国金剛峯寺に隠居し入定す。時に年六十三なり。[40]

となる。特記すべきは、最後の「自ら終焉の志有りて、紀伊国金剛峯寺に隠居し入定す。時に年六十三なり」である。「空海卒伝」では「自ら終焉の志有りて、紀伊国金剛峯寺に隠居す。化去の時、年六十三」となっており、「化去の時、年六十三」が「入定す。時に年六十三なり」と書き改められている。意識的に改変されたことは明らかで

あるが、「年六十三」はそのままである。

ここにあげた『三教指帰注集』は序文から寛治二年（一〇八八）に成安が注を施したものであり[41]、さきに紹介した『大阿闍梨耶付法伝』には院政期の写本が三本伝存している[42]。書写年代がほぼ同じで別々の典籍に引用された「空海卒伝」の最後が、ともに「年六十三」であることはきわめて重要であろう。

以上より、『続日本後紀』の「空海卒伝」は、もとより「化去の時、年六十二」であって、「年六十三」の誤写ではは断じてなかったと考える。よって「空海卒伝」の編者は、空海が出家したのは三十一歳の延暦二十二年（八〇三）であったとみなしていたことは間違いない、といえよう。

五　延暦二十四年九月十一日付太政官符の検討

空海の出家得度と入唐を考える場合の根本史料とみなされてきた二つ目は、延暦二十四年（八〇五）九月十一日付の太政官符である。しばらく二つのこと、すなわち一つはこの官符に関してこれまでにわかっていることを整理し、一つはこの官符をもちいて空海の出家得度ならびに入唐を論じるときの問題点を考えておきたい。なお、以下には特別の場合をのぞいて、「延暦二十四年官符」と略称でよぶことにする。

最初に、もう一度「延暦二十四年官符」の全文をあげておこう。ここには、中村直勝博士が蒐集された平安末期書写の案文によってあげる。

□（太）政官符　治部省

□（留）学僧空海 俗名讃岐国多度郡方田郷戸主正六位上佐伯直道長戸口同姓真魚

右、去延暦廿二年四月七日出家□□(入唐)、□(省)
□(宜)承知、□(依)例度之、符到奉行、
□(従)五位下守左少辦藤原貞副朝臣(ママ)　左大史正六位上武生宿禰真象
延暦廿四年九月十一日(43)

この「延暦二十四年官符」がはじめて紹介されたのは、文政十一年（一八二八）に印行された野里梅園編『梅園奇賞』二集であった(44)。そこには「石山寺什太政官符」とあって、石山寺に伝来したものを手本として印行されたことが知られる。この官符が注目されるようになったのは、ほかでもない、昭和三十五年（一九六〇）十一月、中村直勝博士が蒐集された古文書を収録した『中村直勝博士蒐集古文書』が刊行されてからである。これには、平安末期に書写された案文が写真・翻刻文に解説を付して公表された(45)。しかしながら、この解説はきわめて簡略なものであり、この案文の詳細については不明な点が少なくない。以下、この中村直勝博士が蒐集された平安末期書写の案文を「中村蒐集官符」と称することにする。

ともあれ、ここで『梅園奇賞』所収の「延暦二十四年官符」と中村直勝博士が蒐集された平安末期書写の案文・「中村蒐集官符」との関連をみておきたい。『中村直勝博士蒐集古文書』の解説では、「この案文の原本と思われるものが「梅園奇賞」二集に収められており、それも同じ個所が缺字になっている」としか記されていない(46)。両者の関係を本格的に考察されたのは上山春平先生であった。上山先生は、「中村蒐集官符」の原本調査を踏まえて、『梅園奇賞』所収の官符の原本が「中村蒐集官符」そのものである、と結論づけられた。その根拠は、「虫損その他欠損部分の形状を入念に模写しているばかりでなく、文字の形まで実に精密に模写している」からであった。文字を忠実に写した例として、「貞嗣」を「貞副」とする点と「朝臣」を右傍らに小さく追記する点の二つをあげられる。一方、

相違するところは太政官印の有無である。『梅園奇賞』所収の官符には「太政官印」が五つ画かれているのに対して、「中村蒐集官符」にはまったく捺されていない。しかし、二つの官符を比較すると、『梅園奇賞』は「中村蒐集官符」の忠実な模写と考えるほかなく、したがって『梅園奇賞』にみられる「太政官印」は梅園が書き加えたものとみるほかない。もし、『梅園奇賞』所収の官符が「太政官印」を捺した官符の正文を模写したのであれば、署名の部分は本人の自著であるから書体が異なっていて然るべきであり、また「貞嗣」を「貞副」と書き損じることも、「朝臣」のような傍書もありえない、といわれる。

これに対して東野治之氏は、「太政官印」は梅園が書き加えたとみなす点は梅園の人物像から考えて濡れ衣であり、「典拠となった摸本に印影の位置が墨線で入れられており、梅園はそれをそのまま版刻させたのであろう」、と述べられた(47)。

いずれにしろ、『梅園奇賞』が手本としたのが「中村蒐集官符」そのものであったことに変わりはない。よって、以下の論述で「延暦二十四年官符」をあげる場合、断わらないかぎり、中村直勝博士が蒐集された平安末期書写の案文・「中村蒐集官符」をもちいることにする。

そこで、「延暦二十四年官符」の内容を検討するまえに、「中村蒐集官符」の書誌学的概要を、これまでに報告されている事柄に、原本を精査したときの知見を加味して記しておきたい(48)。

「中村蒐集官符」は、現在、掛幅装で紙の台紙に貼られている。巻締めに近いところに、外題のような形の「太政官符案　延暦廿四、九、十一」なる墨書がみられる。本文は、やや厚手の楮紙に墨書されている。料紙の大きさは、たて三〇・二センチ、よこ二四・一センチである。

本文は、上端を欠き、また文中にも虫損や摩滅があって、判読できないところもあるけれども、原本調査によって得られた所見を記しておく。

一行目上端の字は、従来推定されているように、「太」とみなしてよい。

二行目は、通常の官符どおり一字下げではじまり、一字目は残画から「留」とみなしてよい。二行割注の最後、「真魚」の「真」は「魚」を墨書した上に「真」を重ね書きしている。

三行目、下端の三字は、空海の出家・入唐にかかわる、この官符のもっとも重要な箇所であるが、残念ながら判読不能というしかない。従来、大同三年（八〇八）六月十九日付の太政官符にもとづいて「入唐、省」と読まれてきた。加藤豊仭氏は原本調査の結果、「入寺、省」と読まれた。(49) また東野治之氏は、これまで「入道、省」と読まれてきたが「道」ではなく、残画から「蕃」などの可能性も捨て難い、とされる。(50) 加藤氏の「寺」は魅力的ではあるが、追認するには手がかりが少なすぎる。東野氏の「蕃」は、残画からみて賛意を表することは難しい。「唐」とみなす可能性も残されているように想われる。下から三字目「入」は間違いない。下端の字は残画から「省」とみなしてよいであろう。

四行目、上端の字は残画と文脈から「宜」とみなしてよい。四字目・五字目も残画と文脈から「依」「例」と読んでよい。東野氏は、最後の「奉行」は墨の調子を異にしているとみなされるが、「行」の最後のたて線は、「年」のたて線と相通じるものがみられ、同筆とみなしてよいと考える。

五行目、上端の字は残画から「従」とみなしてよいであろう。「藤原貞副」は「貞嗣」の書き誤りとみなす見解が有力であるが、加藤豊仭氏はかすかな墨痕から「副」は「嗣」と書かれており、誤写ではないとみなされる。(51) 拡大した写真からは墨痕のようにみえるけれども、私にはやはり「副」としか読めなかった。

六行目はさしたる問題はない。

最後に、一行目のちょうど裏に、墨の裏書のあることが東野氏によって報告されている。東野氏は、

□□□□仁王會□□　□

と判読された。私がみるかぎり、裏書の文字は多くみなしても、

□□仁王會□□　□

の八字であろう。あれこれ努力したが、残念ながら「仁王會」以外はどうしても判読できなかった。さらなる精査を待つことにしたい。

つぎに、この「延暦二十四年官符」をもちいて空海の出家得度ならびに入唐を論じるときの問題点を整理しておきたい。問題と考えられるのは、

第一、「中村蒐集官符」は正文であるか、案文であるか。

第二、空海の年齢が記載されていない点。

第三、解文がみられない点。

第四、「延暦廿二年四月七日」は作為的な改竄か否か。

第五、官符の日付・延暦二十四年九月十一日をいかに解するか。

の五点である。これらは、いわばこの官符の信憑性を問うことにもなる。順次、検討を加えることにしたい。

第一は、「中村蒐集官符」は正文・案文のいずれであるのか、の問題である。さきに結論を述べるならば、この「中村蒐集官符」は案文である、といえよう。それはつぎの三つの理由による。その一つは、書写年代である。かつ

て、藤枝晃氏は紙質とその筆跡から、延暦二十四年（八〇五）当時の原文書であるとみなされた[52]。その後、東野治之氏もいわれるように、やはり平安末期ころに書写されたものとみるのが妥当であろう。二つ目は、さきにも触れたことであるが、正文であれば署名部分は自著されるはずであるから、書き誤ることはない。しかるに「中村蒐集官符」では、「貞嗣」を「貞副」と書き、「朝臣」を傍書するといった正文では考えられない箇所がみられる。また、自著であれば、書体が異なっていなければならないのに、すべて一人の筆跡とみなされる。さらに、「真魚」の「真」が「魚」のうえに重ね書きされている点も正文とはいえない。三つ目は、正文であれば「太政官印」が捺されていてしかるべきであるが、その痕跡すらみあたらない。このように、「中村蒐集官符」を正文とみなす要素は何一つないことから、案文とみなさざるをえない。

第二は、「延暦二十四年官符」に空海の年齢が記載されていないことである。高木先生は、この点を疑われて、いくつかの点で、この官符には問題がある。その一は、この官符には空海の年齢が記されていないことである。「去る延暦二十二年に出家し」とあるのが、『続日本後紀』にもとずいてのことであったとすれば、当然ながら、このときは「年三十一」であり、したがって延暦二十四年の官符では「年三十三」とされなければならない。その場合、この官符と密接な関連をもつ後述の大同三年（八〇八）六月十九日の「応に課役を免ずべき度者一人」の太政官符にみられる空海の年齢「年三十五」の記述と齟齬をきたすことになる。空海の出家入唐にかかわる官符において、その年齢を記さなかったのは、あるいはそのためであったかもしれない[53]。

と、「大同三年官符」を意識して記さなかったのではないか、といわれる。一方、東野氏も年齢の記載がみられないことに触れて、つぎのようにいわれる。

むしろ気がかりなのは、空海の本貫のみあって年齢が記されていないこと、署名部分に「朝臣」を脱し、「嗣」

を誤るなどの点である。しかし年齢は関連文書があって省かれたともみられようし、誤脱としても、他の誤りともども、案文故のことと理解できないではない(54)。

確かに、空海の本貫のみで年齢が記されていない点は疑わしいといえようが、これが備忘のための写し、すなわち案文であることを考慮すれば、東野氏もいわれるように、この文書を偽文書とみなす決め手とはなりえないといえよう。

第三は、解文、すなわち下の役所・被官から上申したときの文書がみられないことである。このことについて、高木先生はつぎのようにいわれる。

この延暦二十四年九月十一日付の官符自体の信憑性を疑わしめる決定的な欠陥は、すでに述べたように、空海の年齢が記されていないことと同時に、なによりもこの官符には、治部省あるいは民部省、ないしは国衙等の被官からの「解」文が欠けていることである。太政官が治部省に符す場合、なんらかの「解状」によるのが通例であるからである(55)。

確かに、この官符には解文にあたるものはみられない。はたして、解文は太政官符にとって、必要欠くべからざるものなのであろうか。「官符自体の信憑性を疑わしめる決定的な欠陥」なのであろうか。『類聚三代格』巻第二・三の「仏事上・下」には、仏教界に対して出された太政官符類一六一通が収められているが、このなかには解文を引かないものがいくつかみられる。それらの日付と事書き、本文の書き出し部分を例示してみよう。

(一)宝亀三年（七七二）三月廿一日　応供養禅師十人　童子廿人毎師二人事　「右奉　勅。古人云。人能弘道非道弘人。宜分省栄稲供禅師(56)。」

(二)延暦四年（七八五）五月廿五日　禁断僧尼出入里舎事　「右奉　勅。出家之人本事行道。今見衆僧多乖法旨。或私定檀越出入閭巷。[57]」

㈢承和十三年（八四六）十月廿七日　応行諸国仏名懺悔事　「右内典有礼懺之法。所以改往脩来。滅悪興善者也。人之在世。恒与罪倶。[58]」

このうち、㈠は、十人の内供奉十禅師にそれぞれ日米三升を、二十人の童子におのおの日米一升五合を正税から支給すべきことを命じた官符である。㈡は、出家者の本業は仏道の修行であるのに、多くの僧は法に背き、あるものは私に檀越をさだめて閭巷に出入りし、またあるものは仏験をいつわり説いて愚民をあざむく有様である。比丘が教律を慎まないばかりか、所司が厳しく取り締まらないからである。以後、このような者は外国の定額寺に移し置くよう命じている。㈢は、毎年十二月十五日から十七日までの三日間、諸国の国庁を荘厳し、部内の名徳七僧を請じて仏名会を修すべきことを命じたものである。解文はみられないけれども、いずれにも「奉　勅」のことばがみられることから、天皇の命をうけて出された特殊な例とみなすべきかもしれない。

それはさておき、解文が欠けていることが決定的な欠陥とすれば、そのような「延暦二十四年官符」を引用する大同三年（八〇八）六月十九日付の太政官符は、どのように解すればよいのであろうか。「延暦二十四年官符」が疑わしければ、「大同三年官符」も疑わしくなる。逆に、「大同三年官符」に信が置けるのであれば、「延暦二十四年官符」も信じてよいことになる。一方、「延暦二十四年官符」には信が置けるけれども、「大同三年官符」は疑わしい場合はありうるが、逆はありえない。この問題は、「大同三年官符」を検討するところで、もう一度考えることにする。

第四は、「延暦二十四年官符」の「延暦廿二年四月七日」は作為的な改竄といえるか否か、の問題である。作為的な改竄とは高木先生の言であり、つぎのような事柄をいう。「延暦二十四年官符」に「延暦廿二年四月七日出家

□□《入唐》」と書かれているところが、『御広伝』所収の「大同三年官符」では「延暦廿三年四月出家入唐」となっている。この「大同三年官符」の「延暦廿三年」は、空海の正しい年齢の数え方による「三十一歳」の年次に符合するとともに、「空海卒伝」の「年三十一得度」にも合致する。よって、空海の得度の年次は、『御広伝』所収の「大同三年官符」にみえる「延暦廿三年四月出家入唐」が正しく、「延暦二十四年官符」の「延暦廿二年四月七日出家□□《入唐》」は「空海卒伝」の「化去の時、年六十三」から逆算して求められる「三十一歳」に符合させようとして改竄したものである、とみなされた[59]。上山先生も、『御広伝』所収の「大同三年官符」にみえる「延暦廿三年」が正しく、「延暦二十四年官符」の「延暦廿二年」は誤写である、といわれる[60]。

　この作為的な改竄説・誤写説に対して、二つの疑義を呈してみたい。一つは、正しい基準としておられる「大同三年官符」についてである。「大同三年官符」を収載する最古の史料は醍醐寺の聖賢が元永元年（一一一八）に撰述した『御広伝』であり、これにつづくのが『行化記』である。問題となる空海の「出家入唐」の年次を、『弘法大師伝全集』（以下、『伝全集』と称す）所収の『御広伝』は「延暦廿三年四月出家入唐」とし[61]、同じく『伝全集』所収の『行化記』は四本とも「延暦廿四年四月七日出家入唐」としている[62]。高木先生は、『行化記』の「延暦廿四年」は「明らかに誤り」としてしりぞけ、『御広伝』の「延暦廿三年四月出家入唐」に全幅の信頼をよせ、「この記述に誤りなしとすれば、延暦二十四年九月十一日付の官符で、空海の入唐を「延暦二十二年」とするのは、延暦二十三年の単純な誤写ということになる[63]」といわれる。これは、「延暦廿二年四月七日」または「延暦廿三年四月七日」を「出家」にかけて読むのか、それとも「入唐」にかけて読むのか、によって、解釈が大きく変わってくることにも関係する。さきの高木先生の説は、「延暦二十四年九月十一日付の官符で、空海の入唐を「延暦二十二年」とするのは、延暦二十三年の単純な誤写」とあることから、「入唐」にかけて読んでおられることになろう。しかし、「延暦二十四年官符」の趣旨は度縁の発給を命じたものであるから、「出家」にかけて読むべきである、と私は考える。

それはさておき、「大同三年官符」には「延暦二十三年四月」「延暦二十四年四月七日」の二つだけでなく、「延暦二十二年四月七日」とする写本のあることが報告されている。すなわち、『弘法大師全集』所収の『行化記』に、

延暦二十《二又は三イ》四年四月七日出家入唐(64)

と傍注が付されている。私が披見することができた『御広伝』の写本・活字本はすべて「延暦二十三年四月出家入唐」であった。(65)一方、「出家入唐」の年次を「延暦二十二年」「延暦二十三年」とする『行化記』の写本にはいまだ出会っていない。(66)とはいえ、『伝全集』所収の『御広伝』と『行化記』だけをもって「単純な誤写」と判断することは、早計といえよう。また、活字本だけをもって論じることにも、釈然としないものを感じる。(67)

ともあれ、活字本の『御広伝』によって、延暦二十四年九月十一日付官符の「延暦二十二年」を「延暦二十三年」の単純な誤写とみなす説に、ただちに賛意を表することはできない。

もう一つの疑義とは、上に紹介した、「延暦二十四年官符」は「空海卒伝」の「年三十一得度」に合致させるために改竄されたとみなす説は、よくよく考えると、「空海卒伝」の記事自体がきわめて疑わしい、とみていることでもある。はたして、「空海卒伝」の「年三十一得度」は、疑わしいものであろうか。そもそも卒伝は、信憑性の高いしかるべき史料・記録にもとづいて作成された、と考えられてきた。「空海卒伝」の場合、撰者が参考にすることができた材料として、二つ指摘されている。一つは公的史料——戸籍や僧籍に関する官符のたぐい——であり、一つは私的史料——空海撰述の『三教指帰』、真済の手になる「性霊集序」その他——である。(68)「空海卒伝」の文章を、公的・私的いずれの史料を典拠として書かれたかによって分類すると、「年三十一得度」は明らかに公的史料がもちいられたと推考される。とすると、『続日本紀』が完成をみた貞観十一年（八六九）当時、空海が三十一歳であった

延暦二十二年（八〇三）に出家得度したことを証明する確かな史料が存在していた、「年三十一得度」はそれにもとづいて書かれたのであった。

このような見方が首肯されるならば、空海が三十一歳の延暦二十二年に出家得度したことを証明する確かな史料とは、ほかでもない、「延暦二十四年官符」であったということになる。

このようにみてくると、高木訷元先生が「延暦二十四年官符」の「延暦二十二年」は「延暦二十三年」の改竄であるとみなされたのはまったく逆で、『御広伝』の「延暦二十三年」は空海の生年が宝亀五年（七七四）、三十一歳が延暦二十三年にあたるとの説が確立されたあとに、「延暦二十二年」を「延暦二十三年」に書き改めたものである、とみなすことができよう。

第五は、官符の日付・延暦二十四年九月十一日をいかに解すればよいか、の問題である。つまり、この延暦二十四年九月十一日は、空海の長安滞在中であることから、なぜこの時期に発給されたのかについての疑義である。たとえば、長谷宝秀師は、空海を留学僧として入唐させたが、あとで私度僧であったことが露呈し不都合をきたしたので、延暦二十二年四月七日の出家得度とし、同二十四年九月十一日付で官符を下した、とみなされた(69)。

一方、おなじく私度のまま入唐したとみなされる上山春平先生は(70)、

①空海帰朝後、二年も経過した大同三年（八〇八）六月十九日付で課役を免除する官符が出されたのは、「空海が入唐以前に年分度者にかぎらずおよそ官度の名に価する資格を全く得ていなかったことを示していると見るほかあるまい」。

②留学僧であれば、官度はその条件であったに違いないので、空海は私度のまま入唐し、渡航後に留学僧の資格をえたと解するしかない。留学僧への切り替えは、遣唐大使藤原葛野麻呂の尽力によると考えられる。

③空海の留学が尋常ならざる処置によるものとすれば、それを主導したのは遣唐大使の藤原葛野麻呂であり、官度の手続きも葛野麻呂の手によっておこなわれたという推測を立ててみたい。葛野麻呂は、延暦二十四年（八〇五）六月八日《（ママ）》に帰朝し、七月一日節刀を返上しており、大使がその後官度の手続きにとりかかったとすれば、官符の日付・延暦二十四年九月十一日は納得できる日付である。

といい、藤原葛野麻呂が帰朝後に官度の手続きを行ったためにこの日付となった、とみなされた。

しかし、この日付はさしたる問題とはなりえないと考える。なぜなら、以前に指摘したように、得度の日から二年以上遅れて度縁が発給された例がほかにも見出されるからである。その例とは、最澄の度縁である。最澄は宝亀十一年（七八〇）十一月十二日、近江国国分寺において行表を師主として得度したけれども、度縁が発給されたのは足かけ三年後の延暦二年（七八三）正月二十日であった(71)。これは官吏の慢闕、つまり税の徴収に必要な帳簿作成の最終リミットにあわせて事務処理を行ったことによるものであって、空海の場合もほぼ同様のことが指摘されている(72)。よって、この官符の発給の遅れは、私度僧のまま入唐したといった資格にかかわってのことではなく、ましてや空海の責任でもなかったのである。

以上より、「中村蒐集官符」は案文ではあるけれども、その記載内容は信頼するにたるものであると考える。したがって、空海の得度は官符の記載どおり、延暦二十二年（八〇三）四月七日であって、延暦二十三年四月七日を改竄したとみなす説は成り立たない。また、官符の日付・延暦二十四年九月十一日から、空海が私度のまま入唐したとみなす説も成り立たない、といえる。

六　大同三年六月十九日付太政官符の検討

空海の出家得度と入唐を考える場合の根本史料とみなされてきた三つ目は、大同三年（八〇八）六月十九日付の太政官符である。この官符が注目される理由は、さきにも関説したように、このなかに「延暦二十四年官符」が引用されているからにほかならない。この官符自体の内容は、空海の課役を免除すべきことを太政官から民部省に下達したものであるが、この官符から判明する事柄およびこの官符をもちいて空海の出家得度ならびに入唐を論じる場合の問題点を整理しておきたい。

はじめに「大同三年官符」の全文を『御広伝』によってあげ、この官符から判明する事柄を箇条書きにしてあげてみよう。

太政官符
　応免課役度者一人
　留学僧空海年卅五讃岐国多度郡方田郷戸主正六位上佐伯直道長戸口同姓真魚
右、得治部省解偁、被太政官去延暦廿四年九月十一日符偁、
去廿三年四月出家入唐、宜依得度之者、仍同年夏季、
応免課役申送者、省宜承知、符到奉行、
　大同三年六月十九日(73)

この「大同三年官符」を収録する最古の史料は、元永元年（一一一八）に醍醐寺の聖賢が撰述した『御広伝』であ

り、これにつづくのが平安末期には成立していたと考えられる四種の『行化記』である。その後この官符が取りあげられるのは、江戸末期の天保四年（一八三三）に刊行された得仁撰『弘法大師年譜』と同年の奥書を有する高演撰『弘法大師正伝』であった。このことから、この官符は、明治以前にはあまり注目されていなかったといえよう。

ともあれ、内容をみておこう。

①一行目。「太政官符」のしたに宛所が記されるのが官符本来の形であるけれども、この官符に宛所はない。とはいえ、この官符は空海の課役を免除すべき手続きをとることを下達したものであるから、太政官から民部省に出された官符とみなすことができる。

②二・三行目。まず「応に課役を免ずべき度者一人」とあり、ついで「留学僧空海年卅五」とあって、ここには課役を免除される空海の個人情報が記されている。まず注目すべきは、「課役を免ずべき度者一人」が「留学僧空海」であることと、「留学僧空海年卅五」とあって、大同三年（八〇八）に空海は三十五歳であったことが知られる。ちなみに、この「年卅五」は宝亀五年（七七四）生まれにもとづいた表記であり、もとより「年卅五」であったか否かにはまったく疑念がないわけではない。(74)「讃岐国」以下の割注は、空海の本貫を記したものである。本籍地が讃岐国多度郡方田郷、戸籍の筆頭者が正六位上佐伯直道長で、空海はこの道長の戸籍に名をつらねていて幼名を真魚といったことが知られる。この本貫は、さきにみた「中村蒐集官符」のそれと全同であることから、ある程度信を置いてよいであろう。

③四行目に「右、治部省の解を得るに偁く」とあって、治部省から太政官に送られた解を引用する。治部省の解は、まず延暦二十三年四月に出家したことを証明する同二十四年九月十一日付の官符をあげ、ついで「仍って同年夏季に、応に課役を免ずべく申し送る」、つまり大同三年の夏季に空海の課役を免ずる手続きをとるよう申

しあげます、とある。

④六行目。この治部省の解を受けとった太政官は、「省宜しく承知すべし。符到らば奉行せよ」と民部省に命令を下した。すなわち、民部省は空海の課役を免ずべきことを承知しなさい（前例に任せて免除の手続きを取りなさい）[75]。この官符が到着すると、ただちに実行しなさい、と。

ところで、この「大同三年官符」にも、いくつか問題点を指摘することができる。それらを整理すると、

第一、『御広伝』と『行化記』とのあいだで、本文が若干異なっていること。

第二、『御広伝』『行化記』が引用する「延暦二十四年官符」の「出家入唐」の年次が、写本・活字本によって延暦二十三年・同二十四年・同二十二年と異なっていること。

第三、唐から帰朝後三年目の大同三年六月の時点で、なぜこのような官符が出されたのか。

の三点である。順次、検討を加えることにしたい。

第一は、『御広伝』と『行化記』との本文の相違である。官符の内容を大きく左右するほどの違いではないけれども、『行化記』にあって『御広伝』にみられない語句が二つある。それは、

イ、五行目「去廿四年四月七日出家入唐」の「七日」

ロ、六行目「省宜承知、依例、符到奉行」の「依例」

である。イの「七日」は「延暦二十四年官符」を引用する箇所であり、もとの官符に準ずるならば、あってしかるべきであろう。ロの「依例」は、『御広伝』はまったく欠落し『行化記』は半分残っているとはいえ、これだけでは意味をなさない。おそらく「依例免之」とあったのであろう[76]。これは文書の様式からして、本来あるべき語句とい

えよう。また、両者で語句が微妙に異なる箇所がある。それは五行目の「仍って同年夏季に」（『御広伝』）である。ここを『行化記』は「仍って今年夏季に」とする。「同年」ではまったく意味をなさず、あとで作成された感をつよくうける。

このようにみてくると、『御広伝』『行化記』ともに、官符のもとの形を正しく伝えているとはいいがたい。

第二は、『御広伝』『行化記』が引用する「延暦二十四年官符」の「出家入唐」の年次が、写本・活字本によって延暦二十三年・同二十四年・同二十二年と異なっていることである。この年次は、空海の出家得度ならびに入唐の年次を論じるとき、重要な位置をしめるものである。たとえば、さきに紹介した高木訷元先生は、『御広伝』にみられる「延暦廿三年」こそが信頼できる年次とされ、「延暦二十四年官符」の「延暦廿二年」は「空海卒伝」に符合させるために改竄されたものとみなされた。また、上山春平先生も同じ観点から、「延暦二十四年官符」の「延暦廿二年」を誤写とみなされた。

この改竄説・誤写説には、ただちに賛意を表しえないことはさきに記したので再説しない。いまだ『御広伝』『行化記』の写本の精査が終わっていないので、これ以上の論述は差しひかえたいが、活字本だけをもって論じることは厳に慎まなければならないと考える(77)。

第三は、唐から帰朝後三年目の大同三年（八〇八）六月の時点で、なぜこのような課役を免ずる官符が出されたのか、である(78)。この問題に関しては、すでに高木訷元先生が律令の規定、すなわち造籍から班田にいたるスケジュールに照らし合わせて矛盾しないこと、疑う必要のないことを論じておられる。これによって、一見解決できたかにみえたが、高木説にはいくつかの事実誤認がみとめられ、必ずしも説得力のあるものとはいえない。ともあれ、少々長い引用となるけれども、煩をおそれず、高木説の概略を紹介し、あわせて問題点を指摘してみたい。

高木先生はまず、戸籍が作成される造籍からその戸籍にもとづいて実際に口分田が支給される班田までのスケジュールを、

「戸令」によれば、通例、造籍は造籍年の十一月上旬から造り始めて、その翌年の五月三十日までに造り訖えなければならない。そして、この年の十月から校勘造籍《（ママ）》につとめ、十一月から班田を始めて、その翌年すなわち造籍年の翌々年二月末までに終らなければならぬと規定されている。(79)

と押さえられた。ついで、この規定が守られていなかったことを、

所司の慢性的な怠慢による事務停滞に加えて、その手続きがきわめて煩雑であったこともあって、籍年と班年との関係は必ずしも『令集解』などで示されているとおりには実施されなかった。そのことを如実に示しているのが、大同三年（八〇八）六月十九日付の太政官符である。(80)

と記し、そのあとに「大同三年官符」の本文をあげる。

つづいて、延暦十九年（八〇〇）から大同三年にかけての造籍・班田に関する動きを、

①延暦十九年（八〇〇）は造籍の年に当たっていたが、この年に全国的な規模で班田が行われたことが知られている。しかもその班田は延暦十三年（七九四）の造籍にもとづいて行われたもので、この場合、造籍から六年目に班田が実施されたことになる。

②そこで延暦二十年（八〇一）六月五日には「一紀一行令」、つまり十二年に一度の班田の制度が臨時措置として制定され、延暦十九年の造籍による班田が一回抜かれることで、造籍と班田の年次関係が調整された。

③延暦二十五年すなわち大同元年（八〇六）の造籍に続くべき班田からは、令制どおりに六年一班にすることが可

能となり、大同三年（八〇八）七月に格に准じた六年一班制に復することになった。(81)

そうして、この一連の流れのなかに、大同三年六月十九日付の「大同三年官符」を、つぎのように位置づけられると整理された。

あとの論述との関連から、私に四段に分かってあげる。

④大同元年（八〇六）の造籍にもとづく班田収授、具体的には班年に行われる空海の口分田の収公のためには、遅くとも大同三年七月以前に課役を免ずる官符が下され、

⑤その翌年の夏季（四月〜六月）までには、その課役を免ずる措置が講ぜられなければならなかったのである。

⑥さらに「戸令」十八によれば、課役とかかわりのある計帳は、毎年六月三十日以前に造られることになっていたから、その面からみても、

⑦遅くとも大同三年夏季までに、空海の課役を免ずる手続きを完了しておかなければならなかったのである。(82)

正直申して、もう一つよく理解できない。それは、ここにはいくつかの事実誤認が認められるからである。それらを指摘するまえに、高木先生の立論の根拠の一つとなっている承和元年（八三四）二月三日付の太政官符をみておこう。

太政官符す。

応に畿内に田を班つべきの事

右、民部省の解を得るに偁く。太政官、去る延暦廿年六月五日の符に偁く。校班煩い多きをもって一紀一行とす、者《てへり》。又、去る大同三年七月二日の符に偁く。事、実録に乖く。宜しく令条に依るべし、者《てへり》。仍って須らく後格に准じて、六年一班とすべし、者《てへり》。而るに、案内を検ずるに、去る弘仁元年田を班つ。天長五年、又授く。

前後の格に拠らずして、既に十九箇年を隔つ。今、施行せんと欲するに、未だ何に拠るべきか知らず、者《てへり》。従二位行大納言兼皇太子傅藤原朝臣三守宣す。勅を奉るに、延暦の格に依り、一紀一班とすべし。

承和元年二月三日[83]

この官符からは、四つのことを知りうる。箇条書きにすると、

ア、延暦二十年（八〇一）六月五日付の官符により、班田を一紀一行、つまり十二年に一度行うことになった。これは、延暦十三年（七九四）の造籍にもとづく班田がつぎの造籍の年である同十九年にやっと終わったことから、延暦十九年に作成された造籍分の班田は実施しない決定が下されたのであった。日付の六月五日は、「戸令」の規程によると、造籍作業が終わり、班田の基礎となる校勘検班をはじめる直前にあたる。

イ、大同三年（八〇八）七月二日付の官符により、一紀一行制を中止し、旧来の六年一班制にもどすことになった。

ウ、民部省は解をもって、つぎのことを確認してきた。すなわち、班田は弘仁元年（八一〇）に行われ、ついで十九年後の天長五年（八二八）に実施された。これは、前後のいずれの格にも依拠していない。ついては、今後、いずれの格を根拠に班田を実施すべきであるか、と。

エ、承和元年（八三四）二月三日、太政官は民部省に対して、延暦の格（延暦二十年六月五日の官符）にもとづき、一紀一班とすべきことを回答した。

となろう。

つぎに、ここに記されたことを踏まえて、私が高木先生の論考を読んでいだく素朴な疑問をあげてみたい。まず、「大同三年官符」の位置づけを造籍と班田とのかかわりから論じられた④〜⑦について記そう。

第一は、④の「班年に行われる空海の口分田の収公のためには、遅くとも大同三年七月以前に課役を免ずる官符

が下され」である。班年は口分田の支給が始まる年であるから、令に規定された班田のスケジュールからすると、造籍の翌年、すなわち大同二年となる。この「大同二年」をもとの文章もどすと、「班年＝大同二年に行われる空海の口分田の収公のためには、遅くとも大同三年七月以前に課役を免ずる官符が下され」となり、年代的に前後矛盾することになる。また、なぜ「遅くとも大同三年七月以前に課役を免ずる官符が下され」なければならないのかも、根拠が示されず、理解に苦しむ。さきのスケジュールであれば、大同三年二月末までに班田の作業は終わっており、大同三年六月に出された官符だと接点がまったくなくなる。(84)

第二は、⑤の「その翌年の夏季（四月〜六月）までには、その課役を免ずる措置が講ぜられなければならなかった」である。ここにいう「その翌年」とは文脈から大同四年をさす。とすると、大同四年の六月末日までに、課役免除の手続きを終えておく必要があったことになる。ここでも、なぜ大同四年の夏季なのかがよくわからない。

第三は、⑥の「課役とかかわりのある計帳は、毎年六月三十日以前に造られることになっていた」である。ここには、事実誤認がみられる。すなわち、計帳は、六月三十日までに提出させた手実にもとづいて八月三十日までに造られることになっていたからである。(85)

第四は、⑦の「遅くとも大同三年夏季までに、空海の課役を免ずる手続きを完了しておかなければならなかった」である。すでに指摘したように、なぜ「遅くとも大同三年夏季までに」なのかがやはりわからない。また、①②と④とのあいだで、齟齬をきたしていることにもなる。

これらの疑義が何にもとづくのかというならば、その前提となった延暦十九年（八〇〇）から大同三年（八〇八）にかけての造籍と班田の経緯、すなわち①〜③における事実誤認である。煩瑣となるけれども、項目別に指摘してみたい。①にはとりたてて問題はない。②も、ほぼこれでよいと思われるが、六月五日付で「一紀一行」制となった背景には、つぎのことが考えられる。造籍が終わったあと、規定どおり班田を実施すべきかどうかが議論された結果、やむなく班田を一回抜く「一紀一行制」を採用することになったといえよう。

③には、大きな誤認が認められる。これが、ひいては④～⑦の誤認につながったと考えられる。その誤認とは、つぎの点である。確かに、大同三年七月二日の官符によって「六年一班制」に復することになったけれども、これは班田を一回抜くことによって「六年一班」とすることが可能となったからではなかったことである。おそらく、大同元年に行われた造籍の時点では、暗黙の了解事項として「一紀一行制」で班田を行うことが予測されていた。したがって、時間的に余裕があるので、班田の手続きは遅々として進んでいなかったであろう。

令の規定によれば、本来であれば班田が終わっている大同三年の夏にいたり、今回も臨時措置である「一紀一行」で行くのか、本来の「六年一班」とすべきかが再度論議されることになった。その結果、「六年一班」とすべき決定が下され、同三年七月二日付で官符が下されたのであった。

この決定をうけて、つぎの造籍までに班田を実行しなければならなくなり、急遽、班田手続きが進められることになった。したがって、私は「六年一班制」に復することが決定されたあと本格的な作業にとりかかり、二年後の弘仁元年、班田を終えることができたと考える。おそらく、大同三年（八〇八）七月から同四年にかけて、実際に班田を行うための帳簿作り、すなわち校勘検班が行われ、大同四年（八〇九）から翌弘仁元年にかけて班田が実施されたと考える[86]。

以上の一連の動きを年表風に記すと、つぎのようになる。

・延暦十三年（七九四）　戸籍が作成される（**造籍**）。
・延暦十九年（八〇〇）　戸籍が作成される（**造籍**）。

・同　二十年（八〇一）　この年、延暦十三年の造籍にもとづく**班田**が行われた。
六月五日、**「一紀一行制」**を採用。前年に班田を終えたばかりであるから、規定どおりの班田を行うべきかが議論され、「一紀一行制」とすべきことが決定された。つまり、十九年の造籍にもとづく班田がとりやめとなった。

・大同元年（八〇六）　戸籍が作成される**（造籍）**。ただし、この時点では「一紀一行制」なので、班田を急ぐ必要は認められていなかったものと考える。

・同　三年（八〇八）　七月二日、**「六年一班制」**に復す。班田をどうすべきかが議論され、「六年一班制」にもどすべき決定が下された。おそらく、この時点までの実務は「一紀一行」体制で進められていたであろう。

・弘仁元年（八一〇）　この年、大同元年の造籍にもとづく**班田**が行われた。おそらく、大同三年から同四年にかけて校勘検班が行われ、同四年から弘仁元年にかけて班田が実施されたと考える。

この日程から考えると、高木先生のいわれる、
①大同三年六月末までに課役を免ずる官符がだされ、
②遅くとも大同三年夏季までに、空海の課役を免ずる手続きを完了しておかなければならなかった、
とはならないであろう。それは、さきに記したように、大同元年の造籍にもとづく班田作業が本格的にはじまるのが大同三年七月二日付の官符以後であり、それ以前に班田作業が規定通りに進められていたとは考えられないからである。

「大同三年官符」の日付の問題は、班田収授とのかかわりにおいて解決されたかに思われたが、上にみたように、

その結論部分は説得力をもったものとはいいがたい、と考える。「大同三年官符」には未解明の部分が少なくないけれども、後日を期することとし、さきに進むことにしよう。

七　「留学の末に簉なれり」の検討

空海が正式の留学僧として唐に渡られたことは、『御請来目録』をはじめとするいくつかの文章のなかに空海みずからが明記しているので(87)、いまさら贅言を要しない。よってここでは、まだ定説をみるまでにいたっていない、いつ・いかなる経緯で遣唐使の一員に選任されたのかについて、論を進めていきたい。

空海が入唐留学僧に選任された事情をつぶさに語る文章として注目されてきたのが、延暦二十三年（八〇四）十月に書かれた「時に人の乏しきに逢って、留学の末に簉《つら》なれり」である。これは「福州の観察使に与えて入京する啓」の一文である(88)。涙ぐましい交渉のすえに、日本からの正式の使節であることが認められた藤原葛野麻呂を船長とする遣唐使第一船のうち、最初に長安行きが認められた二十二名のなかに空海の名はなかった。そこで空海は、この啓を書き、長安行きのメンバーに加えていただきたいと懇請された。

この一文は、空海が入唐留学僧に選任されたいきさつを論じるとき必ず取りあげられる文章なので、はじめにその前後をあげておこう。

> 空海、才能聞こえず、言行に取りどころ無し。但、雪中に肱を枕とし、雲峯に菜を喫うことのみを知る。時に人の乏しきに逢って、留学の末に簉《つら》なれり。限るに二十年を以ってし、尋ぬるに一乗を以ってす(89)。

このなか、とくに「逢時乏人、簉留学末」の「簉」字の訓みとその意味が問題となる。

さて、空海が入唐留学僧に選任された時期については、

㈠延暦二十二年（八〇三）、第一回目の遣唐使が出発する前とみなす説……川崎庸之

㈡同二十三年、第二回目の出発が目睫に迫った時期に、急遽集められ選任されたとみなす説……高木訷元、竹内信夫、佐伯有清、牧伸行

の二説があり、第二の説が有力視されてきた。しかし、これにも問題がないわけではない。そこで、第二説を代表する高木訷元先生の論考を紹介し、私見を述べることにしたい。

高木先生は、空海が急遽、留学僧に選任された理由を、第一回目の遣唐使船の遭難によって留学僧に欠員が生じたための補充であった、とつぎのようにいわれる。

①空海の入唐は、第一回目の遣唐使船の遭難による留学僧欠員の補充であった。すなわち、第十六次遣唐使の第一回目は、延暦二十二年（八〇三）四月十六日難波津を出帆したが、同月二十一日暴風疾風に遭い、この年の派遣は中止となった。一度遭難した船に乗っていた僧侶は忌み嫌われ、再度の渡航は許されなかったから、留学僧欠員の補充が行われたと考えられる。

②その傍証となるのが『御請来目録』の「空海、去る延暦廿三年をもて、命を留学の末に銜み、津を万里の外に問う」と「福州の観察使に入京せんと請う啓」の「空海、才能聞こえず、言行に取りどころ無し。但、雪中に肱を枕とし、雲峯に菜を喫うことのみを知る。時に人の乏しきに逢って留学の末に簉《そ》えり。限るに二十年を以ってし、尋ぬるに一乗を以ってす」である。「これを単なる謙譲の修辞とみなす見解もありえようが、殊にわれわれは「簉」の字に留意すべきであろう。簉は単に「まじわる」というより、むしろ「副倅」を意味する語であり、副次的に急拠《(ママ)》あつめられたものという意味あいが強い。「時に人の乏しき」というのも、まさしく入唐

留学生に欠を生じたことを示唆していよう。[90]」

この説に対して、二つの疑義を呈してみたい。一つは、空海の入唐は、第一回目の遣唐使船の遭難による留学僧欠員の補充であったといわれるが、はたして留学僧に欠員は生じていたのであろうか。高木先生は、承和三年（八三六）五月十四日に難波津を出帆した遣唐使第三船に乗っていて遭難し、死の一歩手前から生還した真言請益僧の真済と同留学僧の真然の[91]例を根拠として、「一度遭難沈没した船に乗っていた僧侶は忌み嫌われ、再度の渡航を許されずに他の人と交代させられた」といわれる。確かに真済と真然は、ふたたび遣唐使船に乗ることを忌避された。[92]しかしながら、承和期の遣唐使船で二度まで遭難した船に乗っていたにもかかわらず、三度目の出帆によって渡唐の目的を達成した人物がいる。それは、請益僧として承和五年（八三八）に入唐をはたした常暁である。[93]常暁は、承和三年・同四年と二度にわたり渡航中止となった船に乗っていたが、交替させられることはなかった。真済・真然と常暁との決定的な違いは、前者が一月余りの漂流により屍同然の状態から甦ったのに対して、後者はおそらく嵐に遇ったとはいえ死を予感させる状態にまではいたらなかったのであろう。

このことを手がかりに『日本紀略』をみると、第一回目の遣唐使船遭難に関する記事は比較的多く収録されている。[94]だが、再度の渡航を禁じられた記事はみあたらない。また、痛ましいできごととして唯一、明経請益生の大学助教豊村家長が波間に没したことが記されるけれども、家長にかわる補充が行われた事実もない。このようにみてくると、留学僧に欠員が生じたことも、欠員の補充が行われたことも、推測の域を出るものではないといえよう。[95]

疑義の第二は、「時に人の乏しきに逢って、留学の末に簉《つら》なれり」の「簉」を、「副次的に急拠《（ママ）》あつめられた」と解される点である。この「簉」の訓みとその意味については、佐伯有清先生によって新しい見解が提示されたので、つぎにそれを紹介したい。

佐伯先生は、入唐留学僧への選任については、まず入唐留学僧選任をめぐる経緯を語る空海自身の文章を七つあげ、なかでも「逢時乏人。簉留学末」の文章は、空海が入唐留学僧に選任された事情をつぶさに語るものとして注目されている」とし、この一文に対して、先行研究を紹介しつつ新しい訓みと解釈を提示された。すなわち、「簉」の読みは、伝統的な「まじわれり」、上山春平説「みてり」、高木訷元説「そへり」に対して、羅竹風主編『漢語大詞典』の用例から「つらなれり」と読むのがふさわしい。注目されるのは、「末僚に簉なり」「末跡に簉なり」「末席に簉なり」などと、「末」のつく熟語とともに「簉」の字がもちいられていることである。空海の「文章にも「留学末」、すなわち「留学僧の末席」とあって、ここにも「末＝末席」の表現にともなって「簉」の字が使用されて」おり、「つらなれり」と読むのが妥当であろう[96]、と。従来、「そえり」と訓み「副次的に急遽あつめられた」と解されてきた「簉」は、「つらなれり」と訓むこと、意味も「留学僧の末席に名をつらねることができた」とみなされた。ついで、空海の㈠「時に人に乏しきに逢って、留学の末に簉なれり」、㈡「謬って求撥を濫りがわしくして」、㈦「叨《かたじけな》くも学道を濫りがわしくして」の文章は、「いずれも空海の謙譲のおもむきの色濃いものであるが、先学の諸氏は、これらの文章を空海の異例な遣唐留学僧選任の反映として読み取ろうとしたわけである。なかでも「逢時乏人。簉留学末」という一文は、たしかに空海の急な留学僧選任を色濃く反映したもののように感じとれる[97]」といい、やはり「逢時乏人。簉留学末」にただならぬ緊迫したものを感じとっておられる。つづいて、「副次的に急拠《ママ》あつめられた」といわれた高木説を意識してのことと思われるが、承和六年（八三九）九月五日付の『請来目録』に、

常暁、本業は三論の枝なるも、真言の条を兼ねる。才能聞こえず、言に取りどころ無し。時に人に乏しきに逢って、留学の員に簉なれり。限るに三十年を以ってし、尋ぬるに一乗を以ってす。任重く人弱し。夙夜に懃愿たり[98]。

と、空海の文章と瓜二つの文を書きとめた請益僧常暁に触れられる。常暁は、承和三年五月・同四年七月の二度の渡航に失敗しながら同五年六月の三度目の進発で入唐をはたしており、最初からの遣唐使の一員であって、欠員者の補充ではなかった。

とはいえ、「常暁の入唐の経緯をふりかえると、「時に人に乏しきに逢って、留学の員に篭なれり」と表現したのは、単なる謙辞ではなかった」。なぜなら、常暁の本業は三論であったにもかかわらず、「急な思いがけない真言宗側からの要請により、俄かに「真言留学僧」を兼ねることになった」からであった。このことを常暁は「師空海にあやかって意識的に「時に人に乏しきに逢って、留学の員に篭なれり」と書きとめた」のであった。したがって、この「時に人に乏しきに逢って、留学の末に篭なれり」は、「常暁はもちろん、空海にあっても、単なる謙譲の修辞で書いたのではなく、実情をつぶさに吐露したものであったといえる」[99]といわれる。

これより、佐伯先生は、「留学の末に篭なれり」の「篭」は「留学僧の末席に名をつらねることができた」意味であるとして、一度は「副次的に急遽あつめられた」とする解釈を否定された。しかしながら、空海の文章を引き写した常暁の事跡から、「留学の末に篭なれり」は単なる謙譲の修辞ではなく、実情を反映した言葉であって、やはり急に留学僧に選任されたことを物語っているのではないか、とみなされた。

では、この急に留学僧に選任されたのはいつとみなされるのであろうか。佐伯先生は、空海の出家・授戒との関連から、延暦二十三年（八〇四）の第二回目の出帆に際してであったとみなされている。すなわち、上山・高木の両氏が「篭」を「みたす」「そえり」と読み換えたのは、「ひとえに空海の遣唐留学僧選任が異常、ないしは異例に属することであったから」であり、

空海が出家得度したのは、延暦二十三年（八〇四）四月七日、東大寺戒壇院において具足戒を受けたのは、そ

の二日後の四月九日であり、そして遣唐留学僧として遣唐大使藤原葛野麻呂（七五五〜八一八）の乗る遣唐第一船に乗って難波津を出帆したのが、五月十二日のことであって、空海が出家得度し、具足戒をうけてから、わずか一ヶ月にしかならなかったという慌ただしさであったためである[100]といわれる。

このようにみてくると、この佐伯先生の出家年次と留学僧に選任された経緯に関する考えは、結果的には上山・高木両先生と同様のものとみなすことができよう。

八　おわりに――空海の出家と入唐――

ところで、佐伯先生は論考の最後に「空海は遣唐留学僧に選任される前から、入唐することを強く願っていたことがわかる」と記される。その根拠は、弘仁十二年（八二一）九月七日付の「四恩のおんために二部の大曼荼羅を造る願文」に、空海が「人の願いに天順う。大唐に入ることを得」と記していることである[101]。

上にみてきた佐伯先生の説にも、まったく疑義がないわけではない。つぎに、それらに触れつつ私見を記すことにしたい。

第一の疑義は、空海が「遣唐留学僧に選任される前から、入唐することを強く願っていた」ことは、佐伯先生をはじめ、多くの方が指摘されている。にもかかわらず、空海が最初に遣唐使船に乗り込んだのは、延暦二十二年（八〇三）四月に出帆した第一回目ではなく、翌二十三年の第二回目の船であったという。なぜ、第一回目ではなく、二回目なのであろうか。

延暦二十三年に第二回目の遣唐使船が進発したのは事実であるが、それはあくまでも前年の第一回目の遭難・中止に起因するのであって、第一回目の船が出発した延暦二十二年四月の時点で約束されていたことではなかった。換言すると、もし第一回目の遣唐使船が嵐に遇っていなければ、翌年の第二回目の派遣はありえなかったのであり、もちろん、空海の入唐もありえなかったことになる。

このように考えてくると、早くから入唐することを強く願っていた空海が、延暦二十二年四月に難波津を出発した船に乗っていなかったとみなすことは、いかにも不自然に思われてならない。

第二の疑義は、先行研究に依拠するとはいえ、空海の出家得度を延暦二十三年（八〇四）四月七日、東大寺戒壇院での受具を同年四月九日、難波津の出帆を同年五月十二日であったとみなされることである[102]。常暁の事跡に鑑みて、「留学の末に篕なれり」は単なる謙譲の修辞ではなく、実情を反映した言葉であって、やはり急に留学僧に選任されたことを物語っている、とされる点には賛同できる。とはいえ、急に留学僧に選任されたのを、第二回目の出帆が目睫にせまった延暦二十三年四月のことであったとみなされる点には疑問が残るのである。

結論からさきに記すならば、急に留学僧に選任されたのは、延暦二十二年四月の第一回目進発の直前であったとみなすことができる、と考える。以下、本稿で述べてきたところを整理する作業を通して、この結論にいたりうることを明らかにしてみたい。

空海の出家ならびに留学僧に選任された時期・経緯を知ることができる根本史料に、①「空海卒伝」、②「延暦二十四年官符」、③「大同三年官符」、④「留学の末に篕《つら》なれり」の四つがあった。このうち、空海の最古の伝記である①「空海卒伝」には、「年三十一にして得度す。延暦廿三年入唐留学し（中略）化去の時、年六十三」とある。「化去の時、年六十三」を基準として逆算すると、空海は三十一歳の延暦二十二年に出家得度し、翌二十三年に渡唐したことが知られる。この延暦二十二年出家得度説に符合するのが②「延暦二十四年官符」の「延暦廿二年四月七日出家入唐す」であり、この「延暦二十四年官符」を引用するのが③「大同三年官符」であった。

高木訷元先生は、これらの史料の記述を誤写・改竄とみなされた。すなわち、

㈠①「空海卒伝」の「化去の時、年六十三」は「年六十二」の誤写であり、この「年六十二」にもとづくと、空海の三十一歳は延暦二十三年であった。

㈡また②「延暦二十四年官符」の「延暦廿二年四月七日出家入唐す」は「空海卒伝」の「年三十一にして得度す」に合致させるために改竄したものであり、『御広伝』所収の③「大同三年官符」にみえる「延暦廿三年四月七日」が正しい。

といわれ、空海の出家・入唐ともに延暦二十三年のこととみなされた。しかし、私はいずれにも賛意を表することができなかった。㈠に関しては、誤写とみなす基準とされた『弘法大師御入定勘決記』『日本名僧伝』にこそ問題があり、全幅の信頼がおけないことがわかった。翻って、十一世紀に書写された『大阿闍梨耶付法伝』『三教指帰注集』からは、もともと「年六十三」であったことは動かしがたいといえる。㈡についても、改竄とみなす基準とされた『御広伝』にどれほどの信憑性があるか疑問が残る。その一つは、『御広伝』は空海の生年が宝亀五年（七七四）、その三十一歳が延暦二十三年であることが定説化された時代の史料であって、私は逆に『御広伝』の「延暦廿三年四月七日」こそが改竄と呼びうるのではないかと考える。また、「延暦二十四年官符」は③の「大同三年官符」に引用されているけれども、「大同三年官符」を収録する『御広伝』と『行化記』では微妙に本文が相違し、肝心の日付「延暦廿三年四月七日」も延暦二十四年・同二十二年とする写本の存在することが報告されており、引用の際あるい

は書写される過程での意識的な書きかえも想定できるからである。

逆に、中村直勝博士が蒐集された平安末期書写の「延暦二十四年官符」、つまり「中村蒐集官符」こそが、何よりも信憑性の高い史料であるといえよう。それはつぎの三つの理由による。第一は、「中村蒐集官符」は単独で伝来しており、空海の伝記史料をはじめ、他には一切引用されていないことである。後世、ある目的のために偽作あるいは改竄されたのであれば、諸所に引用され、活用されてしかるべきであるけれども、そのような痕跡は一切ない。「中村蒐集官符」は、空海の出家にかかわる貴重な文書ゆえ備忘のために書写されたとみなしておきたい。第二は、正史の卒伝は信頼できる史料に準拠して記録されたと考えられていることである。とくに「空海卒伝」の場合、公的史料と個人的な史料の二つが使用されたと考えられている。いま問題にしている「空海卒伝」の「年三十一にして得度す。延暦廿三年入唐留学し」の箇所は、公的史料が拠りどころとなったとみなされており、その公的史料とはほかでもない「延暦二十四年官符」であったとみなしうるのである。第三は、「中村蒐集官符」が書写された平安末期には、空海の生年は宝亀五年（七七四）、承和二年（八三五）三月に化去されたとき六十二歳であったことはほぼ定説となっていたことである。これによると、「空海卒伝」にいう「三十一にして得度」した年次が延暦二十三年となることは、自明のことであった。にもかかわらず、「中村蒐集官符」は「延暦廿二年四月七日出家入唐す」と記すのであり、ここには作為的なものは感じられない。

このようにみてくると、空海が出家したのは「空海卒伝」「中村蒐集官符」から導きだされる延暦二十二年の四月七日であったとみなしてよいであろう。なぜなら、佐伯有清先生がいわれる「留学の末に篭なれり」は単なる謙譲の修辞ではなく、実情を反映した言葉であって、やはり急に留学僧に選任されたことを物語っている、とも矛盾しないからである。すなわち、第一回目の遣唐使船が難波津を出帆したのが延暦二十二年四月十六日であった。とすると、「中村蒐集官符」にいう「延暦廿二年四月七日出家入唐す」は、遣唐大使への節刀の儀が終わり、まさに出帆が秒読みに入った時点ではあったけれども、留学僧として入唐する許可が出されたので、官僧の資格を満たすために、あわただしく出家の儀式をすまされたことを物語るものといえよう。第二回目の出帆ときの節刀授与が延暦二十三年三月二十八日であり、第一回目のそれは同二十二年四月二日であったことからすると、むしろ第一回目の方が時間的には逼迫していたことになり、まさに間一髪のところで「留学僧の末席に名をつらねることができた」のであった。このことは、空海は「遣唐留学僧に選任される前から、入唐することを強く願っていた」といわれる佐伯説とも齟齬をきたさないであろう。

このような考えが首肯されるならば、空海は延暦二十二年（八〇三）四月十六日、難波津を進発した第一回目の遣唐使船に乗り込んでいたことになり、最初に選任された留学僧の一人であったといえよう。このときは、あいにく瀬戸内海を航行中の同月二十一日、嵐に遇って大破する舶が出来したため、やむなく渡航は中止となった。よって、実際に空海が唐土を踏んだのは翌延暦二十三年の第二回目の出発のときであった。したがって、これらのことは、「空海卒伝」の「年三十一にして得度す。延暦廿三年、入唐留学し、青龍寺恵果和尚に遇い、真言を稟け学ぶ」と矛盾しないばかりでなく、空海の入唐は若き日の求聞持法による神秘体験の延長線上にある、とみなす私見とも符合するものである。

よって、空海の出家得度は延暦二十二年四月七日であり、留学僧として入唐が許可されたのは得度の直前であって、官僧の資格を満たすためにあわただしく得度をすませ、四月十六日には船上の人となって難波津をあとにされたのであった、と私は考える。(103)

註

（1）空海の伝記史料にもとづいて出家得度の年次をあげると、つぎの六説がみられる。
イ、延暦十一年（七九二）十九歳説………『大師行状集記』
ロ、同　十二年（七九三）二十歳説………『金剛峯寺建立修行縁起』『遺告二十五ヶ条』『高野大師御広伝』『弘法大師御伝』『元亨釈書』『高僧伝要文抄』『僧綱補任』
ハ、同　十四年（七九五）二十二歳説……『弘法大師御誕生記』
ニ、同　十七年（七九八）二十五歳説……『贈大僧正空海和上伝記』『朝野群載』
ホ、同二十二年（八〇三）説………………中村直勝博士蒐集官符案、『梅園奇賞』
へ、三十一歳説……………………………『続日本後紀』「空海卒伝」『高野大師御広伝』
また、具足戒を受けた年次をあげると、つぎの三説がみられる。
イ、延暦十四年（七九五）四月九日説……『金剛寺文書』『金剛峯寺建立修行縁起』『大師行状集記』『高野大師御広伝』『東寺長者次第』『高僧伝要文抄』『僧綱補任』
ロ、同二十二年（八〇三）四月九日説……『弘法大師御伝』『弘法大師行化記』
ハ、同二十三年（八〇四）四月九日説……『贈大僧正空海和上伝記』『扶桑略記抜萃』『諡號雑記』

（2）『遺告二十五ヶ条』（以下、『御遺告』と称す）縁起第一（『定本弘法大師全集』〈以下、『定本全集』と称す〉第七巻、高野山大学密教文化研究所、一九九二年六月）三五二頁。

（3）『続日本後紀』巻四、承和二年（八三五）三月庚午（二十五日）条「空海卒伝」（『新訂増補国史大系』〈以下、『国史大系』と称す〉第三巻）三八頁。

（4）高木訷元「空海の「出家入唐」」（『空海思想の書誌的研究』〈高木訷元著作集　第四巻〉法藏館、一九九〇年十二月）二〇～三三頁。初出は一九八五年三月。

（5）佐伯有清「空海の入唐留学僧選任をめぐって」（『密教文化』第一九九・二〇〇合併号、一九九八年三月）一～二一頁。

（6）㈠加藤豊仭「空海の「出家入寺」について」（『宮城教育大学紀要（人文・社会）』第二九巻第一分冊、一九九五年三月）三七～五八頁。のちに、同著『空海筆「風信帖」の形を読む』（世界書院　二〇〇四年）に収録。㈡東野治之「大和文華館所蔵の延暦二十四年官符」（『大和文華』第一〇四号、二〇〇〇年十月）一～六頁。

（7）『続日本後紀』巻四、承和二年（八三五）三月庚午（二十五日）条「空海卒伝」（『国史大系』第三巻　三八～三九頁）。

（8）延暦二十四年（八〇五）九月十一日付の太政官符（「延暦二十四年官符」と称す）をはじめて紹介したのは、文政十一年（一八二八）に印行された野里梅園編『梅園奇賞』二集であり、その原本とみなされる平安末期書写の案文が中村直勝博士によって蒐集・公表されている（「中村蒐集官符」と称す）。『梅園奇賞』を活字化したものに、つぎの三つがある。㈠「官符等編年雑集増補」（『弘法大師全集　増補版』第五輯、一九二三年九月）五八五頁、㈡三浦章夫編『弘法大師伝記集覧』（森江書店、一九三四年一月）八五～八六頁、㈢竹内理三編『平安遺文』第八巻（東京堂出版、一九七〇年三月）三二三〇頁。一方、「中村蒐集官符」を活字化したものに、つぎの三つがある。㈠中村直勝博士古稀記念会編『中村直勝博士蒐集古文書』図版（中村直勝博士古稀記念会、一九六〇年十一月）一・三五・二五九頁、㈡中村直勝『日本古文書学』上（角川書店、一九七一年十二月）二九八～二九九頁、㈢三浦章夫編『弘法大師伝記集覧　増補版』（高野山大学密教文化研究所、一九七〇年六月）一〇九七～八頁。

（9）大同三年（八〇八）六月十九日付の太政官符（「大同三年官符」と称す）は、聖賢撰『高野大師御広伝』（以下、『御広伝』と称す）と五種の『弘法大師行化記』（以下、『行化記』と称す）に収録されている。『御広伝』の活字本につぎの二つがある。㈠長谷宝秀編『弘法大師伝全集』（以下、『伝全集』と称す）第一（六大新報社、一九三五年四月）二四二頁、㈡『弘法大師全集　増補三版』首巻（高野山大学密教文化研究所、一九六七年六月）一二四～一二五頁。五種の『行化記』とはつぎのものをいう。㈠敦光本『行化記』（『伝全集』第二）六三～六四頁、㈡群書類従本『行化記』（『同書』）九七～八頁、㈢行遍本『行化記』（『同書』）一四四～一四五頁、㈣深賢本『行化記』（『同書』）一八五頁、㈤残闕本『行化記』（『同書』）二五三頁。また、『行化記』は藤原敦光撰又云醍醐勝賢撰として『弘法大師全集　増補三版』の首巻にも収載されている（『同書』一九八～一九九頁）。

（10）註（7）に同じ。

（11）「空海卒伝」の「化去の時、年六十三」を逆算して導きだされる空海の生年・宝亀四年（七七三）が空海の実際の生年と相違し誤りであることは、かつて別稿で論じたので、そちらを参照いただきたい（拙稿「弘法大師伝をめぐ

る諸問題（一）――誕生年次――」〈『高野山大学論叢』第十七巻、一九八二年二月〉一五五～一八七頁）。

(12) 註（8）の「中村蒐集官符」に同じ。

(13)「前例に準じて度牒を発給するよう」と解した「例に依って之を度せよ」の「例」を、高木訷元先生は年分度者の例と解し、つぎのように記されている（高木訷元前掲論考註（4）二四・三一頁）。

・もしも、四月七日を出家にかけて読むべきものとすれば、、空海の得度は臨時度者としてのものであったことになる。古くから年分度者の得度は正月の金光明斎会が終った日に行なわれたからである。しかし、同じく「例に依って之を度すべし」ということと矛盾することになる。

・空海の得度は「年三十一」の延暦二十三年（八〇四）の正月中旬であり、同じ年の四月初旬に東大寺戒壇院において、唐僧泰信を戒和上として具足戒を受けたことになる。

(14) 註（9）の『御広伝』に同じ。

(15) 長谷宝秀「弘法大師伝の疑義について（三）」（『六大新報』第一四〇三号、一九三一年一月）五～六頁。

(16) 蓮生観善編『弘法大師伝』（高野山金剛峯寺弘法大師一千百年御遠忌事務局、一九三一年六月）四五～五三頁。一九八一年六月に再版された。

(17) 守山聖真編『文化史上より見たる弘法大師伝』（豊山派弘法大師一千百年御遠忌事務局、一九三四年八月）六八～八二頁。一九七三年六月に再版された。

(18) 川崎庸之「空海の生涯と思想」（同著『日本仏教の展開』〈川崎庸之歴史著作選集　第二巻〉（東京大学出版会、一九八二年十一月）二六八～二七〇頁。初出は一九七五年三月。

(19) 五来重『増補　高野聖』（角川書店、一九七五年六月）七四～八頁。

(20) 上山春平『空海』（朝日評伝選24、朝日新聞社、一九八一年九月）一五六～一八〇頁。のちに『上山春平著作集』第八巻に収録された（法蔵館、一九九五年一月）。

(21) 武内孝善前掲論考註（11）に同じ。

(22) 高木訷元前掲論考註（4）に同じ。

(23) 加藤豊仭前掲論考註（6）㈠に同じ。

(24) 高木訷元「「祖師伝」の律令的考察（二）――空海の出家にかかわる二種の官符について――」（『密教学研究』第二十九号、一九九七年三月）八一～九二頁。
(25) 高木訷元『空海　生涯とその周辺』（吉川弘文館、一九九七年四月）三八～五〇頁。
(26) 竹内信夫『空海入門　弘仁のモダニスト』（ちくま新書107、一九九七年五月）一〇八～一一八頁。
(27) 佐伯有清　前掲論考註（5）に同じ。
(28) 牧伸行「入唐前の空海」（『鷹陵史学』第二十五号、一九九九年九月）九三～一一四頁。
(29) 東野治之　前掲論考註（6）㈡に同じ。
(30) 註（7）に同じ。
(31) 高木訷元前掲論考註(25) 二一～三三頁。
(32) 済暹撰『弘法大師御入定勘決記』（以下、『入定勘決記』と称す）上（『伝全集』第二）一〇一～一〇二頁。
(33) 済暹撰『弘法大師御入定勘決抄』（以下、『入定勘決抄』と称す）。（『伝全集』第二）一二九頁。三ヶ所に空海の年齢を記すが、いずれも本文は「六十三」とあり、右傍らに「二イ」と異本との校合註を付す。この註が原本に書き入れられたものか、それとも編者のものかは、活字本だけでは明確にしえないのが残念である（跋文によると、『入定勘決記』と校合したことを記す）。なお、『伝全集』の跋文には、『入定勘決記』を再治の全本、『入定勘決抄』を未再治本とみなす道猷師の見解が紹介されている（『同書』第一、一四八～一四九頁）。
(34) 『入定勘決記』は天保七年（一八三六）五月に道猷が書写した高野山正智院蔵本を、『入定勘決抄』は文化十二年（一八一五）に龍肝が書写した長谷宝秀師蔵本を活字化したものである。参考までに、両者の奥書をあげておく。『入定勘決記』奥書を㈠、『入定勘決抄』奥書を㈡とする。

㈠此本書在尾州大洲真福寺、今以江戸塙保木一
所蔵之本令他手謄写之了　　無量寿院　　得仁
天保七年申五月廿六日以寿門主之本書写功
訖　　　　　　　　　　正智院幻主　道猷
天保九年二月廿五日夜以勘決抄校正之、且加

私朱点了　　道猷
(二)文化十二年乙亥秋於大和州生駒宝山寺以蔵
本令他書写之。文政五年壬午秋以元瑜闍梨考
点附之了　　龍肝

(35)『大阿闍梨耶付法伝』(『定本全集』第一巻、高野山大学密教文化研究所、一九九一年七月)一四三頁)。

(36)『類聚国史』巻一四七「撰書」の項(『国史大系』第六巻)一〇四頁。

(37)高木訷元先生は、活字本『入定勘決記』にもとづいて、「空海卒伝」の「年六十三」は「六十二」の誤写であり、したがって「空海卒伝」にいう空海の三十一歳は延暦二十三年(八〇四)のことであったといわれた。この説に対して、私は活字本によって軽々に改変・誤写と断ずることはできない、古写本によるべきである、と考える。そこで、閲覧できた古写本の書写の状態を、参考までに記しておく。

『入定勘決記』の写本中、現存する最古の写本は貞治三年(一三六四)に深恵が書写した名古屋真福寺大須文庫蔵本である。この本には、「空海卒伝」を引用する問題の箇所がつぎのように書写されている。

自有終焉之志隠居紀伊国金剛峯寺入定之時年六十三《二》也云々

「三」の右傍に「二」と校合のときの註記、または訂正の註記がみられる。とはいえ、本来の本文は「年六十三」であったとみなすことができ、「空海卒伝」はもともと「時六十三」であったといえる。

同じく高木先生が誤写の典拠とされる『入定勘決記』引用の居士野仲兼の『大師別伝』も、大須本には、

承和二年三月丙寅大僧都伝燈大法師空海終于紀伊国禅居ニ于時六十三《二》也文

と書写されている。これからも、「空海卒伝」は本来「時六十三」であったとみなすことができよう。

また、大須文庫蔵の鎌倉時代の書写になる『入定勘決抄』は、本文中で指摘したとおり、「空海卒伝」『大師別伝』ともに、

・入定之時年六十三也

・于時六十三也文

とあり、校合註などはまったく付されていない。

以上より、『入定勘決記』『入定勘決抄』古写本からは、「空海卒伝」は最初から「年六十三」であって、改変・誤写では断じてないと考える。

(38)　高木訷元『空海と最澄の手紙』(法蔵館、一九九九年五月) 二〇九頁。

(39)　『続日本後紀』巻四、承和二年三月丙寅 (二十一日) 条 (『国史大系』第三巻) 三八頁。

(40)　『三教指帰注集』巻上本、五丁裏〜六丁表・七丁表〜同裏・九丁裏〜十丁裏 (佐藤義寛『大谷大学図書館蔵『三教指帰注集』の研究』影印版　翻刻篇、大谷大学、一九九二年十月) 一一〜三・一六〜一七頁。なお、「空海卒伝」には第二文と第三文とのあいだに、つぎの一文がある。つまり『三教指帰注集』には引用されていない文章である。

時に一沙門あり、虚空蔵聞持法を呈示す。其の経に説かく、若し人、法に依って此の真言一百万遍を読まば、乃ち一切の教法の文義を暗記することを得と。是に於いて大聖の誠言を信じ、飛焰を鑽燧に望み、

(41)　『三教指帰注集』序文は南岳房済暹の手になるものであるが、その末尾に「于時寛治二年戊辰孟冬朔日也」とあり、この注釈書は寛治二年 (一〇八八) に成立したとみなされている。なお、大谷本が書写されたのは長承二年 (一一三三) 二月から翌三年六月にかけてであった (佐藤義寛　前掲著書　註(40) 二二九〜二三八頁)。

(42)　『大阿闍梨耶付法伝』の院政期の写本は、仁和寺・石山寺・高山寺にそれぞれ伝存する (『定本全集』第一巻、二七二〜二七五頁の解説参照)。

(43)　註(12) に同じ。

(44)　『梅園奇賞』二集の刊記を記すと、つぎのごとくである。

文政十一年戊子嘉平月摹勒
上梓森川世黄校合
浪華墅梅園臧板
「宇米曽乃」の朱方印
千種利兵衛刀

これより、文政十一年 (一八二八) 嘉平月 (十二月) に、森川世黄による校合の協力と千種利兵衛の彫りによって上梓されたことが知られる。ちなみに、「延暦二十四年官符」は二丁表に収録されている。また、編者の野里梅園

については、東野治之氏の論考に詳しいので参照いただきたい（東野前掲論考註(6)㈡ 三頁）。
(45)『中村直勝博士蒐集古文書』註(8)㈠ 二五九頁。
(46) 上山春平前掲著書註(20) 一六一〜一六八頁。以下、上山先生の論述にもとづいて記すことにする。
(47) 東野治之前掲論考註(6)㈡ 三〜四頁。
(48) 以下の論述は、東野治之氏の前掲論考註(6)㈡ に、私の原本調査にもとづく知見を加味して記した。原本調査に際してお世話になった増記隆介・瀧朝子の両氏ならびに大和文華館に、この場をかりて厚く御礼申しあげる。
(49) 加藤豊仭前掲論考註(6)㈠ 四一〜三頁。
(50) 東野治之前掲論考註(6)㈡ 二頁。
(51) 加藤豊仭前掲論考註(6)㈠ 四〇頁。
(52) 藤枝晃「表紙のことば」（『言語生活』第三七一号、表紙見返し、一九八二年十一月）。
(53) 高木訷元前掲論考註(24) 八七頁。
(54) 東野治之前掲論考註(6)㈡ 五頁。
(55) 高木訷元前掲論考註(24) 八八頁。
(56)『類聚三代格』巻三「宝亀三年（七七二）三月廿一日付太政官符」（『国史大系』第二十五巻）一二四頁。
(57)『類聚三代格』巻三「延暦四年（七八五）五月廿五日付太政官符」（『国史大系』第二十五巻）一三七〜一三八頁。
(58)『類聚三代格』巻二「承和十三年（八四六）十月廿七日付太政官符」（『国史大系』第二十五巻）四六〜四七頁。
(59) 高木訷元前掲論考註(4) 二二〜二四頁、同前掲論考註(24) 八七〜八八頁、同前掲著書註(25) 四一〜四二頁。
(60) 上山春平前掲著書註(20) 一七一頁。
(61)『伝全集』所収『御広伝』（註(9)㈠に同じ）。
(62)『伝全集』所収『行化記』（註(9)㈠〜㈤に同じ）。
(63) 高木訷元前掲論考註(24) 八七〜八八頁。
(64)『行化記』（『弘法大師全集　増補三版』首巻、高野山大学密教文化研究所、一九六七年六月）一九八〜九頁。
(65)『御広伝』の写本で、これまでに調査を終えたのはつぎの二本である。㈠寛元三年（一二四五）写の東大寺図書館本（第一一箱第一六七号）、㈡明和元年（一七六四）写の高野山大学図書館三宝院文庫本（462・三・27）。空海の出家の年次は、いずれも「延暦廿三年四月出家入唐」とする。

(66)『行化記』の写本で、これまでに調査を終えたのはつぎの六本である。㈠東寺観智院蔵建仁元年（一二〇一）行遍書写本、㈡同観智院蔵寛文九年（一六六九）杲快書写本（已上・行遍本）、㈢真福寺大須文庫蔵貞和二年（一三四六）写本、㈣彦根城博物館蔵江戸期写本（已上・群書類従本）、㈤高野山大学図書館蔵江戸末期写本、㈥同光明院文庫蔵江戸末期写本（已上・深賢本）。空海の出家の年次は、いずれも「延暦廿四年四月七日出家入唐」とする。これらからすると、『弘法大師全集』首巻に収録する『行化記』の右傍らの註記「二又三イ」は、『行化記』の写本に「延暦廿二年」または「延暦廿三年」と記すものが伝存するのではなく、「延暦二十四年官符」またはこの官符を引用する「大同三年官符」に、「延暦廿二年」または「延暦廿三年」と記されていることにもとづく註記とも考えられる。

(67) 空海の出家入唐の年次を「大同三年官符」がどのように記しているかを『御広伝』『行化記』の写本・活字本にみると、つぎのような相違がみられた。

イ、去る廿三年四月出家入唐す…………『御広伝』写本（東大寺図書館本・高野山大学図書館三宝院文庫本）、『大師全集』・『伝全集』所収『御広伝』、「官符等編年雑集」

ロ、去る廿三年四月七日出家入唐す……『弘法大師年譜』

ハ、去る廿四年四月七日出家入唐す……『行化記』写本（東寺観智院本・二種、高野山大学図書館光明院文庫本）、『伝全集』所収『行化記』四本、

ニ、去る廿四（二又三イ）年四月七日出家入唐す……『大師全集』首巻所収『行化記』

ホ、去る廿四（三イ）年四月七日出家入唐す……『伝全集』所収『弘法大師御伝』（『行化記』残闕本）

(68)「空海卒伝」が書かれるに当たって依拠した史料に、公的文献と私的文献の二つが考えられることを最初に指摘したのは、竹内信夫氏であろう（前掲著書註(26)八九～一〇七頁）。この竹内説を発展させ、とくに私的文献として『三教指帰』序文と真済の筆になる『遍照発揮性霊集』序文が依用されたことを指摘されたのが岡村圭真先生である（岡村圭真「空海伝の成立——空海と弘法大師——」〈『日本密教』シリーズ密教4、春秋社、二〇〇〇年五月〉九一～一〇九頁）。

(69) 長谷宝秀前掲論考註(15)五頁。
(70) 以下は、上山春平前掲著書註(20)一七二〜一七三・一七八〜一七九頁を要約したものである。
(71) 拙稿前掲論考註(11)一六五〜一七一頁を参照いただきたい。
(72) たとえば、高木訷元先生はつぎのように記しておられる(前掲著書註(25)四三〜四四頁)。
得度者に国家が授ける度縁は、通例、この勘籍の後に与えられたから(『延喜式』巻二十一)、さきの延暦二十四年九月十一日の太政官符からみて、空海が入唐前に度縁を手にすることはなかったかもしれない。しかも往々にして度縁が追与されたことは、最澄の例によってもわかることである。最澄は近江の国分寺僧最寂の死闕を補って、宝亀十一年(七八〇)十一月十日《ママ》に得度を受けているが、その度縁が追与されたのは、それから三年後の延暦二年(七八三)正月二十日のことであった。それは延暦二年が最澄の十八歳で、課役の義務が生ずる中男作物の年であって、課役免除と班田の収取の手続き上、所司にあっても、それ以上の度縁作成の遅延はゆるされなかったのである。(中略)空海の僧尼籍編入の手続きが遅れたのも、まったく同じ理由からであって、所司・僧綱の慢性的な慢闕による。
(73) 註(9)の『御広伝』に同じ。
(74) それは、「延暦二十四年官符」の「延暦廿二年四月七日」が「延暦廿三年四月」となっているからである。さきにも指摘したように、これは空海の生年が宝亀五年(七七四)であったと定説化されたあとで書き改められたと考えられ、同様に「年卅五」も書き改められたとみなすことができるからである。
(75) 後述するように、『御広伝』にはみられないけれども、『行化記』には「省宜しく承知すべし」のあとに「依例」とある。この「依例」は、おそらく「依例免之」とあったと考えられており、この一文を補って意味をとった。
(76) 『伝全集』所収の『行化記』諸本のなか、行遍本の右傍らに「免之脱カ」と記すのに準じた。『大師全集』首巻所収の『行化記』にも同様の註記がみられる。
(77) これまでに調査を終えることができた『御広伝』『行化記』の写本を参考までに記すと、つぎのとおりである。註(65)(66)でも写本のことに触れているので、参照いただきたい。
『御広伝』……東大寺図書館蔵寛元三年(一二四五)良恵書写本、高野山大学図書館三宝院文庫蔵明和八年(一七七一）常塔書写本。

『行化記』……東寺観智院蔵建仁元年（一二〇一）行遍書写本・同蔵寛文九年（一六六九）杲快書写本（已上・行遍本）、真福寺大須文庫蔵貞和二年（一三四六）写本、彦根城博物館蔵江戸期写本（已上・群書類従本）、高野山大学図書館蔵江戸末期写本・同光明院文庫蔵江戸末期写本（已上・深賢本）。

(78) 僧尼の特権のひとつに、世俗の身分を離れ、課役を免除されることがある。『延喜式』巻二十一　玄蕃寮には、年分度者の試業から度縁の発給にいたる手順がつぎのように規定されている。すなわち、試業に合格し得度を許されたものの得度は、正月御斎会の最終日・十四日に宮中で行われた。得度が終わると、治部省は本人に手実をもとめて太政官に申請し、民部省とともに勘籍を行った。身元に問題がなければ、度縁一通を作り、その末尾に治部省・玄蕃寮・僧綱が連署し、太政官に官印を請い、捺印ののち本人に授けられた。別勅による度者の場合も、この年分度者の手続きに準ずるものであった。ただし、沙弥尼の度縁には治部省印をもちいる、とある（『国史大系』第二十六巻、五四四頁）。おそらく、この度縁の手続きを終えた時点で、名前が一般の戸籍から僧尼の名籍に移され、課役が免除されることになったものと考える。一方、僧尼籍の作成に関する規定が『雑令』第三十の第三十八項にある。これによると、僧尼籍は京・国の官司が六年ごとに三通を造った。そこには、おのおの出家した年月・夏臈・徳業を明記し、式によって印し、一通は職国（造籍した国）に留め、残りの二通は太政官に送らせ、うち一通は中務省に送り、もう一通は治部省に送り保管させたという（日本思想大系3『律令』四八二～四八四頁）。なお、註を記すにあたっては、佐久間竜「官僧について」（同著『日本古代僧伝の研究』吉川弘文館、一九八三年四月　一～三四頁）を参照させていただいた。

(79) 高木訷元前掲論考註(24)　九〇頁。これは、田令23のつぎの規定にもとづくものである（日本思想大系3『律令』〈岩波書店刊　一九七六年十二月〉二四四頁）。

凡そ田班ふべくは、班はむ年毎に、正月三十日の内に、太政官に申せ。十月一日より起りて、京国の官司、預め校へ勘へて簿造れ。十一月一日に至りなば、受くべき人を摠べ集めて、対ふて共に給ひ授けよ。二月の三十日の内に訖らしめよ。

これはあくまでも規定であって、実例からはすでに、「奈良時代前半には、元年～二年に造籍、二年～三年に校田、三年~四年に班田――いずれも農閑期を中心に行なう――というスケジュールであったと推測される」との指摘もある（日本思想大系3『律令』所収の田令23の補注〈『同書』五七七頁〉）。

(80) 高木訷元前掲論考註(24)九〇頁。高木先生は「籍年と班年との関係は必ずしも『令義解』などで示されているとおりには実施されなかった」とするだけで、令の規定とのあいだにどれ程のズレが生じていたのかについては、具体的に記されていない。林陸朗をはじめとする先学の説によると、天平十二年（七四〇）の造籍にもとづく班田（同十四年）までは、令の規定のとおりに造籍の翌年に校田、翌々年に班田が行われてきたけれども、天平十八年の造籍からは二年後に校田を、三年後に班田を終えるようになったといわれる（林陸朗「奈良朝後期の班田施行」〈同著『上代政治社会の研究』吉川弘文館、一九六九年九月、三四五~三六〇頁。初出は一九五六年十二月〉、虎尾俊哉『班田収授法の研究』吉川弘文館、一九六四年八月、二九五~三二二頁）。徐々に実務の遅延が進んだようで、延暦十三年（七九四）の造籍にともなう班田はつぎの造籍の年である同十九年に終了する有様であった。その結果、臨時の措置として、この延暦十九年の造籍にもとづく班田を一回見送ることが、同二十年六月五日付の官符で下達されたのであった。

(81) 高木訷元前掲論考註(24)九一頁。

(82) 高木訷元前掲論考註(24)九一頁。

(83) 承和元年二月三日付太政官符（『類聚三代格』巻十五、校班田事〈『国史大系』第二五巻　四二七頁〉）。

(84) 林陸朗氏は、延暦元年（七八二）の造籍以降の校田・班田が行われた年次をつぎのように記されている（「平安時代の校班田」〈林前掲書註(80)三六四~三七八・三九四~五頁〉。初出は一九五八年三・四月）。なお、校田のあとの数字は造籍からの年数、班田のあとのそれは校田からの年数を示している。

延暦元年（七八二）	造籍	
同　四年（七八五）	校田	3
同　五年（七八六）	班田	1
同　七年（七八八）	造籍	
同　十年（七九一）	校田	3

同　十一年（七九二）　班田　1　＊翌十二年（七九三）に至る、との註記あり。
同　十三年（七九四）　造籍
同　十八年（七九九）　校田　5
同　十九年（八〇〇）　班田　1
同　年　　　　　　　　造籍

これからすると、延暦元年・同七年の造籍にもとづく校田は造籍から三年後、班田は同じく四年から五年後に終了した。それが延暦十三年の造籍のときは、校田までに五年を要し、班田の終了がつぎの造籍の年にずれ込んでおり、年をおうごとに班田の規定どおりの実施が困難となっていたことが知られよう。その結果が、十二年に一度行う「一紀一行制」が臨時の措置として採用され、延暦十九年の造籍にもとづく班田は実施されないこととなった。したがって、つぎの班田は大同元年（八〇六）の造籍にもとづいて行われることは決定していたと考えられる。けれども、それを「一紀一行制」で実施するのか、令の規定どおり「六年一行制」で行うかまでは決まっていなかった。このような状況下にあって、なぜ「遅くとも大同三年七月以前に課役を免ずる官符が下され」なければならなかったのか、が疑問として残るのである。

(85)　戸令18に、つぎのように規定されていることによる（日本思想大系3『律令』二三〇頁）。
　凡そ計帳造らむことは、年毎に六月の三十日の以前に、京国の官司、所部の手実責へ。具に家口、年紀を注せよ。若し全き戸、郷に在らずは、即ち旧の籍に依りて転写せ。幷せて在らざる所由顕せ。収り訖らば、式に依りて帳造りて、連署して、八月の三十日の以前に、太政官に申し送れ。
(86)　林陸朗氏も同様に解しておられる（林前掲著書註(84)三六七～三六八・三九五～三九六頁）。
(87)　佐伯有清先生の前掲論考註(5)の巻頭に、空海みずからが正式の留学僧として入唐したことを記す文章が年代順にあげられているので、そちらを参照いただきたい（一～二頁）。
(88)　『性霊集』巻第五所収「福州の観察使に与えて入京する啓」（『定本全集』第八巻、高野山大学密教文化研究所、一九九六年九月、八〇～八一頁）。
(89)　註(88)に同じ。

(90) 高木訷元前掲論考註(4)二九～三一頁の取意。

(91) 『日本三代実録』巻四、貞観二年（八六〇）二月二十五日条の真済卒伝に、真済と真然の遭難の様子がつぎのように記されている（『国史大系』第四巻　四八頁）。

承和の初め、使を遣して唐に聘す。真済、朝命を奉り使に随い海を渡る。中途にして漂蕩し船舶破裂し、真済纔かに一筏に駕し波に随いて去き、泛々然として到る所を知らず。凡そ海上に在ること廿三日、其の同乗する者、三十余人皆悉くに餓死して、活くる所は真済と弟子真然との二人のみ。真済、唯仏を是れ念じて自然に飢えず、豈に如来冥護の致す所に非ずや。南島の人、遥かに海中を望むに毎夜光有り。恠みて之を尋ね拯いて岸に著くを得しに、皮膚腐爛し尸居して動かず。島人、憐愍し収めて養療せしむ。遂に本朝に帰るを得たり。

(92) 真済と真然が弁官局の命令により、再度の乗船を忌避されたことを記す承和四年（八三七）正月九日付の実恵の上表文には、つぎのごとくある（『平安遺文』第八巻、東京堂出版、一九五七年五月、三三一七頁）。

実恵大徳、円行の入唐を請うの表

沙門実恵言す。伏して弁官の仰を蒙るに偁く。真言宗請益・留学の二僧、流宕を経て、纔かに岸に着けり。是の如きの類、船の上に忌む所、縦い他人を換うとも、更に乗るべからず。仍りて停止に従うべし。者《てへ》れば左右、仰の旨に随うべし。

然りと雖も、一物所を失うは、聖皇軫む所なり。今、真言宗、新たに聖朝に始まり、未だ幾の年を経ず。遺れる所の経法及び疑滞せる所、開き求むるに由無し。此の度、遣さずんば、何ぞ更に求る所あらむ。元興寺の僧円行、久しく真言を習い、稍く精旨を他学に得たり。亦た通悟せり。伏して望むらくは、此の僧を以て請益と為せむ。但し留学は停止に従はむ。

若し此の道、国家に於いて不要ならば、敢て望む所に非ず。伏して天判を請う。欝念に勝えず、謹んで表を奉り、以て聞す。沙門実恵、誠惶誠恐謹言。

承和四年正月九日　律師伝燈大法師位実恵

(93) 常暁が二度まで渡航に失敗しながら三度目に入唐したことを最初に指摘されたのは、佐伯有清先生である（前掲論考註(5)一一三～一一七頁)。

(94) 遣唐大使藤原葛野麻呂に節刀が授けられてから遣難により奉還されるまでを、『日本紀略』前篇十三にもとづき年表風に記してみよう(『国史大系』第十巻 一七九頁)。

延暦二十二年四月　二日　大使・副使等辞見し、節刀を授けられる。
四月　十四日　遣唐使、難波津頭において乗船す。
四月　十六日　遣唐使、難波津を進発す。
四月二十一日　遣唐使船、暴風疾風に遇う。明経請益の豊村家長、波没す。
四月二十三日　大使藤原葛野麻呂、暴風疾風に遇い渡航不能を報告す。右衛士少志日下三方を遣して、消息を問わしむ。
四月二十五日　大使藤原葛野麻呂、上表す。
四月二十八日　典薬頭藤原貞嗣・造宮大工物部建麻呂等を遣して、遣唐舶ならびに破損雑物を理えしめる。
五月二十二日　遣唐使、節刀を奉還す。船舶の損壊により渡海するあたわざるによる。

(95) 註(92)にあげた承和四年(八三七)正月九日付の実恵上表文によると、弁官局の仰せは「真言宗請益・留学の二僧、流宕を経て、纔かに岸に着けり。是の如きの類、船の上に忌む所、縦い他人を換うとも、更に乗るべからず。仍りて停止に従うべし」とあって、たとえ別の人と交替したとしても乗船することを禁止する、とある。これが弁官局の一貫した主張であったとすれば、第二回目の出帆に際して、欠員の補充が行われたと考えることさえ成り立たなくなる。

(96) 佐伯有清前掲論考註(5)二～一〇頁の取意。
(97) 佐伯有清前掲論考註(5)一三頁。
(98) 『大正新脩大蔵経』第五十一巻、一〇七一頁中。および、竹内理三編『平安遺文』第八巻、三三三一頁。
(99) 佐伯有清前掲論考註(5)一三～一七頁。
(100) 佐伯有清前掲論考註(5)四～五頁。
(101) 佐伯有清前掲論考註(5)一七～一九頁。

（102）佐伯有清先生は、空海をのせた遣唐使第一船は五月十二日に難波津を出帆したとみなされているが、これにも疑問がないわけではない。一つは、この「五月十二日」という日付を記す史料の初出が十世紀半ばの成立とみなされる『御遺告』であることである。『御遺告』には「延暦廿三年五月十二日を以て入唐す」とある（『定本全集』第七巻、三五二頁）。第二は、先生の指摘のごとく五月十二日に出帆したとすると、大使に節刀を授けてから、一月半も難波津に停留していたことになることである。六国史の記録によると、遣唐大使への節刀授与から難波津進発までに要する期間は、次表のごとく半月前後であった。いまだ傍証する史料がみあたらないので、この五月十二日がいかなる日付であったかについては保留としておきたい。

表1　遣唐使の出発前後の動き

年次	拝朝	賜餞	賜節刀	難波乗船	難波出帆
天平五（七三三）	3・21		閏3・26		4・3
延暦二二（八〇三）	3・18	3・29	4・2	4・14	4・16
同　二三（八〇四）	3・5	3・25	3・28		
承和三（八三六）	4・10	4・24	4・29	5・12	5・14
同　四（八三七）	3・13	3・11	3・15		3・19 3・24

＊承和四年の難波出帆は、鴻臚寺を出発して太宰府に向かった日であり、十九日は大使・二十四日は副使のそれである。アラビア数字は、月・日を表す。

（103）得度の年次については、ひとまず結論がえられたと考える。残された問題は、受戒を済ませて渡唐されたのか否かである。詳細は後日に譲らざるをえない。とはいえ、一つの示唆を与えてくれるのが、仁平二年（一一五二）四月廿六日の本奥書を有する真福寺大須文庫蔵『弘法大師伝』所収の延暦二十二年四月九日付の空海戒牒である。この日付から、空海は延暦二十二年四月七日に得度し、二日後の四月九日に受戒を済ませて官僧の資格を得、四月十六日めでたく船上の人となった、と解しておきたい。

現図金剛界曼荼羅の成立要因

頼富　本宏

一　はじめに

わが国に初めて体系的な密教を伝えた空海は、多数の重要な密教経典とともに、数点の貴重な曼荼羅を請来している。その中でも、とくに大幅（縦横四メートル以上）の一対（二幅）の曼荼羅が、空海の確立した真言密教の教義的・実践的、かつ美術的基盤となっており、後世、その曼荼羅の系統を広義の「現図《げんず》曼荼羅」と称して重視している。また、一対二幅なので、内容的には両部、もしくは両界曼荼羅と呼ばれている。

なお、狭義の両部・両界曼荼羅という場合は、後述するように、胎蔵（十二院）と金剛界（九会）から成る現図曼荼羅、美術史的には恵果・空海系曼荼羅を指すが、範囲を広げると、胎蔵・金剛界のそれぞれの曼荼羅にも、系統の違う数種類の曼荼羅が存在している。

名称のみを仮に掲げておこう。

a　胎蔵曼荼羅

(1)　現図十二院曼荼羅

(2) 阿闍梨所伝曼荼羅(『大日経疏』巻六)
(3) 胎蔵図像
(4) 胎蔵旧図様

b 金剛界曼荼羅

(1) 現図九会曼荼羅
(2) 八十一尊曼荼羅
(3) 五部心観
(4) 金剛界曼荼羅諸尊図様

このほか、チベット密教で見受けられる「現等覚大日(胎蔵)曼荼羅」と「金剛界曼荼羅」(二十八会のもの)は、中国密教で用いられた漢訳資料と異なるため、表現される図像や配置、さらには構成が大きく相違するが、本論では唐代の中国密教の曼荼羅を対象とするので、ここでは取り上げない。

また、一九八七年の発掘以後、注目を集めている法門寺地下宮殿出土の二種の金剛界曼荼羅は、一会という構成であることから八十一尊曼荼羅に近いが、鳥獣座をとらないなどの諸点において、相違点も目につく(1)。また、日本では直接対応する作例が見当たらない現状であるため、ここでは注意を喚起するにとどめる。

二 現図曼荼羅とは

すでに触れてきたように、現在、日本の密教寺院で両側に一対で懸用されている金胎両部の曼荼羅を(広義の)現図曼荼羅と呼んでいる。

この「現図」という言葉に対しては、曼荼羅教学の上では、古来種々の説が積み重ねられてきた。(2)とくに近世の江戸時代では、浄厳の弟子の恵光の『秘蔵記要訣』の「師資相承して現行流布の故に」という説と、本円の『曼荼羅義記』の「現在流布の図」という説が注目されたが、(3)とくに『曼荼羅の研究』という大著を世に問うた栂尾祥雲博士によって、後者の説が広く知られるに至った。(4)

しかし、曼荼羅図像学的には、「現図」という言葉がある特定の意味に限定されて、つまり特化されて使用され始めたのは、宇多天皇（寛平法皇）の第三皇子といわれる真寂《しんじゃく》法親王（八八六〜九二七）の撰である『大悲胎蔵普通大曼荼羅中諸尊種子標幟形相聖位諸説不同記』（略称『諸説不同記』）である。

父君の寛平法皇から両部の大法を受け、東寺の碩学・宗叡（八〇九〜八八四）からの法流も伝授された真寂は、事相・教相ともに熟達した学僧であったが、胎蔵曼荼羅に深く関心をもち、『大日経』や『大日経疏』の説と実際の胎蔵曼荼羅の各尊の図像や位置が大きく相違することに関心を払い、『胎蔵界曼荼羅七十四問』一巻を著した。

そして、この『諸説不同記』では、十二院構成の胎蔵曼荼羅にも三種の細かな図像的系統の相違があるとし、それらに次の名称をあてている。

(1) 現図（東寺曼荼羅）
(2) 山図（叡山曼荼羅）
(3) 或図（円覚寺曼荼羅）

このうち、「現図」は空海が請来した両部曼荼羅を指すが、「東寺」という言葉を重視すれば、弘仁十二年（八二一）に制作された第一転写本が、ほぼ百年後の真寂の頃には東寺に伝わっていたものと推測される。

次に、「山図」は、別に「叡山曼荼羅」と呼ばれるので、天台密教を事実上確立した円仁（七九四〜八六四）の請来した「大毘盧遮那大悲胎蔵大曼荼羅　一鋪五幅苗」が注目される。ただし、「苗」は通常白描を指すが、『諸説不同記』には各尊の彩色にも言及するので、少し後の円珍（八一四〜八九一）の持ち帰った彩色画の両部曼荼羅に比定する説もある。

また、「或図」は、入唐八家の最後にあたり、のちに東寺の一長者になった宗叡の系統の曼荼羅とされるが、近年、現図とは別系統とされる西院本（伝真言院）両部曼荼羅との近い関係が指摘されているにもかかわらず、『諸説不同記』の「或図」とは一致しない箇所が少なくない。(5)

「山図」と「或図」については、それにあたるものがいまだ学術的に確定されていないので、今後の研究の進展を望みたい。

三　現図金剛界曼荼羅の成立

これまでは、両部の現図曼荼羅の系譜と、とくに胎蔵曼荼羅の図像表現の差違に見る「現図」の意義を紹介してきたが、筆者が新しく関心を抱いたのは、金剛界の現図曼荼羅の構成の成立とその考案者である。

近年、西北インドのラダック(6)やスピティ(7)などの地方、さらには東インドのオリッサ地方(8)から壁画、塑像、石像などの諸形態をとった金剛界曼荼羅が発見されたが、すべて単独の一会の曼荼羅である。

また、中央チベット・ギャンツェのペンコルチューデ寺院の仏塔は、『真実摂経』（『初会金剛頂経』）所説の二十八種の壁画曼荼羅が描かれていることで有名であるが、(9)そこには当然のことながら人為的に構築された九会曼荼羅は認められない。

現在の段階では、インド・チベットには九会金剛界曼荼羅は存在せず、それは唐代の中国で編纂されたものと推測される。

次に、この金剛界九会の曼荼羅が、いかなる経軌、もしくは祖師の頃に構成されたかについて、曼荼羅を構成する重要ないくつかの要素を検討しながら考察していきたい。

周知のように、『真実摂経』の第一品「金剛界品」に説かれる六種の曼荼羅を表現したものとしては、善無畏三蔵系の『金剛頂経』といわれる『五部心観』がある。

曼荼羅名	会名
(1) 金剛界・大曼荼羅	成身会
(2) 金剛秘密曼荼羅	三昧耶会
(3) 金剛智・法曼荼羅	微細会
(4) 金剛事業・羯磨曼荼羅	供養会
(5) 金剛悉地（成就）曼荼羅	四印会
(6) 金剛薩埵・大曼荼羅	一印会

しかし、経典に比較的忠実である『五部心観』も、成身会にあたる金剛界大曼荼羅の金剛界三十七尊が獅子・象等の鳥獣座に乗るなどの他系統（『金剛頂タントラ』か）の影響を受けている点は、新しい展開であるといえよう。

このように一つの文献資料で、成身会から降三世会に至る九会全体を網羅したものは見出せない。

また次に、現行の金剛界九会曼荼羅の中心となる第一会というべき成身会を詳しく考察すると、不空訳の『三巻本教王経』では説明のつかない図像表現が少なからず存在している。いま、それらを列挙すると、次のようになる。

(1) 四大神
(2) 賢劫の千仏
(3) 外金剛部二十天
(4) 金剛薩埵の図像

これらの点は、時代が約二百年下る施護訳の『三十巻本教王経』も大同小異で、先に結論の一部を述べると、現図の金剛界九会曼荼羅は、不空三蔵の『三巻本教王経』系統の資料だけではなく、それとは相当に相違した金剛界曼荼羅、もしくは文献資料の影響を受けた可能性が高い。

四 新出要素の典拠(1)——四大神

まず、成身会の中心を形成する大日輪（大日如来と四波羅蜜菩薩）とその四方の四仏輪（阿閦等の四仏と各四親近菩薩）から成る五智輪を取り囲む大月輪を四隅から支える地・水・火・風の四神は、筆者が「本経系金剛頂経」と称する『三巻本教王経』や『三十巻本教王経』や、後述する原初的広本系金剛頂経にあたる『金剛頂瑜伽経十八会指帰』や『都部陀羅尼目』という不空撰の密教概論書には言及はない。

そうではなくて、大円輪の四隅に順に描かれる火天・水天・風天・地天の四大天（四大神）は、第三会の『金剛頂経』といわれる『金剛頂大秘密瑜伽タントラ』（略称『金剛頂タントラ』）に、次のように説かれている。[10]

〔火天〕

輪を完全に円満し終わって、その隅の諸方に四天を正しく描きなさい。東に大金剛があって、金剛火のごとく燃え輝く。大金剛族の表幟にして、炎髪の恐ろしきものである。

〔水天〕

南に宝を満たした水天があり、マカラ魚に囲繞されている。大宝族の表幟にして、仏法の蔵源といわれる。

〔地天〕

西に地天を描きなさい。諸芸を具えた丈夫と名づけられる。大輪を執持し、また蓮華族の表幟である。

〔風天〕

北に風の丈夫がある。風によって衣を翻すが、羯磨族の表幟である。動揺せる具技者を描きなさい。

いま、現図金剛界曼荼羅の成身会の大円輪四隅の四天（四大神）と比べると、『金剛頂タントラ』の四天は、外院の四門、つまり現図成身会では、金剛鉤・金剛索・金剛鎖・金剛鈴の四摂菩薩の位置に配されているので[11]、厳密にいえば、右に四十五度方向がズレていることになるが、配列の順序は風天と地天の位置逆転を除いて、残りはよく符合している。この逆転は、風天を元来の八方天の方位（西北）に残した結果であろう。

つまり、成身会四大神は、『真実摂経』の釈タントラといわれる『金剛頂タントラ』の四天を意識したものと考えることができる。

五　新出要素の典拠(2)——賢劫の千仏

現在流布している恵果・空海系の現図金剛界曼荼羅（九会曼荼羅）の中央の成身会（経典でいう金剛界大曼荼羅）では、その外部を形成する正方形の外院に登場するのは、経文に説かれる金剛香等の外の四供養菩薩と、金剛鉤等の四摂菩薩と、さらに小仏像の頭部、もしくは上半身をぎっしりと連続して埋め尽くした賢劫の千仏である。

ところが、漢訳・梵本・チベット訳の文献資料、とくに筆者が「本経系金剛頂経」と呼ぶ文献資料には、賢劫の千仏はおろか、その略出系といわれる弥勒（慈氏）を筆頭とする賢劫の十六尊も詳しくは説かれていない。[12]

ところで、最も狭義の『金剛頂経』である不空訳の『三巻本教王経』には、金剛界大曼荼羅を詳しく説く箇所の最後に、

外壇に安立して、まさに摩訶薩（菩薩）を描くべし[13]

と簡単に記述している。

そして、本経系の経典儀軌、さらにはチベット語訳の残るシャーキャミトラ（釈迦友）などの註釈書では、それ以上言及しないが、同じインド僧のアーナンダガルバ（慶喜蔵）撰述の儀軌書である『ヴァジュローダヤ』（『金剛出現』）では、外院を四方から埋め尽くす一千八体の菩薩の具体的名称を列挙している。[14]

このように、本経系では単なる複数形の「摩訶薩（菩薩）」という言語表現にすぎなかった外院の諸仏は、思想的には『金剛頂経』のキーワードであり、世界に遍満する一切如来を象徴することになるために、古くは初期大乗仏教の頃から存在していた千仏思想と結合して、現図金剛界曼荼羅の成身会外院の賢劫の千仏となるのである。

賢劫の千仏も、四大神と同様、『三巻本教王経』をはじめとする本経系の『金剛頂経』だけでは説明がつかず、異系統の『金剛出現』なども併用したものと思われる。

六　新出要素の典拠(3)——外金剛部二十天

現図系金剛界九会曼荼羅の第一会である成身会の最外院の四方には、以下の二十天が各方位に五尊ずつ配されている。

方位	**尊　名**
東方	那羅延天・倶摩羅天・金剛摧天・梵天・帝釈天
南方	日天・月天・金剛食天・彗星天・熒惑天
西方	羅刹天・風天・金剛衣天・火天・毘沙門天
北方	金剛面天（猪頭天）・炎摩天・調伏天・聖天・水天

これらを外金剛部の二十天と総称しているが、筆者が以前に論証したように[15]、これらの天部たちは、『初会金剛頂経』（『真実摂経』）の第二品「降三世品」に説かれる五類諸天を、種類別ではなく、方位に再配当したものである。

五類諸天は、梵本と漢訳、ならびに関連する『金剛頂タントラ』（チベット訳のみ）の資料間で出入があるが、五類の名称と代表的尊格を掲げておくと、次のようになる。

(1)　三界主・上界天・明王類
　大自在天

那羅延天
倶摩羅天
梵天
帝釈天
(2) 飛行天・空行天・金剛忿怒類
甘露軍荼利
月天
熒惑天
(3) 虚空行天類
金剛飲食天
勝天
勝作天
(4) 地居天・使者類
風天
火天
毘沙門天
(5) 水居天・地下天・召使類
猪面天

閻魔天
地天
水天

いずれにしても、現図金剛界曼荼羅の成身会に見られる外金剛部の二十天は、金剛界大曼荼羅の典拠となる『三巻本教王経』に説かれず、むしろ宋代前期（十世紀初頭）に訳出された『三十巻本教王経』の「降三世品」に説かれている。

したがって、九世紀の初頭に日本に帰朝した空海が完成された『初会金剛頂経』のテキストを知る可能性はないが、空海の師の恵果和尚の師である不空三蔵の頃は、広義の『金剛頂経』の一部にあたる「降三世会」の原初形態がある程度できあがっていたのではなかろうか。

また、正確に対応する漢訳の比定されていない『金剛頂タントラ』にも外金剛部に諸天類が登場することを考慮すると、やはり『初会金剛頂経』よりも発展した形態をもつ「第三会の金剛頂経」系の資料が、唐代中期にはすでに中国に伝わっていたものと推測される。

七　新出要素の典拠(4)——金剛薩埵の図像

上記の三項が、いずれも金剛界曼荼羅の成身会の構造と尊格の配置上の特徴であるのに対し、第四点は少し視点が異なる。すなわち、金剛界大曼荼羅に登場する三十七の主要な尊格の中で、大日如来についで重要な位置を占める金剛薩埵（十六大菩薩の筆頭）をどのような姿・形（図像）で表現するかによって、その曼荼羅が基づいた文献経軌をある程度復元することができる。

具体的にいえば、金剛薩埵の代表的図像には、次の三種がある。

(1) 右手に金剛杵を持ち、左手を金剛拳にして腰にあてる

(2) 右手に金剛杵、左手に金剛鈴を持つ

(3) 左手に金剛杵を持つ

このうち、第三の左手に金剛杵を持つ金剛薩埵は、系統的には現図の胎蔵曼荼羅に登場する図像で、歴史的にはインドの三尊形式（仏・蓮華手・金剛手）の流れを引くものであると思われ、歴史的には最も古いタイプといえる。さて、本論の対象である現図金剛界曼荼羅を見ると、図柄の小さな成身会などの阿閦輪前方の金剛薩埵は、左手の金剛鈴を意識的に省く場合があるが、図柄の大きな四印会の金剛薩埵は、明らかに右手に金剛杵を、左手に金剛鈴を持つ。

作例的にいえば、日本・中国・インド・チベットなどの多くの仏教文化圏で見られる金剛薩埵は、実に九割の像が鈴・杵を左右両手に持つ第二のタイプに属する。(16)

それに対し、『三巻本教王経』や『三十巻本教王経』など筆者のいう本経系の『金剛頂経』では、右手に金剛杵を持つ（もしくは抽擲《ちゅうちゃく》する）金剛薩埵のみが説かれる。いわゆる『理趣経』系の金剛薩埵も、この系統に属する。

それでは、考察の対象となる現図金剛界曼荼羅の金剛薩埵は、いかなる典拠・作例に基づいたかと考えれば、本経系の経軌ではなく、むしろインド成立のアーナンダガルバ系の註釈書、もしくは『金剛頂タントラ』などの非本経系の『金剛頂経』の存在が浮かんでくるのである。

八　おわりに

通常の仏教美術、とくに密教の経典と儀軌によって表現されたと考えられている密教美術の中心的位置を占める曼荼羅については、文献記述と図像表現の間の密接な関連が知られている。確かに曼荼羅の宝庫・チベットでは、すでに成立した各種の密教聖典とそれを表現した曼荼羅集成を総合したテキスト集さえ作られている。

しかし、翻って、同じく『大日経』の胎蔵曼荼羅といっても、最初期の『大日経』そのものだけを表現した曼荼羅と、そののち『不空羂索儀軌』やのちには『金剛頂経』系の経軌までもが導入されて、世にいう現図胎蔵曼荼羅が成立したことは、すでに石田尚豊博士のすぐれた研究(17)によって体系的に跡付けされている。

他方の金剛界曼荼羅に関しても、系統の違いについては、近年、筆者(18)や乾仁志氏(19)などの研究によって注目を集めるようになった。さらに、中国密教の金剛界曼荼羅系の祖師、たとえば金剛智、不空、恵果、さらには胎蔵曼荼羅系の大立物である善無畏については、決して一つの系譜、あるいは同一系譜の一段階に限られるようなものではなく、複数の流れと広がりをもっていたことは明白である。

本論は、一千年以上にわたって日本密教の中心として君臨してきた金剛界九会曼荼羅が、決してある一つ（もしくは少数）の経軌にのみ依拠したものではなく、『金剛頂タントラ』など他系統の『金剛頂経』系密教をも知悉した阿闍梨によって、人為的に構成された曼荼羅であることを問題提起する目的で論じたものである。

註

（1）拙稿「中国・法門寺出土の密教系遺品」（『高木訷元博士古稀記念論集・仏教文化の諸相』山喜房佛書林、二〇〇〇年）。
（2）拙稿「金剛界曼荼羅の不動明王」（『平安仏教学会年報』創刊号、平安仏教学会、二〇〇一年）。
（3）『続真言宗全書』第二十巻（続真言宗全書刊行会、復刊、同朋舎、一九七七年）一一二頁上。
（4）上田霊城『秘蔵記講要』（種智院大学、二〇〇二年）二五〜二六頁。
（5）栂尾祥雲『曼荼羅の研究』（高野山大学出版部、一九二七年）一〇一頁。
（6）松原知美「『諸説不同記』の「或図」と台密の胎蔵図」（『美術史研究』二八、早稲田大学美術史研究会、一九九〇年）。
（7）松長有慶「金剛界曼荼羅について」（『密教学研究』一〇、日本密教学会、一九七八年）。
（8）氏家覚勝「タボ寺大日堂の仏像構成と問題点」（『第四回高野山大学チベット仏教文化調査報告書』高野山大学密教文化研究所、一九八三年）。
（9）拙稿「インドに現存する両界系密教美術」（『仏教芸術』一五〇、仏教芸術学会、一九八三年）一三一〜一五一頁。
（10）田中公明「ペンコルチューデ仏塔と『初会金剛頂経』所説の二十八種曼荼羅」（『密教図像』六、密教図像学会、一九八八年）。
（11）北京版西蔵大蔵経第五巻、一六―四―四〜七。
（12）ただし、チベットのマンダラ文献（rGyud sde kun btus）では、現図マンダラと同位置となる。
（13）森雅秀「賢劫十六尊の構成と表現」（『インド学密教学研究』上巻、法藏館、一九九三年）。
（14）大正大蔵経第十八巻、二一七頁上。
（15）森口光俊「Vajradhātumahāmaṇḍalopāyika Sarvavajrodaya 梵文テキスト補欠」（『智山学報』三八、智山勧学会、一九八九年）。
（16）高橋尚夫「金剛界大曼荼羅儀軌一切金剛出現 第一瑜伽三摩地品――和訳――」（『密教文化』一六一、高野山大学密教文化研究会、一九八七年）。

同「金剛界大曼荼羅儀軌一切金剛出現——余滴——」(『豊山学報』三三、大正大学豊山学会、一九八八年)。

(15) 拙稿「インドの明王像——とくに集合明王像の成立に関して——」(『明王の図像』仏教美術上野記念財団助成研究会、一九九六年)一～四頁。

(16) 金剛杵を持つ手のポーズにも、

①横抱きに持つ

②一方の先をつまみ持つ

③把の部分を縦に持つ

などの多様性がある。

(17) 石田尚豊『曼荼羅の研究』(東京美術、一九七五年)。

(18) 拙著『金剛頂経入門』(大法輪閣、二〇〇五年)。

(19) 乾仁志「中国における『金剛頂経』伝承——『略出経』を中心として——」(『密教文化研究所紀要』八、高野山大学密教文化研究所、一九九四年)。

中国・法門寺所出金剛界曼荼羅の八大明王

越智　淳仁

一　先行研究と問題点

法門寺の五重宝函の第四重に見られる四十五尊金剛界曼荼羅には、金剛界三十七尊と八忿怒尊とが盝頂をもつ塗金宝函に浮き彫り風に打ち出されている。

中国の先行研究では、韓偉論文（一九九二・八）[1]をさらに発展させた韓金科『法門寺地宮唐密曼荼羅之研究』[2]があり、宝函頂上の四隅に帯状の斜面をもつ盝頂部分の八忿怒尊を地・水・火・風の四神と不動・降三世・軍荼利・金剛夜叉の四大明王に比定する。

この比定の中の地水火風の四神の根拠は、次頁（図1）の金剛界成身会曼荼羅（元禄本）の四神を根本とし、『図像抄』[3]と『金剛界九会大曼荼羅』（仁曼像）[4]と『金剛界七集』（『金集文』）[5]をもって比定する。また四大明王は、『仁王護國般若波羅蜜多經陀羅尼念誦儀軌』（『仁王般若経』）[6]の五大明王の記述と、醍醐寺蔵本の尊容と、京都・東寺講堂に空海が建立した二十一尊の立体曼荼羅をもって比定する。[7]

しかしながら、これらを根拠とした八忿怒尊の証定には問題がある。そこで、この点に論を絞って論述しようとするのが、本論の主旨である。

二　先行研究の再検討

先行研究において、八忿怒尊に比定される地・水・火・風の四神は成身会曼荼羅の五仏を囲む内輪外側の四隅（図2）に描かれる四神とされ、四大明王は『仁王般若経』所説の教令身である五大明王の四尊であるとされていることはすでに触れた。

図1　金剛界成身会曼荼羅（元禄本）

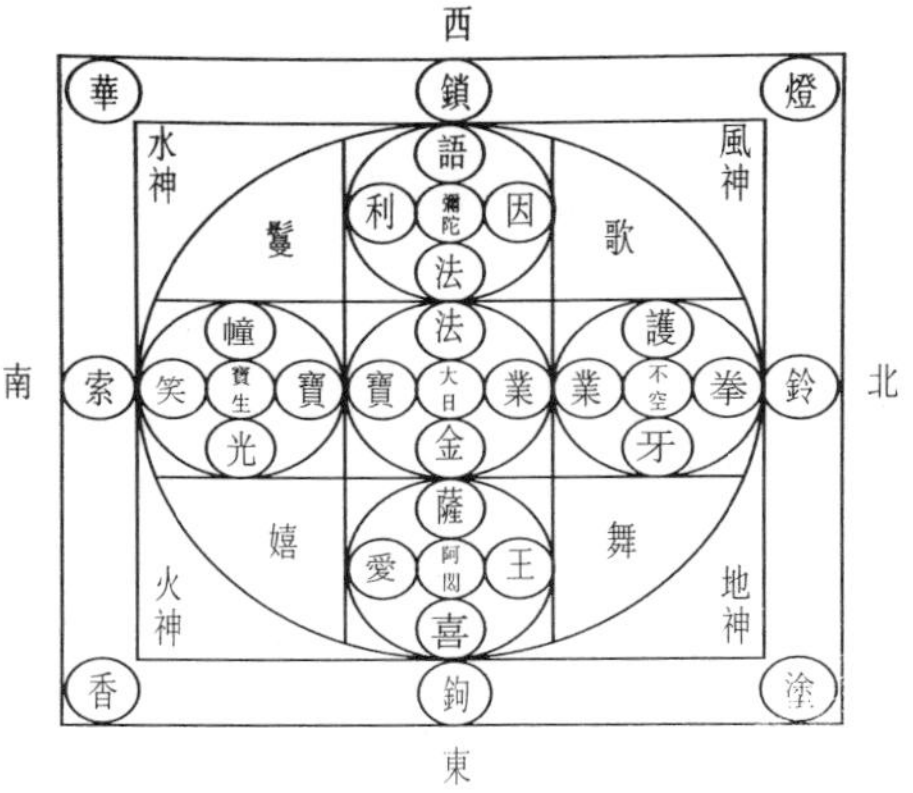

図2　配置の尊名と位置

図3　五重宝函盝頂に比定せられた八尊(10)

そこで、比定に使用された『図像抄』(8)の尊容を対比して、四神とされる尊容の再検討から始めたい。まず全体像を提示すると、図3の位置に四神（四天）が描かれているという(9)。

1　四神の再検討

そこで、つぎに先行研究で比定に用いられた四神の各尊の尊容を示しながら、その矛盾点を探ってみよう。最初の四神の再検討は、正面より向かって東面（下方）と西面（上方）の両隅の地・火・水・風の順序で進める。

東方右隅の地天

先行研究で地神とされるこの宝函の尊（図4）は、右手に剣を持ち、左手に索を持っている。比定に使用される『図像抄』の地神の尊容（図5）では、

男天の肉色にして、左手には鉢に花を盛り、右手は掌を外に向ける(11)。

図4　東方右隅の地天

図5　地神（『図像抄』No.120）

とある。

したがって、この両者の尊容は全く一致しないことが知られる。

東方左隅の火神

つぎに、この宝函の尊（図6）は、右手に三股金剛杵を胸の横で持ち、左手は人差し指を伸ばす印相にして斜め上を指す。比定に使用される『図像抄』の火神の尊容（図7）では、

青い羊に乗り、赤い肉色をし、身に火焔を遍く。右の二手の一つは青竹を持ち、一つは軍持を持つ。左の二手の一つは掌を揚げ、一つは念珠を持つ。[12]

とある。また、三昧耶形として三角火輪を右手に持つことになっているが、その記述とは尊容が一致しない。

いずれにしても、この両者の尊容も全く一致しないことが知られる。

西方左隅の水神

つぎに、この宝函の尊（図8）は、右手に棍棒をつき、左手に索を持つ。顎には髭を生やしている。比定に使用される『図像抄』の水神の尊容（図9）では、

水中に住して亀に乗り浅緑色なり。右手に刀を取り、左手に羂索を持つ。冠の上に五龍あり。[13]

図7　火神（『図像抄』No.112）

図6　東方左隅の火神

図9　水神（『図像抄』No.115）

図8　西方左隅の水神

図11　風神（『図像抄』No.116）

図10　西方右隅の風神

とある。

したがって、この両者の尊容も一致しないことになる。

西方右隅の風神

つぎに、この宝函の尊（図10）は、右手に旋蓋を持ち、左手に金剛杵を持つ。比定に使用される『図像抄』の風神の尊容（図11）では、

雲の中、鹿車に乗り、甲冑を著ける。左手は胯に托く。右手は独股を執る。

とある。この尊の三昧耶形は幢である。『図像抄』の右手の独股杵が幢に見えるが、記述からは独狐金剛杵である。したがって、この両者の尊容も一致しないことになる。

2　四大明王の再検討

つぎに、四大明王の再検討に入ろう。この四尊は、南面と北面の盝頂の両端に描かれた四大明王である。これらの四尊も、下記のごとく全く一致しない。

南方（左）下隅の降三世明王

この最初の宝函の尊（図12）は、右手に茎のある未敷蓮花を振り上げ、左手には瓶（軍持）を持つ。頭上には馬頭を頂く。これに対し比定に使用される醍醐寺蔵本の降三世明王の尊容[14]（図13）を『図像抄』の尊容に照らしてみるに、

第一手は印を結び心に当てる。右の次の手は五古を持ち、怒り臂にして下に向いて擬勢になす。次の手は箭を

図12　南方（左）下隅の降三世明王

図13　降三世明王（醍醐寺蔵本）

持ち、次の手は剣を執る。左の上手は五鈷鈎を、次は弓を把り、次は索を執る。四面有り。正面は青色、右面は黄色、左面は緑色、後面は紅色なり。諸面は咸な忿怒にして身に火光聚を流す。遍く体は玄青色なり。右足を挙げ左足を旋し、定足を大自在の頂に按じ、恵足で彼の王妃の乳房の上を踏む。三面像は胎蔵図に依るなり。[15]

とある。この比定に使用される醍醐寺蔵本の降三世明王の尊容は、三面八臂で、手に各種の武器を持ち、足下に大自在天と烏摩妃を踏む。また、第一の手には降三世の印を結ぶ。

したがって、この尊容も宝函の尊と一致しない。

南方上隅の軍荼利明王

つぎに、この宝函の尊（図14）は、右手に輪を持ち、左手に独股杵を棍棒のように突く。比定に使用される醍醐寺蔵本の尊容[16]（図15）を『図像抄』の智證大師請来の軍荼利明王の尊容に照らしてみるに、

一面八臂で、左右の一手に根本印を結ぶ。右の第二手は拳に作して風指を申ばす。次の手は三古杵を持ち、下の手は五指を舒べ掌を仰むける。左の第二手は拳に作し、左の股の上に於て三古鉞斧を持つ。第三の手は輪を持って上に挙げ、次の手は索を持つ。[17]

図15　軍荼利明王（醍醐寺蔵本）

図14　南方上隅の軍荼利明王

とある。この比定に使用される醍醐寺蔵本の尊容は、一面八臂であり、輪を持つ左右の手は異なるも、輪を持つ点は同じである。

しかしながら、全体的に言ってこの尊も宝函の尊容と一致しない。

北方上隅の金剛夜叉明王

つぎに、この宝函の尊（図16）は、右手に金剛杵を持ち、左手は金剛拳にして膝の上に置く。比定に使用される醍醐寺蔵本の金剛夜叉明王の尊容[18]（図17）を『図像抄』の尊容に照らしてみるに、

軌に云く、金剛手虚空菩薩乃至三面六臂大威忿怒形を現ず[19]……秘軌に云く、我今更に説く。秘金剛夜叉形は、六臂にして衆器と弓箭剣輪の印及び薩埵羯磨を持てり。五眼にして忿怒を布ね、三首に馬王の髪あり[20]。

とある。この比定に使用される醍醐寺蔵本の尊容では、三面六臂であり、第一の左右の手には五鈷杵と五鈷鈴を持つ。また、上の左手には輪を持つ。

したがって、この尊も宝函の尊容と一致しない。

北方下隅の不動明王

つぎに、この宝函の尊（図18）は、六面二臂で右手に剣を持ち、左手は金剛拳にして膝の上に置く。比定に使用される醍醐寺蔵本の不動明王の尊容[21]（図19）

図16　北方上隅の金剛夜叉明王

図17　金剛夜叉明王（醍醐寺蔵本）

図18　北方下隅の不動明王

図19　不動明王（醍醐寺蔵本）

を『図像抄』の尊容に照らしてみるに、

身は赤黄色。上衣は斜にして青色を披著す。下裳は赤色。左辺の一髻は黒雲色にして　童子の相貌なり。右手に金剛杵を執り、左手に羂索を把る。口は両角に微かに牙有りて出す。眼を怒らせ赤色、火焔の中にて石山の上に在りて坐す。[22]

とある。この尊容では、一面二臂の立像で両脇に二童子をしたがえる。しかし、宝函の尊容は六面二臂であり、多面多臂の不動明王[23]が他に存在するとしても、六面二臂像は未見の尊容である。したがって、この尊も宝函の尊容と一致しないことになる。

以上の再検討の結果、すでに比定されてきた地・水・火・風・降三世・軍荼利・金剛夜叉・不動の八尊は、それぞれ全く別の尊であることが知られることとなった。

三　宝函の八大明王

では、これら八忿怒尊は、いったいどのような系統の尊であろうか。結論から言えば、これらは八大明王としなければならない尊である。

八大明王とは、唐代の達磨栖那訳『大妙金剛大甘露軍拏利焰鬘熾盛佛頂經』(『大妙金剛仏頂経』[24])の記述にしたがえば、降三世・大威徳・大笑・大輪・馬頭・無能勝・不動・歩擲の八忿怒尊である。

しかし、この宝函の八大明王の順序は、左回りに北面の下隅から大威徳・降三世・歩擲・大笑・大輪・馬頭・無能勝・不動へと展開する。この系統は、後に詳説するように、仏頂曼荼羅の特徴である。さらに、この宝函では大威徳と降三世が入れ換わり、歩擲が大笑の手前に置かれる特色をもつ。

四　八大明王の比定

そこで、以下の比定では、「仏眼曼荼羅図　神光寺」の八大明王の尊容を用い、文章面では『大妙金剛仏頂経』と『覚禅鈔』[25]の記述を列記して用いながら、北側(大日如来に向かって右側)の盝頂の下隅から時計とは逆回りに論じてゆくことにする。

図20　大威徳明王

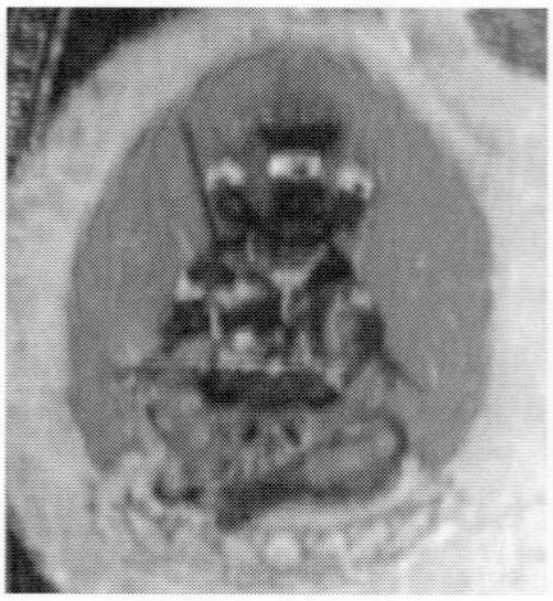
図21　大威徳明王(26)（仏眼曼荼羅図）

大威徳明王

最初のこの宝函の尊容（図20）は、先行研究では不動明王に比定された尊である。しかし、実際には八大明王の大威徳明王に比定されなければならない尊である。

それは、つぎの『大妙金剛仏頂経』の記述によって知られる。

　爾の時、妙吉祥菩薩は、六臂六頭六足金剛明王を現作す。青黒色の光明を放ち、歯は下唇を咬み両目及び眉を竪て、手に利剣を持つ。(27)

この記述では、大威徳明王を六臂六頭六足金剛明王と呼び、妙吉祥菩薩から化現された忿怒尊であるとする。したがってこの忿怒尊を教令輪身とみることも可能であり、他の七尊についても同様のことが言える。(28) また、この仏眼曼荼羅図の尊（図21）も六面二臂像であり、『大妙金剛仏頂経』の記述とは異なっている。この六面のうちの三面は本面とともに左右に一面ずつあり、あとの三面は本面の頭上にある。また、両尊とも右手に剣を執り、左手は拳にして膝に置く。したがって、この仏眼曼荼羅図の六面の構成と、宝函の尊容とは完全に一致する。

また、つぎの『覚禅鈔』の記述も、この点を傍証する。

　大威徳　hūṃ（種子）　宝棒（三昧耶形）

　　身は青色。六面有って右に剣を持ち、左は拳に作し腰に安ず。(29)

この記述では、尊名を六臂六頭六足金剛明王とせず、大威徳とする。このことは、この尊容が二臂二足であることを意味している。故に、この二臂についても、記述は右手に剣を持ち、左手は拳にして腰に安ずとする。顔は六面である。したがって、このように両者の尊容と記述が一致することから、この宝函の尊像は不動明王ではなく、大威徳明王であると比定されねばならない。

降三世明王

つぎのこの宝函の尊容（図22）は、先行研究では金剛夜叉明王として比定された尊である。しかし、実際には、八大明王の降三世明王（図23）に比定されなければならない尊である。それは、つぎの『大妙金剛仏頂経』の記述によって知られる。

爾の時、金剛手菩薩は、降三世金剛明王を現作す。青色の光明を放ち、口は二牙にして、阿吒《ア》な笑声を現じ、右手を以って五股金剛杵を擲す。[31]

この記述では、この降三世金剛明王が金剛手菩薩から化現した忿怒尊であるとされる。右手に五鈷金剛杵を横に擲するように持ち、左手は拳にして膝に置く。五鈷金剛杵の持ち方は異なるものの、この記述は両者の尊容と一致するとみることができる。

また、つぎの『覚禅鈔』の記述は、さらに両者の尊容を一致させる。

降三世　hūṃ（種子）　五古（三昧耶形）

身は青色にして右手に五古杵を持ち、左は拳にして腰に安ず。[32]

この「右手に五鈷杵を持ち、左手は拳にして腰に案ず」の記述は、二臂の降三世明王の特徴となっており、その

図22　降三世明王

図23　降三世明王(30)
（仏眼曼荼羅図）

点で両者の尊容は完全に一致する。

以上の論証から、この宝函の尊像は金剛夜叉明王ではなく、降三世金剛明王であると比定できる。

歩擲明王

つぎのこの宝函の尊容（図24）は、先行研究では風神として比定された尊である。しかし、実際には、八大明王の歩擲金剛明王（図25）に比定されなければならない尊である。それは、つぎの『大妙金剛仏頂経』の記述によって知られる。

> 爾の時、普賢菩薩は歩擲金剛明王を現作す。右手を以て一旋蓋を把り、左手に金剛杵を把る。遍く身は虚空の色に作し、火の光焔を放つ(34)。

この記述では、この歩擲金剛明王が普賢菩薩から化現した忿怒尊だとされる。両尊とも右手に旋蓋を持ち、左手に金剛杵を持つ。この点で、この両者の尊容は一致している。

この点は、つぎの『覚禅鈔』の記述においても同様である。

> 歩擲　gaḥ（種子）　三股（三昧耶形）
>
> 身は青色。右手は一旋蓋を把り、左は金剛杵を把る。遍く虚空の色に作し、火の光焔を放つ(35)。

図25　歩擲明王（33）
（仏眼曼荼羅図）

図24　歩擲明王

図27　大笑明王（36）
（仏眼曼荼羅図）

図26　大笑明王

図28　大明王図像（醍醐寺）

以上の記述から、この宝函の尊像は風神ではなく、歩擲金剛明王であると比定してよい。

大笑明王

つぎのこの宝函の尊容（図26）は、先行研究では水神として比定された尊である。しかし、実際には、八大明王の大笑金剛明王（図27）に比定されなければならない尊である。それは、つぎの『大妙金剛仏頂経』の記述によって知られる。

爾の時、虚空蔵菩薩は、大笑金剛明王を現ず。灰黒色の光明を放ち、口に大笑の形を現じ二牙を上に出す。左手を以て一青棒を柱て、右手に羂索を把る。[37]

この記述では、大笑金剛明王が虚空蔵菩薩から化現した忿怒尊だとされる。左手に青い棍棒を立て、右手に羂索を持つという記述では両尊の左右の手の持ち物が逆になるが、宝函の尊が顎に髭を生やしている点は、つぎの「八大明王図像（宗実本）醍醐寺[38]」（図28）に見るように、大笑金剛明王の特徴の一つとなっている。

この二臂の持ち物については、つぎの『覚禅鈔』の記述も同様である。

大笑　hūṃ（種子）　三股（三昧耶形）

身は青色。右は索を持ち、左は戟を執り、火中に於けるなり。[39]

以上の論証から、左右の持ち物が逆ではあるが、顎の髭を加えて勘案するに、宝函のこの尊像は水神ではなく、大笑金剛明王と比定される。

図30　大輪明王[40]
（仏眼曼荼羅図）

図29　大輪明王

大輪明王

つぎのこの宝函の尊容（図29）は、先行研究では軍荼利明王として比定された尊である。しかし、実際には、八大明王の大輪金剛明王（図30）に比定されなければならない尊である。それは、つぎの『大妙金剛仏頂経』の記述によって知られる。

　爾の時、慈氏尊菩薩は大輪金剛明王を現作す。遍く身に黄色の大火を放ち、右手に八輻金剛輪を持し、左手に一独股金剛杵を柱つ。[41]

この記述では、まずこの大輪金剛明王が慈氏菩薩から化現した忿怒尊だとされ、左手に独狐金剛杵を立て、右手に八輻輪を持つとされる。この両尊は左手の独狐金剛杵の持ち方が異なるものの、これは記述からの表現の相違として受け取られるものである。

この点は、つぎの『覚禅鈔』の記述ともよく合う。

　大輪　hūṁ（種子）　輪（三昧耶形）

　身は青色。右は輪を持ち、左は一古を執り、火焔の中に於けるなり。[42]

以上の記述から、この宝函の尊像は軍荼利明王ではなく、大輪金剛明王であると比定されるものである。

図31　馬頭明王

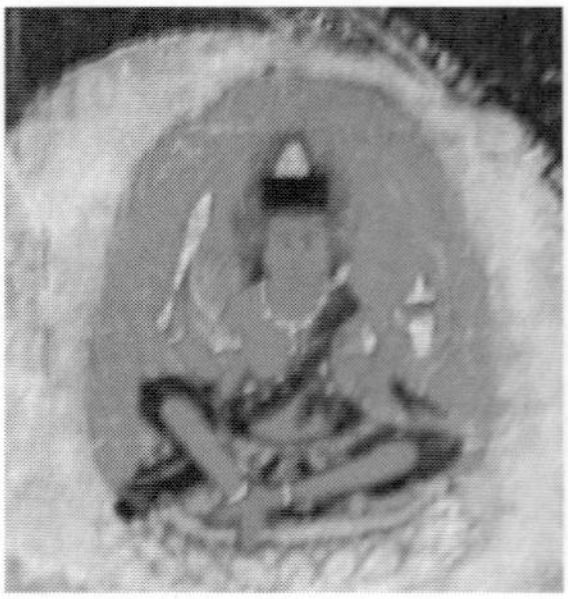

図32　馬頭明王 (43)
（仏眼曼荼羅図）

図33　無能勝明王

図34　無能勝明王 (47)
（仏眼曼荼羅図）

馬頭明王

つぎのこの宝函の尊容（図31）は、先行研究では降三世明王として比定された尊である。しかし、実際には、八大明王の馬頭金剛明王（図32）に比定されなければならない尊である。それは、つぎの『大妙金剛仏頂経』の記述によって知られる。

爾の時、観自在菩薩は頂上に馬頭金剛明王を現作す。碧色の赤色の光明を放ち、右手を以て頂上に高げ横に一蓮華を把り打つ勢に作せ。左手は軍持を把る印。(44)

この記述では、この馬頭金剛明王が虚空蔵菩薩から化現した忿怒尊だとされる。両尊とも頭上に馬頭を頂く。さらに、宝函の尊像の右手の持ち物が茎のついた未敷蓮花であることと、左手の持ち物が水瓶（軍持）であることが、この記述と尊容から知られ

図35　不動明王

図36　不動明王[50]
（仏眼曼荼羅図）

る。

この点は、つぎの『覚禅鈔』の記述からも知られる。

馬頭　hūṃ（種子）　馬口（三昧耶形）

身は（青）色。三面にして[45]頭に白い馬頭有り。右は蓮花を持ち、左は瓶を持つ。火焔に於けるなり[46]。

以上の記述から、この宝函の尊像は降三世明王ではなく、馬頭金剛明王であると比定してよい。

無能勝明王

つぎのこの宝函の尊容（図33）は、先行研究では火神として比定された尊である。しかし、実際には、八大明王の無能勝金剛明王（図34）に比定されなければならない尊である。それは、つぎの『大妙金剛仏頂経』の記述によって知られる。

爾の時、地蔵菩薩は無能勝金剛明王を現作す。遍身に黄色の火の光焔を放ち、右手を以て一金剛杵を擲し、左手は擬印に作し口に向ける[48]。

この記述では、この無能勝金剛明王が地蔵菩薩から化現した忿怒尊だとされる。両尊とも右手に三股金剛杵を持ち、左手は金剛拳にして人差し指（頭指）を伸ばす擬印を結ぶ。

図37　再比定による八大明王

この記述では、右手の金剛杵を「一金剛杵」とのみ記すが、尊容から三鈷杵であることが知られる。擬印を口に向けるとする記述では両尊は異なるが、この擬印を口に向けると限定しない記述がつぎの『覚禅鈔』に見られる。

無能勝　hūṃ（種子）　三股（三昧耶形）

身は青色。右は三古を持ち、左は拳にして頭指を舒ぶ。火焔の中に於いてなり。[49]

この記述から、この宝函の尊像は『覚禅鈔』系の記述にしたがうものであることが知られる。したがって、以上の点から、この宝函の尊像は火神ではなく、無能勝金剛明王であると比定される。

不動明王

最後のこの宝函の尊容（図35）は、先行研究では地神として比定された尊である。しかし、実際には、八大明王の不動尊金剛明王（図36）

に比定されなければならない尊である。それは、つぎの『大妙金剛仏頂経』の記述によって知られる。

爾の時、除一切蓋障菩薩は不動尊金剛明王を現作す。遍く身に青色の火の光焔を放ち、右手を以て剣を執り、左手に索を把り、左に一髻を垂る。(51)

この記述では、この不動尊金剛明王が除一切蓋障菩薩から化現した忿怒尊だとされる。また、両尊とも右手に剣を持ち、左手に羂索を持ち、顔の左側に一髻を垂らす。頭頂には、蓮花座はない。この点で、この両者の尊容は一致している。

この点は、つぎの『覚禅鈔』の記述においても同様である。

不動　hāṁ（種子）　剣（三昧耶形）

身は青色。右に智剣、左に索を持ち、火焔の中に住して蓮花に坐す。(52)

この記述には、一髻を垂らす記述が欠けている。しかしながら、以上の点からこの宝函の尊像は地神ではなく、不動尊金剛明王であると比定してよいであろう。

したがって、宝函盝頂の八隅の八尊は、北面下から大威徳・降三世・歩擲・大笑・大輪・馬頭・無能勝・不動の八大金剛明王であることが比定された。それを図37に示すと、つぎのようになる。

方位は、正面大日如来に向かって、
北の下隅に大威徳明王、
北の上隅に降三世明王、
西の右隅に歩擲明王、
西の左隅に大笑明王、

南の上隅に大輪明王、
南の下隅に馬頭明王、
東の左隅に無能勝明王、
東の右隅に不動明王、

となる。

以上の比定から、これら八尊は八大明王であることが知られたのである。では、この逆回りの順序で説かれる仏頂曼荼羅系の資料とは、どのようなものであろうか。

五　八大明王の文献と曼荼羅

そこでつぎに、八大明王の文献群について考察してみよう。八大明王の文献には、大きく分けて仏頂曼荼羅系と仏眼曼荼羅系の二種がある。この両者の特徴は、八大明王の記述の順序に相違がある点である。まず、その主要な資料を、つぎに文章系と図像系に区分して示す。

Ⅰ　仏頂曼荼羅系資料：八大明王を左回りに説く資料

ａ文章系

『大妙金剛大甘露軍拏利焰鬘熾盛佛頂經』(53)（大正№九六五、三四〇頁）

ｂ図像系

四十五尊金剛界曼荼羅（法門寺宝函）

捧真身菩薩台座(54)
193 種子曼荼羅のうち大仏頂曼荼羅図　石山寺
195 種子曼荼羅のうち大仏頂曼荼羅図　仁和寺

Ⅱ　仏眼曼荼羅系資料：八大明王を右回りに説く資料

a文章系

『覚禅鈔』巻二(55)

b図像系

40・41『仏眼曼荼羅図』神光寺
194 種子曼荼羅のうち仏眼曼荼羅図　石山寺
196 種子曼荼羅仏眼曼荼羅図　石山寺
197 仏眼等図像のうち仏眼曼荼羅図　醍醐寺
198 曼荼羅集のうち仏眼曼荼羅図　救世熱海美術館
199 曼荼羅集のうち仏眼曼荼羅図　救世熱海美術館
200 十巻鈔のうち仏眼曼荼羅図

Ⅲ　その他：比定不可能なもの

2～4『板彫両界曼荼羅』地蔵院
68『八大明王図像』（宗実本）醍醐寺　保安元年

両曼荼羅系におけるこれら八大明王の順序を示したものが、つぎ（214頁～215頁）の表である。

資料	年代	八大明王曼荼羅の転回順序							
Ⅰ．仏頂曼荼羅系資料：八大明王を左回りに説く資料 a 文章系									
『大妙金剛仏頂経』（記述の順序通り）（唐達磨栖那訳）	唐代訳	降三世	大威徳	大笑	大輪	馬頭	無能勝	不動	歩擲
b 図像系：『大妙金剛仏頂経』の順序で記述									
四十五尊金剛界曼荼羅	八七一年	大威徳	降三世	歩擲	大笑	大輪	馬頭	無能勝	不動 ＊
法門寺・捧真身菩薩台座	八七一年	降三世	大威徳	大笑	無能勝	馬頭	大輪	歩擲	不動
193 種子曼荼羅のうち大仏頂曼荼羅図 石山寺	一一七二年書	六足 hrīḥ	降三世 hūṃ	歩擲 hūṃ	大笑 hūṃ	大輪 hūṃ	馬頭 hūṃ	無能勝 hūṃ	不動 ＊ hāṃ
195 種子曼荼羅のうち大仏頂曼荼羅図 仁和寺		六足 hrīḥ	降三世 hūṃ	歩擲 hūṃ	大笑 hūṃ	大輪 hūṃ	馬頭 hūṃ	無能勝 hūṃ	不動 ＊ hāṃ
Ⅱ．仏眼曼荼羅系資料：八大明王を右回りに説く資料 a 文章系									
『覚禅鈔』巻二（記述の順序通り）	一一七六～一二一三編纂	歩擲	降三世	大威徳	大笑	大輪	馬頭	無能勝	不動
b 図像系：『覚禅鈔』の順序で記述									
40『仏眼曼荼羅図』 神光寺	平安後期	＊ 歩擲	降三世	大威徳	大笑	大輪	馬頭	無能勝	不動

194 種子曼荼羅のうち仏眼曼荼羅図　石山寺	一一七二年書	歩擲 ＊ gaḥ	降三世 hūṃ	大威徳 hrīḥ	大笑 hūṃ	大輪 hūṃ	馬頭 hūṃ	無能勝 hūṃ	不動 hāṃ
196 種子曼荼羅仏眼曼荼羅図　石山寺	一〇五八年	大威徳 ＊ hrīḥ	降三世 hūṃ	歩擲 hūṃ	大笑 a	大輪 śa	馬頭 haṃ	無能勝 dhriṃ	不動 hāṃ
197 仏眼等図像のうち仏眼曼荼羅図　醍醐寺		歩擲	降三世 ＊	大威徳	大笑	大輪	馬頭	無能勝	不動
198 曼荼羅集のうち仏眼曼荼羅図　救世熱海美術館	一二三三年	歩擲 ＊	降三世	大威徳	大笑	大輪	馬頭	無能勝	不動
199 曼荼羅集のうち仏眼曼荼羅図　救世熱海美術館	一二三三年	歩擲 ＊	降三世	大威徳	大笑	大輪	馬頭	無能勝	不動
200 十巻鈔のうち仏眼曼荼羅図		歩擲 ＊	降三世	大威徳	大笑	大輪	馬頭	無能勝	不動
Ⅲ．その他：比定不可能なもの									
2～4『板彫両界曼荼羅』　地蔵院	平安後期	歩擲	降三世	大威徳	不動	無能勝	馬頭	大輪	大笑
68『八大明王図像』（宗実本）　醍醐寺保安元年	一一二〇年本	歩擲	大笑	大輪	馬頭	無能勝	不動	大威徳	降三世

（文献の前の数字は、『図像　不動明王』中の原色・単色・図像の番号、＊は下側中央に位置する尊を表わす）

図38　東寺講堂の二十一尊立体曼荼羅

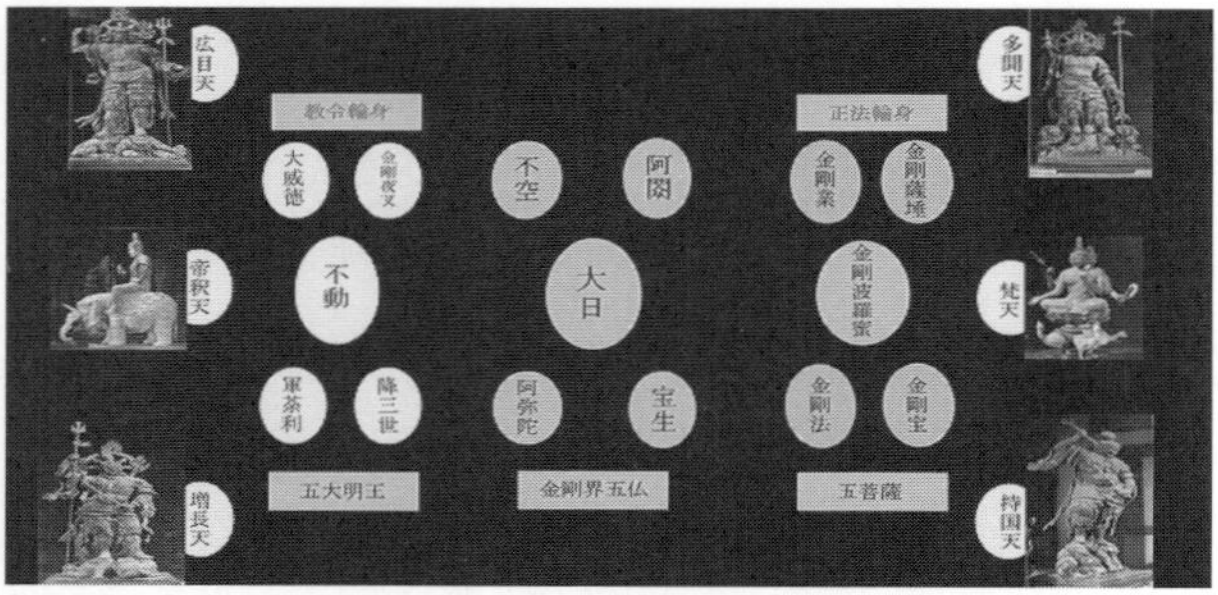

図39　その見取り図（五仏と金剛波羅蜜は後補）

この表の仏頂曼荼羅系資料では、『大妙金剛仏頂経』の降三世・大威徳・大笑・大輪・馬頭・無能勝・不動・歩擲の記述の順にしたがって左回りに八大明王の名前を記したが、その場合『大妙金剛仏頂経』以外では、歩擲が降三世と大笑の間にくる特徴をもっている。

この点からみるに、この宝函の八大明王は、左回りに大威徳・降三世・歩擲・大笑・大輪・馬頭・無能勝・不動とあることから仏頂曼荼羅系に属するが、さらに降三世と大威徳が入れ替わっている特徴をもつ。

また、この宝函四十五尊金剛界曼荼羅と同年に法門寺に寄進された捧真身菩薩台座の下部の八大明王は、『大妙金剛仏頂経』および『覚禅鈔』の記述とかなり順序が異なっている。この点は、今後さらに再考察しなければならない。その他の資料では、大威徳を六足尊とする違いはあるが、宝函の順序と同じである。

これに対し、仏眼曼荼羅系資料では、『覚禅鈔』の歩擲・降三世・大威徳・大笑・大輪・馬頭・無能勝・不動の記述に合わせて記したが、「196 種子曼荼羅仏眼曼荼羅図　石山寺」の資料が大威徳・降三世・歩擲とする以外は全同である。ただし、仏頂曼荼羅系資料と対比した場合、仏眼曼荼羅系資料では歩擲の位置が降三世と不動の間にくる特徴を有している。

以上のことから、法門寺の宝函に見られる八大明王は、仏頂曼荼羅系のものであることが知られた。

六　東寺講堂の立体曼荼羅の構造と法門寺地宮

空海は、八〇六年に帰朝した後、八二三年に東寺を賜って講堂を建て、二十一尊の立体曼荼羅を建立した。その立体曼荼羅と諸尊の配置図は図38、図39のごとくである。

この講堂諸尊の配置は、金剛界三十七尊を、大日を中尊とした阿閦・宝生・阿弥陀・不空成就の五仏と、四波羅蜜・十六大菩薩・内外の八供養・四門護をまとめて金剛波羅蜜を中尊とした金剛薩埵・金剛宝・金剛法・金剛業の五菩薩の十尊にまとめ、この五菩薩を正法輪身とする。

また、五大明王として不動・降三世・軍荼利・大威徳・金剛夜叉を教令輪身として向かって五仏の左側に安置する。

さらに、護法天として、四方に持国天・増長天・広目天・多聞天の四天王を配し、その左右の中間に梵天と帝釈天を安置する。これが、二十一尊の立体曼荼羅の構成である。

したがって、これら二十一尊は、金剛界曼荼羅三十七尊を集約した十尊のグループと、五大明王のグループと、梵天・帝釈天・四天王の護法尊のグループとに大別される。

このように東寺の立体曼荼羅の構成を捉えるとき、法門寺地宮の八大明王を含む金剛界四十五尊曼荼羅の諸尊と四天王との関係に、共通点を見出すのである。

七　法門寺地宮の四天王

そこで、つぎに法門寺の地宮に見られる四天王の配置について考察してみよう。この地宮に配置された四天王の構成は、つぎの配置図（図40）から如実に知られる。

地宮の前室から中室へ入る第三道門扉の両側には、石刻の護法金毛獅子の石像が安置され、さらにその扉の表面左右に多聞天と持国天が描かれる(56)。

また、中室から後室へ入る第四道門扉の表面左右にも広目天と多聞天が浮き彫りにされている。それとともに、この扉の両脇にも持国天（右）と増長天（左）の石像があり、後室の奥壁左右の隅にも広目天（左）と多聞天（右）の石像が安置されている。

この中室には、四個ある釈尊の指のお舎利の一つが漢白玉霊帳の中に納められており、それを護るために前室扉の天王が配されていると考えられる。

また、後室には、八重宝函（または九重宝函）に納められた仏舎利と、秘龕に納められていた五重宝函の仏舎利とがあるが、五五五年に拓跋育によって発見され納められたお舎利は、五重宝函のものである。よって、これらのお

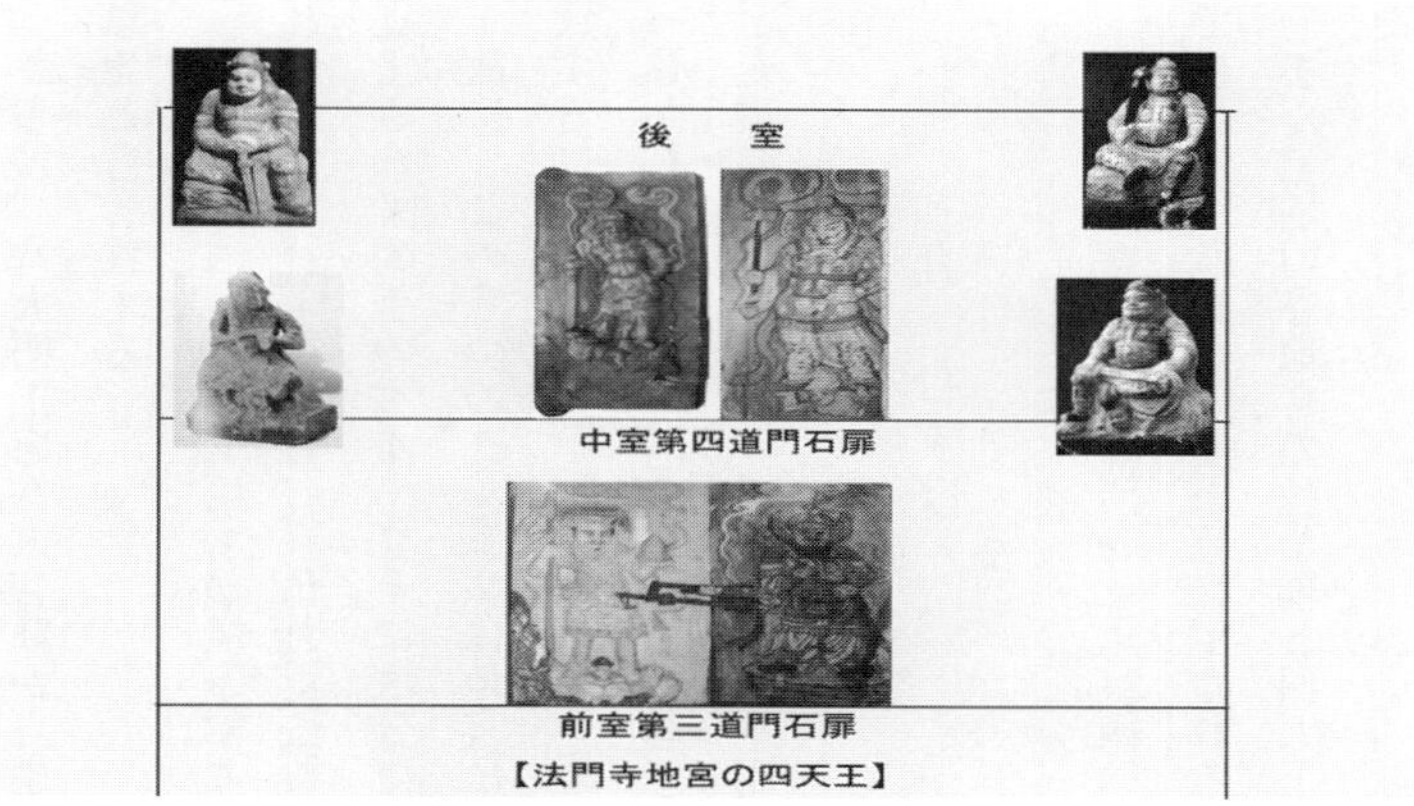

図40　法門寺地宮の四天王の配置

舎利を護るために、石像の四天王と、中室第四道門の扉の二天が配されているものと考えられる。

また、宝函に描かれる四天王としては、八重宝函の第七重の塗金四天王盝頂銀宝函に見られる。さらには、中室に納められていた捧真身菩薩の台座のくびれた部分にも、四天王が描かれており、これらはすべて護法の意味を含んでいる。

したがって、石刻の護法金毛獅子像とともにこれらの四天王は、仏舎利と宝函に刻まれた曼荼羅の諸尊を護るために安置された護法天であるとみなければならない。この点は、東寺講堂の四天王と共通する役割をもっている。

八　金剛界三十七尊と八大明王

仏陀の舎利を入れる五重宝函の容器の一つに、金剛界三十七尊と八大明王が描かれているのは、まさに仏陀のお舎利とその教え（法）を曼荼羅の諸尊として表現したものである。したがって、この三十七尊を五仏とそれから生み出された三十二尊に分け、この三十二尊を正法輪身として捉えることができる。このように捉えたとき、東寺講堂の五菩薩を正法輪身と捉える思想と合致する。

さらに、八大明王を八大菩薩から生み出された教令輪身と捉えるとき、東寺講堂の五大明王を教令輪身と捉える思想とも合致する。

したがって、以上の考察から、この四十五尊は、金剛界三十七尊のグループと八大明王のグループに区分することができる。すなわち、五仏と正法輪身と捉える三十二尊を含む金剛界曼荼羅三十七尊のグループと、教令輪身と捉える八大明王のグループとに区分できるのである。

故に、この二つのグループに地宮に安置された護法の四天王のグループを加えると、まさに東寺講堂の構成と一致することになる。

しかしながら、中国の教令輪身思想が『仁王般若経』所説の五大明王から『大妙金剛仏頂経』所説の八大明王へと変遷した理由は、いぜんとして不明である。この点は、今後の研究課題として残しておきたい。

九　むすび

以上の考察から、法門寺五重宝函の第四重に描かれた盝頂の八忿怒尊は、先行研究で比定された四神・四大明王ではなく、仏頂系の曼荼羅に示される八大明王であることが明らかとなった。

また、法門寺地宮の曼荼羅と四天王の構成は、空海が建立した東寺講堂の構成に理念的に合致するものでもあった。

したがって、空海の東寺講堂の二十一尊立体曼荼羅の構成は、青龍寺系の中国密教によったものであり、空海の独創ではなかった。その点が、この法門寺の四十五尊曼荼羅の八大明王の解明と地宮に構成された四天王によって明らかになったと信ずるのである。

註

(1) 韓偉「法門寺唐代金剛界曼荼羅成身会造像宝函考釈」(『文物』中国、一九九二年八期)。
(2) 呉立民・韓金科『法門寺地宮唐密曼荼羅之研究』(中国仏教文化出版有限公司、一九九八年十月)。
(3) 『大蔵経図像部三』(以下図像部と略す。高野山真別処円通寺蔵本、十巻) 四六～四八頁、図像Nos. 112、115、116、120。
(4) 『図像部一』二〇～二一頁、九〇六～九〇七頁。
(5) 『図像部一』五頁下～六頁中。
(6) 大正一九、No.994。五一五頁中・下。大正二〇、No.1067。『摂無礙大悲心大陀羅尼經』一二九頁。
(7) 註(1)参照。
(8) 『図像部三』「十二天」四六頁、Nos.120(地)、115(水)、112(火)、116(風)。
(9) 註(1)の二〇四頁～二一八頁。
(10) 盝頂の東面は中央に向かって右隅から時計回りに、地神・塗・鉤・火神、南面は降三世明王・索・鎖・軍荼利明王、西面は水神・鈴・香・風神、北面は金剛夜叉明王・花・灯・不動明王である。外の四供養は西・北・東の三面に香・花・灯・塗と描かれ、四門護は東・南・西の三面に鉤・索・鎖・鈴として描かれる。この外の四供養と四門護を除いた八尊が、八忿怒尊である。
(11) 『図像部三』四九頁上。
(12) 『図像部三』四六頁下。
(13) 『図像部三』四七頁中。
(14) 『法門寺地宮唐密曼荼羅之研究』二一三頁。

(15)『図像部三』、『図像抄』三五頁中、図像No.83。

(16)『法門寺地宮唐密曼荼羅之研究』二一四頁。

(17)『図像部三』、『図像抄』三六頁中、図像No.84。

(18)『法門寺地宮唐密曼荼羅之研究』二一五頁。

(19)『図像部三』、『図像抄』三八頁上、図像No.86。

(20)同三八頁中、図像No.86。

(21)『画像　不動明王』（京都国立博物館編）一六四頁、No.135参照。

(22)『図像部三』、『図像抄』三五頁上、図像No.80。この醍醐寺の図像については、「不動明王二童子像（円心様）醍醐寺」とあり、建久六年（一一九五）書写の奥書をもつ（『画像　不動明王』一六四頁、No.135）。『法門寺地宮唐密曼荼羅之研究』二一七頁。

(23)『画像　不動明王』一五四頁～一六一頁、Nos.106～131参照。

(24)大正一九、No.965。三四〇頁下～三四一頁上。

(25)『図像部四』『覚禅鈔』四〇二頁中・下。

(26)カラー原色図版「40・41仏眼曼荼羅図　神光寺」（『画像　不動明王』四八頁）。

(27)大正一九、No.965。『大妙金剛仏頂経』三四〇頁下。

(28)八大明王が八菩薩の教令輪身であることは、本経の八大明王を説き始める部分に「爾時、八大菩薩は各各に光明輪を現じ、各八大金剛明王を現作す。如来輪を以ての故に」（『大妙金剛仏頂経』）とあること等による。

(29)『覚禅鈔』四〇二頁中（『図像部四』）。

(30)カラー原色図版「40・41仏眼曼荼羅図　神光寺」（『画像　不動明王』四八頁）。

(31)『大妙金剛仏頂経』三四〇頁下。

(32)『覚禅鈔』四〇二頁中。

(33)『画像　不動明王』四八頁。

(34)『大妙金剛仏頂経』三四〇頁下。

(35) 『覚禅鈔』四〇二頁中。
(36) 『画像　不動明王』四八頁。
(37) 『大妙金剛仏頂経』三四〇頁下。
(38) 『画像　不動明王』一三八頁。
(39) 『覚禅鈔』四〇二頁中。
(40) 『画像　不動明王』四八頁。
(41) 『大妙金剛仏頂経』三四〇頁下。
(42) 『覚禅鈔』四〇二頁下。
(43) 『画像　不動明王』四八頁。
(44) 『大妙金剛仏頂経』三四一頁上。
(45) 「首」とあるも、「頭」と改める。
(46) 『覚禅鈔』四〇二頁下。
(47) 『画像　不動明王』四八頁。
(48) 『大妙金剛仏頂経』三四一頁上。
(49) 『覚禅鈔』四〇二頁下。
(50) 『画像　不動明王』四八頁。
(51) 『大妙金剛仏頂経』三四一頁上。
(52) 『覚禅鈔』四〇二頁下。
(53) 図像系は『画像　不動明王』㈱同朋舎出版、一九八一年）より転載した。先頭の数字は図像ナンバーを示す。
(54) この捧真身菩薩の台座に彫られた八大明王については、韓金科『法門寺地宮唐密曼荼羅之研究』（三一四～三三二頁）があり、その証定を訂正した研究に、頼富本宏「中国・法門寺出土の密教系遺品」（『高木訷元博士古希記念論文集　仏教文化の諸相』所収、山喜房仏書林、二〇〇〇年）がある。
(55) この儀軌が仏眼系であることは、本書の「奥書　二二」に「大原伝……仏眼法に用う」「壷坂伝、仏眼印明……」

とあることから知られる（『図像部四』四〇九頁下）。

（56）　右の持国天は浮き彫りではなく絵画であり、当初のものとは異なるようである。

キーワード　法門寺、金剛界四十五尊曼荼羅、八大明王、四天王、東寺講堂、二十一尊立体曼荼羅。

唐代の仏舎利信仰

——法門寺仏舎利と韓愈「論仏骨表」をめぐって——

岸田　知子

鳳翔の法門寺は唐代の仏舎利信仰の中心であり、王室の信奉を得て、歴代皇帝と強く結びついていた。法門寺の名は、一般的には『唐宋八家文』に収められた韓愈の「論仏骨表」にまつわる事件で知られていた。韓愈は、憲宗が元和十四年（八一九）に法門寺の仏舎利を都にもたらし供養しようとしたことに反対して上表文を書き、潮州に左遷されたのである。

法門寺は唐以後は一地方寺院として現在に至るのであるが、一九八一年の大雨で「真身宝塔」と呼ばれていた十三重の塔が崩壊したことを契機に、一九八七年に地宮とその埋蔵宝物が発見されたことは周知の通りである。発見された宝物は多くのことを物語るが、なにより唐王室の信奉の深さに圧倒される。

この稿では、文献に現れた仏舎利記事と韓愈の「論仏骨表」を通して、仏舎利信仰の本質について考えてみたい。

一　『冊府元亀』の仏舎利記事——法門寺仏舎利を中心に

法門寺の仏舎利の歴史については、すでに韓金科・法門寺博物館館長の『法門寺文化史』(1)に詳しい。同書によって寺塔の歴史を概略しよう。

1　元魏二年（五五八）、大将軍淮安王・岐守拓跋育が塔基を開き仏指舎利を供奉した。

2　北周武帝（在位五六〇～五七八）の廃仏で、寺も法難に遭い、両塔のみ残る。

3　隋・仁寿末年、右内史李敏が塔を開き、仏指舎利に瞻礼す。

4　唐・貞観五年（六三一）、太宗が岐州刺史張徳亮に勅命し地宮を開き仏指舎利を供養。

5　唐・顕慶五年（六六〇）、高宗が地宮を開き、仏舎利を洛陽に迎え、塔と地宮を補修。

6　唐・長安四年（七〇四）、武后が地宮を開き、仏舎利を長安に迎えた。

7　唐・景龍二年（七〇八）、中宗が塔に「真身宝塔」と命名。皇帝と皇后は髪を塔内に納めて舎利を供養した（2）。

8　唐・上元元年（七六〇）、粛宗が地宮を開き、仏舎利を長安の皇宮内に迎え供養した。

9　唐・貞元六年（七九〇）、徳宗が地宮を開き、仏指舎利を禁中に迎え、都中で瞻礼した。

10　唐・元和十四年（八一九）、憲宗が地宮を開き、自ら香灯を奉じて安福門に仏舎利を迎え宮中に入れた。

11　唐・会昌四年（八四四）、武宗の廃仏による法難。地宮は破壊され、諸帝からの供物もほとんどなくなった。

12　唐・咸通十二年（八七一）、懿宗が仏舎利を地宮の「旧隧道西北角」から取り出し、地宮を修復した。

13　唐・咸通十四年（九七三）三月、地宮を開き、仏指舎利を長安に迎えた。十二月十九日、僖宗が仏指舎利を送り出し、地宮に安置した。

14　唐・咸通十五年（八七四）正月四日、僖宗が勅命して地宮の門を封鎖した。地宮の宝物はこの後千百年以上もの眠りに就いたのであった。

15　明・隆慶年間（一五六七～一五七二）、塔が倒壊した。

16　明・万暦七〜三十七年（一五七九〜一六〇九）、塔を再建した。

さて『冊府元亀』巻五十一帝王部「崇釈氏」に見られる仏舎利関連の記述を列記してみよう。『冊府元亀』は宋の王欽若らが勅命を奉じて編んだ類書で、歴代の君臣の事跡を集めていることに特徴がある。

A　（隋・文帝）仁寿元年（六〇一）六月、頒舎利於諸州。

　隋・仁寿元年六月、舎利を諸州に頒布した。

このことについては『隋書』高祖本紀に次のように記されている。

（仁寿元年六月）乙丑、詔曰、（略）而国学冑子、垂将千数、州県諸生、咸亦不少。徒有名録、空度歳時、未有徳為代範、才任国用。良由設学之理多而未精。今宜簡省、明加奨励。於是国子学唯留学生七十人、太学・四門及州県学並廃。其日、頒舎利於諸州。

　乙丑、次の詔が出された。「（略）国学に学ぶ者は幾千人になろうとしており、州県学の学生も少なくないが、いたずらに名前のみが並んで、むだに年月を過ごすばかり。まだ道徳の手本になり、国のためになる才能をもった者は現れない。これは国学設置の主旨によって学生数を多くして精選していないからである。今、ここに定員を減らし、学問を奨励せよ」と。そこで国子学は学生七十人に制限し、太学・四門および州県学はすべて廃校した。同じ日、舎利を諸州に頒布した。

　王朝創業のころ儒学の復興に意欲をもっていた隋の文帝が、仏教尊崇に傾斜していったことをよく示している。学校を縮小して、同時に舎利を配布している。この舎利の由来、および行く末は不明であるが、こののち文献に出てくる舎利のいくつかは文帝の配布したものかもしれない。

B（唐・代宗大暦三年〈七六八〉）是月（二月）、興善寺不空三蔵上言、寺院仏塔先因地震陥折、令将増修、下見古埏、得一小棺、其長尺余、発而見之、凡積十余重棺、皆金宝装飾、中有舎利骨及仏髪一条、色青而拳、其長数尺。毎棺一鎖、規製妙絶。有殷仲文題賛処。甲辰、内出宝輿、具威儀迎、入内道場奉之。

大暦三年二月、興善寺の不空三蔵は次のように上言した。「寺院仏塔の、先に地震に因って破壊したものを増修しようとしたところ、古い地下道が見つかり、そこから一つの小棺が出てきました。その長さは一尺余り。取り出して見てみると、十数重に重なった棺で、どれも金や宝玉で装飾してあり、その中に舎利骨と仏髪が一条、青黒い色で丸く固まっていて長さは数尺もあるものがありました。どの棺にも錠前が付いていて、その造りは精緻です。殷仲文の題賛が残っていました」と。甲辰、宮中から御輿を出し、威儀を具えてこれを迎え、内道場に入れて之を奉った。

『資治通鑑』ならびに『新・旧唐書』にこのことは記載されていない。『旧唐書』代宗本紀の大暦二年十一月に「壬申、京師地震、自東北来、其声如雷」とあり、『新唐書』代宗本紀にも「十一月壬申、京師地震」とある。不空のいう地震は、このときの地震であろう。また、『宋高僧伝』の「唐京兆大興善寺不空伝」には「大暦三年、於興善寺立道場」とあるのみで、この仏舎利については言及がない。

この興善寺の仏舎利と二十世紀末に発見された法門寺の仏舎利とは、発見に至る経緯と収納器物の形状の類似に驚かされる。「凡積十余重棺、皆金宝装飾」「毎棺一鎖、規製妙絶」は、「十余」と「八」の違いがあるだけで、法門寺の八重宝函の説明として読んでもよいほどである。ただ、法門寺の八重宝函を特徴づけている曼陀羅図像があったと思わせる表現はない。

法門寺の宝函には、大唐咸通十二年一月十六日にこれを造ったとする鋳銘があるから、興善寺のものがそのまま移管されたのではないことは明らかである。一方、興善寺の智慧輪という高僧が供奉したことを銘記した銀の宝函が出土していて、興善寺との密接な関係がうかがえる。そこで、咸通十二年に懿宗の命を受けて、法門寺の寺塔を修復した際、智慧輪が仏舎利の収納器の制作の総指揮を執り、興善寺にあるものと同様の函を造らせたと考えられないだろうか。興善寺の宝函に題賛があったという殷仲文は東晋の人。それが確かであれば四〇〇年前後のものである。そのときにはなかった密教の曼陀羅を、智慧輪は新しく造った宝函に刻ませたのではないだろうか。

C （徳宗貞元）六年二月乙亥、詔葬仏骨於岐陽。初岐陽有仏指骨寸余。葬於無憂王寺。或奏請出之以示衆。帝乃出之、置於禁中精舎。又送於京師仏寺、傾都瞻拝、施財物累鉅万。是日命中官送帰岐陽。左神策行営節度使鳳翔尹邢君牙迎護葬於旧所。

六年（七九〇）二月乙亥、詔して仏骨を岐陽に葬らしめた。初め、岐陽に一寸余りの仏指骨があり、無憂王寺（法門寺の前身）に葬った。これを出して民衆に見せてもらいたいと奏上した者がいた。帝はそこでこれを出し、禁中の精舎に置いた。また都の仏寺に送ったところ、町中の人が参拝に訪れ、巨万の財物を施した。今日、中官に命じて岐陽に送り帰した。左神策行営節度使鳳翔尹の邢君牙が迎えにきて、大切に元の所に葬った。

この件は上記の法門寺年表9に該当し、『資治通鑑』巻二三三唐紀四十九にも記載がある。

（徳宗貞元）六年春、詔出岐山無憂王寺仏指骨迎置禁中。又送諸寺以示衆、傾都瞻礼、施財巨万。二月乙亥、遣中使復葬故処。

また『旧唐書』徳宗本紀にも見られる。

（貞元六年二月）岐州無憂王寺有仏指骨寸余。先是取来禁中供養。乙亥、詔送還本寺。

D（憲宗元和十三年）十二月庚戌、僧惟応等辞赴鳳翔法門寺迎仏骨、命高品中使杜英琦監焉。是月癸亥、命中使齎香監領。宮人十三人赴臨皐駅迎仏骨。先是功徳使奏、鳳翔府法門寺有護国真身塔、塔内有釈迦牟尼仏指骨一節、其本伝以為当三十年一開。開則歳豊人安。至来年合発。発詔許之。及至又命中使領禁兵与僧徒迎護。開光順門以納之、留禁中二日、乃送京城仏寺。

十二月庚戌、僧惟応等が宮中を辞して鳳翔の法門寺に赴き、仏骨を迎え、高品中使杜英琦に命じて見届けさせた。この月癸亥、中使に命じて香を供え監督させ、宮人十三人が臨皐駅に赴き、仏骨を迎えた。是れに先んじ、功徳使が奏上した。「鳳翔府法門寺に護国真身塔があり、塔内に釈迦牟尼の仏指骨一節があります。寺伝では三十年ごとに開帳するとしています。開くとその年は豊年で人々は安寧です。来年、開帳すべきです」と。詔を出して、これを許可した。翌年に至って、また中使に命じ、禁兵と僧徒とを指揮して舎利を迎え護らせた。光順門を開いて納め入れ、禁中に三日留めて、次に京城仏寺に送った。

法門寺の名が初めて出ている。元和十三年と十四年の二年にわたるこの出来事は上記10に該当する。まず十三年については『旧唐書』憲宗本紀に「（元和十三年）十二月庚戌、迎仏骨于鳳翔」とあり、『新唐書』憲宗本紀も同文である。

十四年については、『旧唐書』憲宗本紀では、

（元和十四年正月丁亥）迎鳳翔法門寺仏骨至京師、留禁中三日、乃送詣寺。王公士庶奔走捨施如不及。刑部侍郎韓

愈上疏極陳其弊。癸巳、貶愈為潮州刺史。

鳳翔法門寺の仏骨を迎え都に至り、禁中に三日間留めてから、仏寺に送り届けた。王公も庶民も走り寄って、いくら捨施しても及ばないかのようであった。刑部侍郎韓愈は上疏してその弊害を厳しく追及した。癸巳、韓愈を潮州刺史に左遷した。

とあり、韓愈の左遷事件に言及している。

『資治通鑑』巻二四〇唐紀五十六でも同様である。

（憲宗元和十四年正月）中使迎仏骨至京師。上留禁中三日、乃歴送諸寺。王公士民奔走、瞻奉捨施、惟恐不及、有竭産充施者、有然香臂頂供養者。刑部侍郎韓愈上表切諌（略）。

中使が仏骨を迎えて都に戻った。帝は禁中に三日留めてから、諸寺に歴送した。王公士民が走り寄って参拝し、捨施してはまだ足りないのではと恐れ、財産を尽くして施捨に充てる者もあり、自らの肱や頭頂を燃やして供養する者もいた。刑部侍郎韓愈が上表して厳しく諌めた（以下略）。

ここでは、都の人々の仏舎利に群がり喜捨する様子がより詳しく述べられ、韓愈の上表文、すなわち「論仏骨表」が以下に引用されてある。当時、長安での仏舎利披露がいかに大きな騒動となっていたか、また、それに反対した韓愈の上表がいかに大きな話題となっていたかを示しているといえよう。韓愈の「論仏骨表」については後述する。

E　懿宗咸通十四年三月、詔曰、両街僧道於鳳翔法門寺迎仏骨。四月八日、仏骨至京、自開遠門達安福門、迎礼之。迎入内道場、二日出於京城諸寺。士女雲合、威儀盛飾、古無其比。遂下制、赦京畿及天下見禁囚徒。

懿宗咸通十四年三月、「両街の僧道は鳳翔法門寺に仏骨を迎えに行くように」と詔があった。四月八日、仏骨が長安に到着し、開遠門から安福門にまで来たのを迎礼し、内道場に迎え入れた。二日後、京城諸寺に出したところ、都の男女が雲集し、盛大に飾りたてた様子は前例のないほどであった。そこで制を下して、京畿および天下の囚徒に恩赦した。

これは上記13に該当する。『旧唐書』懿宗本紀には次のように詳述されている。

（咸通十四年三月）庚午、詔両街僧於鳳翔法門寺迎仏骨。是日、天雨黄土徧地。四月八日、仏骨至京、自開遠門達安福門、綵棚夾道、念仏之音震地。上登安福門迎礼之。迎入内道場三日、出於京城諸寺。士女雲合、威儀盛飾、古無其比。制曰、朕以寡徳纘承鴻業、十有四年。頃属寇猖狂、王師未息。朕憂勤在位、愛育生霊。遂乃尊崇釈教、至重玄門、迎請真身、為万姓祈福。

六月、帝不予。

七月、（略）崩于咸寧殿、聖寿四十一。

庚午、両街の僧に詔して鳳翔法門寺より仏骨を迎えさせた。この日、あらゆる所に天から黄土が降り注いだ。四月八日、仏骨が京城に至り、開遠門より安福門に達した。道の両側は色絹で飾られ、念仏の声が地を震わしていた。帝は安福門に登り、仏骨に迎礼した。迎えて内道場に三日間安置した後、京城諸寺に出した。都の男女が雲集し、盛大に飾りたてた様子は前例のないほどであった。帝は次の制を下した。「朕は徳の少ない身ながら帝位を受け継いで十四年。このごろ、各地で賊軍が暴走し、官軍は休む暇がない。朕は位にあって憂慮しており、生民を慈しんでいる。そこで、仏教を尊崇し、玄妙なる法門を重んずるようになり、ここに仏骨を迎えて、万民の幸福を祈るのである。（以下略）」と。

六月、帝が病の床についた。

七月、（略）帝が咸寧殿にて崩ぜられた。聖寿四十一歳。

ここでは、懿宗が仏舎利崇拝の動機を述べていることに注目したい。これについては後述する。

同じことを『資治通鑑』巻二五二唐紀六十八は次のように述べている。

（咸通十四年）春三月癸巳、上遣敕使詣法門寺迎仏骨。羣臣諫者甚衆、至有言憲宗迎仏骨尋晏駕者。上曰、朕生得見之、死亦無恨。広造浮図・宝帳・香轝・幡花・幢蓋以迎之、皆飾以金玉・錦繡・珠翠。自京城至寺三百里間、道路車馬、昼夜不絶。

夏、四月壬寅、仏骨至京師、導以禁軍兵杖、公私音楽、沸天燭地、綿亙数十里。儀衛之盛、過於郊祀、元和之時不及遠矣。富室夾道為綵楼及無遮会、競為侈靡。上御安福門、降楼膜拝、流涕霑臆、賜僧及京城耆老嘗見元和事者金帛。迎仏骨入禁中、三日、出置安国崇化寺。宰相已下競施金帛、不可勝紀。因下徳音、降中外繫囚。

（秋七月）辛巳、上崩于咸寧殿。（略）僖宗即位。

十二月己亥、詔送仏骨還法門寺。

三月癸巳、帝は敕使を派遣して法門寺に行き仏骨を迎えさせた。群臣の中で諫める者がたいへん多く、以前、憲宗が仏骨を迎えた後まもなくして崩御されたことを言い出す者までいた。帝は「朕は生きてこれを見ることができれば、死んでも恨むことは無い」と言った。多くの仏・とばり・御輿・のぼりや花・布飾りの付いた傘を造ってこれを迎え、どれも金玉・錦繡・珠翠で飾った。京城より寺に至る間の三百里の道路には、車馬が昼夜絶えなかった。

夏四月壬寅、仏骨が長安に至ると、近衛兵が先導し、公私ともに音楽を奏で、天を沸かし地を照らし、延々と数十里も続いた。儀衛の盛んなさまは郊祀をも過ぎ、元和十四年の時より遥かに盛大であった。富裕な家は道の両側の建物を色絹で飾り、無遮会を催し、競って贅沢をした。帝は安福門にお出ましになり、楼から降りて拝礼し、涙を流して心から感動した。僧と、京城の老人で元和の時の事を見た者に金帛を下賜した。仏骨を迎えて禁中に三日安置した後、出して安国崇化寺に置いた。宰相以下、競いあって金帛を施捨することは数えきれないほどであった。よって、恩を施し、長安内外の繋囚の刑を赦した。

（秋七月）辛巳、帝が咸寧殿で崩御された。（略）僖宗が即位した。

十二月己亥、詔を下して仏骨を送り法門寺に帰らせた。

この記事では、仏舎利法要の盛んなさまが語られ、帝の恩賜も詳述されている。この後、上記14にあるように、法門寺の地宮を封鎖したのである。

『冊府元亀』における法門寺の仏舎利記事は以上であるが、法門寺が登場するのは他に二件ある。一つは、五代・後唐の末帝清泰二年（九三五）四月丁卯の、

遣供奉官李彦驤鳳翔法門寺、飯僧尼道俗。帝旧游故也。

供奉官李彦驤を鳳翔法門寺に派遣し、僧尼道俗に食事を振る舞った。帝が以前に訪問したことがあったためである。

であり、もう一つは、同じく清泰三年（九三六）の、

遣供奉官劉処賓往鳳翔法門寺、四月八日設大斎会。

供奉官劉処賓を派遣して鳳翔法門寺に往かせ、四月八日、大斎会を設けた。

である。どちらも『資治通鑑』『新・旧五代史』には記載がない。仏舎利には触れていないが、法門寺と皇室との関

係がいまだに深いことを示している。

『冊府元亀』には五代における仏舎利関連の記事がいくつかある。まず、後唐・明宗の天成二年（九二七）の記事がある。

F　九月、益州孟之祥令僧五人持仏牙長一寸六分、云僖宗幸蜀時留之。今属応聖嘉節、願資寿命、宣示近臣。

九月、益州の孟之祥が五人の僧に長さ一寸六分の仏牙（歯）を持たせて来て、こう言った。「僖宗が蜀に御幸された時、この仏牙を置いていかれた。今般、帝の誕生日に当たり、長命が得られますように願って、近従の方に申し上げます」と。

この件は『資治通鑑』『新・旧五代史』には記載がない。益州は蜀の地名で成都あたりをいう。僖宗が黄巣らの乱を避けて成都に行ったのは広明二年（八八一）の六月。七月に行在で中和元年と改元した。中和の四年間、成都に在り、五年（八八五）の正月三日に蜀を発ち、三月に長安に到着し、光啓と改元した。僖宗が没したのは光啓四年（八八八）三月であった。僖宗が仏牙を持参していて蜀の地に置いていったというのが事実であるかどうかは不明であるが、僖宗といえば法門寺の仏舎利供養で知られていたから、仏舎利（牙）を僖宗の名に仮託したことは考えられる。また、この記事で注目すべきは、仏牙が長命に益があると見られていたことである。このことは後述する。

後晋の高祖の天福三年（九三八）には次の記事がある。

G　十一月庚午、西京左右街僧録可肇等、齎仏牙到闕宣付、汴京収掌。

十一月庚午、長安の左右街の僧、録可肇等が仏牙を持って宮門にやってきて申し立てたので、汴京に収納した。

汴京は現在の開封で、五代の梁・晋・漢・周から北宋までの都であった。また、同じく晋・高祖の天福六年（九四一）には次の記事がある。

H　五月甲辰、加隰弥陀国僧啌哩、以仏牙泛海而至。

五月甲辰、加隰弥陀国の僧啌哩が仏牙を持って、海を渡ってきた。

この二件とも『資治通鑑』『新・旧五代史』には記載がない。五代において見られるのが、いずれも仏骨ではなく仏牙であることは何かを意味するのであろうか。

二　仏舎利信仰と国家——韓愈「論仏骨表」をめぐって

憲宗の元和十四年の仏舎利供養に反対して韓愈が「論仏骨表」を書いたことは、前節であげた諸書にも言及されている。ここでは『旧唐書』巻一六〇韓愈伝で見ていこう。

鳳翔府法門寺有護国真身塔、塔内有釈迦文仏指骨一節、其書本伝、三十年一開、開則歳豊人泰。十四年正月、上令中使杜英奇押宮人三十人、持香花、赴臨皐駅迎仏骨。自光順門入大内、留禁中三日、乃送諸寺。王公士庶、奔走施舎、唯恐在後。百姓有廃業破産、焼頂灼臂而求供養者。愈素不喜仏、上疏諫曰（略）。

鳳翔府法門寺に護国真身塔があって、塔内に釈迦文仏の指骨一節があった。寺伝によると、三十年に一度開帳する、開帳すればその年は豊年で人々も安泰であると。元和十四年正月、帝は中使杜英奇に命じ宮人三十人とともに香花を持参して、臨皐駅に赴いて仏骨を迎えさせた。仏骨は光順門より禁中に入り、三日間留め置かれたあと、諸寺に送られた。王公から庶民に至るまで参拝施捨し、そのさまは人より後れるのを恐れるかのようであった。仕事をやめ財産を尽くし、頭頂や臂を焼きて供養を求むる者もいた。韓愈はもともと仏教を好まず、次のように上疏して諫めた（以下略）。

このあと「論仏骨表」が引用される。その内容はおおむね次の通りである。

仏教は夷狄の教えにすぎない。後漢以前、仏教が中国に入るまでの帝王は、たとえば黄帝が在位百年で寿命は一百十歳というように、長命で在位期間も長い。天下太平で人々も安寧で長寿であった。仏を信奉しないことで得られたものであった。漢の明帝のとき仏教が伝わったが、その明帝は在位わずかに十八年、以後の皇帝も在位は短く、王朝も短命、世の混乱が続いた。仏教信奉が深まるにつれ、短命傾向は強まった。梁の武帝は在位が四十八年もあったが、仏教への帰依深く、あげくに自らは餓死し、国は滅んだ。仏教が信奉するに足らないことがわかる。

高祖（李淵）が建国した当時、仏教を除こうと論議させたが、取り止めになった。今上陛下は即位の初め、僧尼・道士の得度、寺観の建立を許可しなかった。韓愈は高祖の志を実行するであろうと期待していた。

ところが、聞くところによると仏骨を鳳翔から迎えて、御自ら楼からご覧になり、禁中に入れ、諸寺を巡って供養させたとか。陛下は仏に迷わされて崇拝し福を祈願したのではなく、ただ豊年で人々が楽しんでいるのに従い、人々のために珍しい見せ物、遊び道具を用意したまでのことと思う。しかし、愚かな国民は、陛下が心から仏を信奉していると思い、その結果、過剰な供養をして我が身を傷つけ仕事をなげうつ者が出てくるだろう。

仏は本来夷狄の人で、中国とは言葉も衣服も異なる。君臣の義も父子の情も知らない。もし今も生きていて、我が首都に外交使節として来たとしても、陛下は通常の周辺国の使節なみの待遇をしたあと、国外に送り出し、民衆を惑わせることはない。まして、死んでから久しく、ひからびた骨となったものを宮中に入れてよいものか。どうか、この骨を水火に投げ込み、永遠に根を絶ち、天下の人々の迷信や後世の惑いの種を絶ち切ってほしい。

この上表に対しての憲宗の怒りは大きく、極刑を与えようとした。寛容な処置をと奏上する宰相たちに対し、憲宗は、

愈言我奉仏太過、我猶為容之。至謂東漢奉仏之後、帝王咸致夭促、何言之乖誕也。愈為人臣、敢爾狂妄、固不可赦。

「愈が私の奉仏が行きすぎであると言うについては、私はまだ許そう。しかし、東漢時代に仏教を信奉するようになって以後、帝王がみな夭折であると言うに至っては、何というでたらめであろう。愈は人臣でありながら、このような非常識なことを言うのは許し難い」。

と述べたが、周囲の取りなしがあって、韓愈は潮州刺史に左遷されるにとどまったのである。

この上表での韓愈の仏教批判の論点は、「夷狄の法」である点をあげてはいるが、これについては詳述せず、仏教到来以後の帝王の短命と在位期間の短さ、王朝の短命のみに絞っていると言ってよい。憲宗の怒りもまた、この点に向けられている。

さて、唐初、高祖の武徳四年の傅奕の上奏を発端として、仏教批判とそれに対する反論の応酬があった。傅奕の上奏した「減省寺塔廃僧尼事」十一箇条の序文は、『広弘明集』巻十一に見られ、おおよそ次のような内容である。

太古以来、八十老父が撃壌し、十五少童が鼓腹し、孝子が家を承け忠臣が国に満ちる世が続いてきたが、これは「共遵李孔之教、而無胡仏故也」、すなわちどの時代でも老子や孔子の教えに従い、仏教がなかったという理由による。ところが、後漢明帝期の仏教伝来以後、胡仏の説がはびこり、仏寺造営や供養に民財国貯を費やしている。仏教は人に罪福を間違って説き、兵士に戦から逃げ、髪を剃り寺に隠れることを教えている。胡仏邪教を天竺に追い払い、僧侶を農村に戻して課税せんことを願う。

そして「謹上益国利民事十有一条如左」と結ぶ。「十一条」の原文そのものは伝わらないが、吉川忠夫氏は『新・旧唐書』本伝に引く傅奕の「請除去釈教」などによって列記しておられる(3)。その中に、「帝王無仏則大治年長、有仏則虐政祚短(帝王、仏教がなかったときは国は大いに治まり在位は長く、仏教が入って以来、虐政が行われ王朝は短くなった)」があげられていて、吉川氏はこれを「当時の排仏家たちがしばしば唱えたところ」とし「事仏得禍説」と名づけておられる。韓愈の「論仏骨表」の排仏論が事仏得禍説であることは、傅奕の論からきていると清の趙翼は述べているが(4)、それだけではない。

傅奕の序文は、衛元嵩が北周廃仏の際、天和二年(五六七)に奉った上疏(『広弘明集』所収)を念頭に置いていたらしいという指摘がある(5)。衛元嵩は言う。虞舜の教化のもと、仏教がなくても国は治まった。南朝の斉・梁では寺舎を建てて民を導こうとしたが、かえって民は損なわれ王朝も短命であった。これは寺塔を建てるだけで民心が道に合致していなかったからである。利民益国こそ仏心に合う。そもそも仏心は大慈を根本とする。北周のために、本来の仏教を実現すべし、と。

この二者は、排仏と、本来の仏教の実現というように目的を異にするが、仏教伝来以前の世が太平であったと見る点、および、益国利民こそ世には必要であるとする点が共通している。また、傅奕への反論の代表的なものとして法琳『弁正論』があるが、その巻頭の「三教治道篇」では、安国利民において仏教が儒教・道教に優れていることを論じようとしている。以上を考え合わせると、韓愈の排仏論はこれらの影響を少なからず受けているのみならず、帝王の寿命と王朝の長短を安国利民のバロメーターにしているのである。すなわち、事仏得禍説の「禍」を「短命」という一点に置き換えているのである。

中国の人々は本来、長命を願い不老長命を至福と考える。道教もその願いをかなえることを信仰の柱にしている。そうした国民性を背後にして仏教を布教するとき、長命を利益にせざるをえず、そうした仏教を人々は受け止めたのであろう。さらに、国家仏教として繁栄した六朝・唐代の仏教は、皇帝個人の寿命のみならず、王朝の政権の長命をも約束するものとなっていたのであろう。

『唐会要』「寺」の項に、睿宗の景雲二年（七一一）七月、左拾遺辛替否の上疏として次の記事がある。(6)

若以造寺必期為治体、養人不足為経邦、則殷周已往皆暗乱、漢魏已降皆聖明。殷周已往為不長、漢魏已降為不短。臣聞夏為天子二十余代而殷受之、殷為天子二十余代而周受之。周為天子三十余代而秦受之。自漢以後、歴代可知也。何者、有道之長、無道之短、豈因其窮金玉、修塔廟、方見享祚乎。

「もし、寺を造ることで国家安泰が必ず成し遂げられ、人を食べさせるだけでは国家を治めるのに足りないとするならば、殷周以前は皆な暗く混乱していて、漢魏以後は皆な明るく良い世であるはずです。私は聞いております、夏が天子となって二十余代にして、殷が後を受けました。殷が天子となって二十余代にして、周が後を受けました。周が天子となって三十余代にして、秦が後を受けました。漢以後、歴代のことはおわかりでしょう。なぜかというと、有道の場合は長く、無道の場合は短いのであります。どうして金玉を尽くし、塔廟を造営して、それによって長命が受けられましょうか」

こうした諫言が出るのは、仏教側が奉仏の効果として王朝の長命を言っているからであろう。韓愈の論調も、同一の背景があったと思われる。

『資治通鑑』巻二二四唐紀四十の代宗大暦二年（七六七）には次の記載がある。

始、上好祠祀、未甚重仏。元載・王縉・杜鴻漸為相、三人皆好仏。（略）上嘗問以、仏言報応、果為有無。載等奏以、国家運祚霊長、非宿植福業、何以致之。福業已定、雖時有小災、終不能為害。所以安史悖逆方熾而皆有子禍、僕固懐恩称兵内侮、出門病死、回紇杜蕃大挙深入、不戦而退、此皆非人力所及。豈得言無報応也。上由是深信之、常於禁中飯僧百余人。有寇至則令僧講仁王経以禳之、寇去則厚加賞賜。

始め、帝は祠祀を好んだが、まだそれほど仏教を重んじてはいなかった。元載・王縉・杜鴻漸が相となり、三人が皆な仏教を好んだ。（略）帝はあるとき聞いた、「仏教は因果応報をいうが、果たして本当にあるのだろうか」と。載等は申し上げた、「国家の運命の長さは、前世に福業を植えたのでなければ、どうしてなし得られるでしょうか。福業が定まっておれば、時に小さな災いがあっても、最終的に害をなすことはできません。安禄山・史思明の反乱は、当時大変な勢いがありましたが、二人とも息子に殺されるという禍に遭いました。僕固懐恩は戦を口実に内をだまし、城門を出て病死しました。回紇・杜蕃は大挙して中国に侵入し、戦わないまま退却しました。これらの理由は、すべて人力の及ぶことではありません。どうして応報がないなどと言えるでしょうか」と。帝はこのことがあってから仏教を深く信じるようになり、常に禁中において百余人の僧を養った。外敵が攻めてきたら、僧たちに仁王経を講じて祈らせ、敵が去ったら厚く褒美を賜った。

代宗の下問に対しての元載たちの回答は、因果応報説を個人のみならず国家に当てはめている。これが国家仏教の根源的理論であろう。

代宗の後援を得て、仏教界は勢力を増す。『資治通鑑』大暦二年には次のことがつづいて記載されている。

胡僧不空、官至卿監、爵為国公、出入禁闥、勢移権貴、京畿良田美利多帰僧寺。敕天下無得箠曳僧尼。造金閣寺於五台山、鋳銅塗金為瓦、所費鉅億。

胡僧不空は官が卿監に至り、爵は国公となり、禁中に出入りし、権勢は高まった。京畿の良田からの収穫は多くが僧寺にもたらされた。敕命があって僧尼に対して鞭打ったり拘引してはならないとなった。金閣寺を五台山に建て、銅で鋳造し塗金した瓦を用い、数億もの費用がかかった。

さて、韓愈は「原道」(『韓昌黎集』巻十一)にても仏教批判を述べているが、そこでは、次の点を批判の根拠としている。

一、生産活動を営まない僧侶が増加することは、民の負担を増すことになる。

二、君主の指導により臣民は生産を営むのであるから、君臣関係を捨てよと説く仏教は人々の生活の道を絶つことになる。

三、父を父とせず君を君としない仏教は五常を否定するものである。

四、仏教は夷狄の法である。

つまり「原道」では帝王および朝廷の寿命については言及していないのである。

その理由は仏骨にあるのではないだろうか。前節にあげたFの『冊府元亀』後唐・明宗の天成二年(九二七)の次の記事に注目したい。

九月、益州孟之祥令僧五人持仏牙長一寸六分、云僖宗幸蜀時留之。今属応聖嘉節、願資寿命、宣示近臣。

九月、益州の孟之祥が五人の僧に長さ一寸六分の仏牙(歯)を持たせて来て、こう言った。「僖宗が蜀に御幸された時、この仏牙を置いていかれた。今般、帝の誕生日に当たり、長命が得られますように願って、近従の方に申し上げます」と。

これは、仏骨・仏牙崇拝が長命の効果をもたらすものであることを明確に示している。皇帝個人の長寿をもたらすことから、さらに王朝の長寿、すなわち長期政権をもたらすものへと、期待が発展したのであろう。鳳翔法門寺の舎利塔の名を「護国真身塔」ということからも、護国の期待が仏舎利にかけられていたことがわかる。ゆえに、前節Eに関連して提示した『旧唐書』懿宗本紀に見られる、懿宗の仏舎利供養の動機が意味をなしてくるのである。

朕以寡徳纘承鴻業、十有四年。頃属寇猖狂、王師未息。朕憂勤在位、愛育生霊。遂乃尊崇釈教、至重玄門、迎請真身、為万姓祈福。

朕は徳の少ない身ながら帝位を受け継いで十四年。このごろ、各地で賊軍が暴走し、官軍は休む暇がない。朕は位にあって憂慮しており、生民を慈しんでいる。そこで、仏教を尊崇し、玄妙なる法門を重んずるようになり、ここに仏舎利を迎えて、万民の幸福を祈るのである。

唐末期の不穏な情勢の中で、懿宗は唐王朝の長きことをひたすら祈ったに違いない。二カ月後に病の床につき、その翌月に四十一歳で亡くなった懿宗は、自らの体調不調を感じ、仏舎利供養に最後の夢を託したことであろう。仏舎利は長命、さらには王朝安泰の願望を聞き遂げるものとして供養されたのである。韓愈は、こうした信奉の的であった仏舎利に対する批判を「論仏骨表」で展開したと思われる。

註

（1）五洲伝播出版社、一九九八年。

（2）『資治通鑑』巻二〇九の景龍二年には「上及皇后公主多営仏寺」に対し、辛賛否が上疏して諫めたことのみ記されている。

（3）『六朝精神史研究』第十四章、一九八四年。

（4）『餘余叢考』巻三十四「諫仏骨表有所本」。

（5）吉川忠夫「仏は心にあり――「白黒論」から姚崇の「遺令」まで――」（『中国中世の宗教と文化』京都大学人文科学研究所、一九八二年）。

（6）註（2）の上疏と一部重複する。

理趣経の成立に関する一考察

乾　仁志

一　はじめに

理趣経は、唐代の玄奘訳『大般若波羅蜜多経』六百巻の中に、類本の一つである『理趣分』が収められているように、その当初においては経典読誦の功徳を説く般若経の一つとして成立した。その後、それに密教的要素が付加され、次第に密教経典としての理趣経に展開し、その過程において様々な類本を生み出した。

日本の真言宗では、これら類本の中で唐代の不空訳『理趣経』を日常の読誦経典として用い、両部の大経である『大日経』と『金剛頂経』とともに尊んできた。また宋代の法賢訳『理趣広経』は、金剛頂経の第六会に相当すると伝統的に考えられてきた。このように、理趣経は歴史的な展開過程の中で、大乗経典である般若経と密教経典である金剛頂経という二つの性格をもつようになったのである。

ところで理趣経の成立過程については、広本と略本の関係をめぐって、これまで様々な説が唱えられきた。その中でとくに関心を集めてきた史料の一つに、略本に対するジュニャーナミトラの注釈がある。それは同注釈の序文に理趣経の成立に関する重要な記述が見られるからである。しかし従来この文章に対する解釈が学者によって異なり、そのため理趣経の成立過程についても見解が分かれてきた。
本稿では、このジュニャーナミトラの注釈を取り上げ、その序文の文章に対する筆者の考えを述べたいと思う。

二　理趣経の類本

1　十類本の分類

最初に理趣経の原典資料の概略を述べておきたい。理趣経には梵蔵漢の三種類の原典資料があり、合わせて十類本が現存する。その内訳は、漢訳が六本、チベット訳が三本、サンスクリット原典が一本である。また内容および分量から、これらの十類本は略本七本と広本三本に分けられる。

［略本］
①唐・玄奘訳『般若理趣分』一巻（大正二二〇番〈一〇〉）
②唐・菩提流志訳『実相般若波羅蜜経』一巻（大正二四〇番）
③唐・金剛智訳『金剛頂瑜伽理趣般若経』一巻（大正二四一番）
④唐・不空訳『大楽金剛不空真実三摩耶経・般若波羅蜜多理趣品』一巻（大正二四三番）
⑤宋・施護訳『遍照般若波羅蜜経』一巻（大正二四二番）
⑥チベット訳『聖般若波羅蜜多理趣百五十頌』
訳者不詳（東北四八九番、大谷一二一番）
⑦梵文原典『百五十頌般若波羅蜜多理趣』

［広本］

⑧　宋・法賢訳『最上根本大楽金剛不空三昧大教王経』七巻（大正二四四番）

⑨　aチベット訳『吉祥最勝本初大乗儀軌王』

シュラッダーカラヴァルマ、リンチェンサンポ訳（東北四八七番、大谷一一九番）

bチベット訳『吉祥最勝本初真言儀軌品』

マントラカラシャ、ラツェンポ、シワウー訳（東北四八八番、大谷一二〇番）

⑩　チベット訳『吉祥金剛場荘厳大タントラ王』

スガタシュリー、サキャパンディタ、ロトゥーテンパ訳（東北四九〇番、大谷一二三番）

2　類本の特色

以上の広本と略本の特色について指摘すると、まず略本は本文の主要部分が十四段構成になっている。このうち④不空訳『理趣経』と⑥チベット訳『百五十頌』のみ十七段に構成されている。ただしこれは第十二段の重説を四段に開いたもので、基本的には十四段構成と変わらない。一方、広本はそれぞれの前半部に略本に相当する文がある。略本に相当する前半部の箇所は、⑩チベット訳『金剛場荘厳タントラ』が十四段構成であるのに対し、⑧⑨『理趣広経』も不空訳等と同様に第十二段の重説を四段に開いて十七段に構成している。その他、各類本に見られる主要な構成要素を取り上げ、略本およびそれに相当する広本の前半部を比較すると［表］のようになる（なお△は他の箇所に説かれていることを示す）。

表　類本の比較

類本＼構成要素	十四段構成	十七段構成	種子	菩薩等重説	金剛手称讃文（偈頌）	十六段後	三種神呪	二十五般若呪	経典称讃文（長行）
①玄	○						○		○
②菩	○		○						○
③金	○		○					○	○
④不		○		○	○				
⑤施	○		○					○	○
⑥チ		○		○		○		○	○
⑦梵	○		○						○
⑧法		○		○		○		△	
⑨チ		○		○		○		△	
⑩チ	○		○					○	○

この表をもとにして十類本を比較すると、①『理趣分』以後の変化として、次のような点が確認できる。

1　「三種神呪」が説かれない（②～⑩）。

2　「種子」が各段末に説かれる（②～⑩）。

3　「二十五般若呪」が説かれる（③⑤⑥⑩／なお⑧⑨は他の箇所に出る）。

4　「種子」が八大菩薩等の重説として各段末に説かれる（④⑥⑧⑨）。

5 第十二段を四段に開いて全体として十七段構成になる（④⑥⑧⑨）。

6 「金剛手に対する称讃文（偈頌）」が説かれる（④／なお⑥⑧⑨は第十六段の後）。

7 「経典に対する称讃文（長行）」が説かれない（④⑧⑨）。

これら七点のうち、とくに密教化の特色として看過できないのは、右の4から7の四要素である。その典型を、略本の中でとくに密教化の進んでいる④不空訳『理趣経』に見ることができる。またこれに類するものに、略本では⑥チベット訳『百五十頌』があり、広本では⑧⑨『理趣広経』がある。とくに⑥チベット訳『百五十頌』と⑧⑨『理趣広経』とを比較すると、両者では「経典称讃文（長行）」の有無の相違があるものの、ともに第十六段（他の類本では第十三段に相当する）の後に「金剛手称讃文（偈頌）」が説かれており、両者は不空訳以上に近い関係にあるといえる。(1)

3 広本の構成

次に広本の全体の構成について指摘しておきたい。広本は略本に相当する箇所の後部に、別の異なった儀軌が付加されて成立している。この広本化には⑧⑨『理趣広経』の系統と⑩『金剛場荘厳タントラ』の系統の二系統がある。(2)

まず『理趣広経』であるが、⑧法賢訳『理趣広経』は二十五章から成り、前半の第十四章の途中までが略本に相当する。また第十二章（第十二〜十五段）までの十五段の各段末に曼荼羅儀軌が付加されている。これは略本内における増広である。そして後半の第十四章の途中から第二十五章までが、新たに付加された別の異なった儀軌である。「二十五般若呪」は後半の第二十四章に説かれている。

これに対し、⑨チベット訳『理趣広経』は三十九章から成り、前半部の十三章までと後半部の冒頭にある第十四章までが略本に相当し、漢訳と同様に第十二章（第十二～十五段）までの十五段の各段末に曼荼羅儀軌が増広されている。前半部の十三章は「般若分」と称される。そして後半の第十五章の途中から第二十五章までと、第二十六章から第三十九章までが、新たに付加された二種の儀軌で、これらは「真言分」と称される。「二十五般若呪」は後半の第三十七章に説かれている。チベット訳によると、『理趣広経』の全体は次のような三つの異なった名称をもつ儀軌から構成されている。

前半部「般若分」　＝「大安楽金剛不空三昧耶大儀軌王」……漢訳前半
後半部「真言分1」＝「大楽金剛秘密大儀軌王」…………………漢訳欠
後半部「真言分2」＝「吉祥最勝本初大儀軌王」…………………漢訳後半

このうち漢訳の前半が「般若分」の「大安楽金剛不空三昧耶」に相当し、漢訳の後半が「真言分2」の「吉祥最勝本初」に相当する。したがって、チベット訳では「真言分1」の「大楽金剛秘密」がさらに付加されており、漢訳ではこの部分が欠けている。またこれによって、⑧法賢訳の名称は主として前半部の「般若分」に基づき、⑨チベット訳の名称は「真言分2」に基づいていることがわかる。さらに『理趣広経』では、チベット訳の第十四章（漢訳では第十四章の初めの部分）から真言分に含められている。したがって「百字の偈」の説かれる不空訳の第十七段（他の略本では第十四段）の箇所から真言分になる。なおアーナンダガルバはこの広本の注釈を残しており、「般若分」を第一品、「真言分1」を第二品の根本タントラ、「真言分2」を第二品のウッタラタントラとし、さらにこのほかに第三品と第四品があったとする。(3)

次に『金剛場荘厳タントラ』を見よう。⑩チベット訳『金剛場荘厳タントラ』は全体が十六章に分けられ、それらは次のような三つに大きく区分することができる。このうち第一章に略本の十四段が含まれ、その末尾に「二十五般若呪」が説かれている。このタントラは略本をもとにし、それに「金剛場荘厳タントラ」を付加して再構成したものと考えられる。

第一章…………「一切如来の法門」。般若波羅蜜理趣門の法門（理趣経の略本に相当）に、金剛場荘厳曼荼羅、字門を加える。

第二～十五章…「金剛場荘厳タントラ」。各種の印・成就法・曼荼羅を説く。

第十六章………施護訳『金剛場荘厳般若波羅蜜多教中一分』（大正八八六）に相当。

三　理趣経の成立問題

1　理趣経の成立に関する諸説

さて、理趣経の成立問題は主に以上の十類本の比較を通して考察されてきた。では今日までどのような説が唱えられてきたか、その概略を簡単に紹介したい。

理趣経の十類本のうち最も古いのは玄奘訳『理趣分』（六六〇～六六三年訳）である。この『理趣分』から、後に菩提流志訳『実相般若経』（六九三年訳）に展開したという点では、学者の意見は大方一致している。しかしその後の発展過程については、広本と略本の先後関係が問題となり、以下のように学者によって見解が異なる。[4]

その中で、最初期の研究の代表的なものは、栂尾祥雲、那須政隆、長沢実導の三氏による(1)～(3)の三説である。その後、金岡秀友、福田亮成、松長有慶の三氏によってさらに綿密に検討が加えられた。それが(4)～(6)の三説である。理趣経の成立過程については、これら六氏の研究に見られるように、主として類本の研究を通して考察されてきた。また那須説を除く五氏は、いずれもジュニャーナミトラの注釈を重視し、それがそれぞれの学説の論拠の重要な部分を占めているのが特色である。これに対し、田中氏は曼荼羅の研究を通じて、金剛頂経十八会の第六会から第九会までの関係を考察し、理趣経の成立についても示唆的な説を新たに提示された。すなわち現存広本の『理趣広経』は、漢訳が金剛頂経の第六・八会の二儀軌から成り、チベット訳が第六・七・八会の三儀軌から構成されているとして、(7)の説を出された。

なお(3)長沢説と(4)金岡説は、栂尾博士が指摘された広本二系統のうち、とくに『理趣広経』系に関してのものである。また(5)福田説についても、とくに『理趣広経』系のものを図式化した。(6)松長説と(7)田中説は、理趣経の原初形態である『理趣分』に遡る展開過程を要約し、それを図式化した。

(1)　栂尾祥雲……広本が先行して、略本がそれから抄出されたとする。

広本 → 略本

(2)　那須政隆……略本から広本へ増広されたとする。

略本 → 広本

(3)　長沢実導……広略両本とは別に、理趣経の原本ともいうべきものが存在して、それを摘要したのが略本であり、さらにそれを増広したのが広本であるとする。

原本 → 略本 → 広本

(4)　金岡秀友……長沢説を支持して、広略両本とは別に原本が存在したとするが、その中の略本から増広された広本は、その後さらに増広されて現存広本になったとする。

（5）福田亮成……広本化には二系統あり、その一つが長沢説のいう原本に相当する。しかしこの原本もすでに「般若分」と「真言分」という現存広本（『理趣広経』）に見られる二部構造をもち、この原本の前半部の「般若分」から略本が成立し、さらに後半部の「真言分」の増広もその後進み、現存の広本が成立したとする。

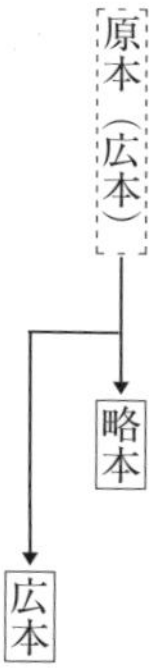

（6）松長有慶……般若経の一部に後に理趣経へ展開する素材が芽生え、その後に密教化して略本が成立し、さらに思想の儀軌化が進められ、儀軌、成就法の付加をもって広本へ展開したとする。

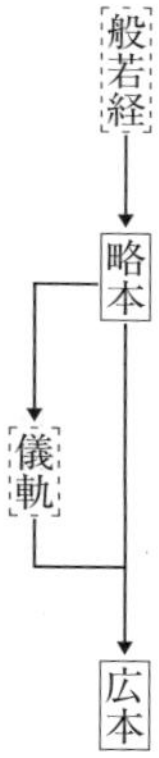

（7）田中公明……般若経の思想から『理趣経』が成立し、この教旨に曼荼羅や印・真言が付加された『理趣広経』の般若分に相当する儀軌である第六会が成立し、さらに般若分の教義と曼荼羅をより発展させた真言分として、第七会と第八会が順に成立したとする。

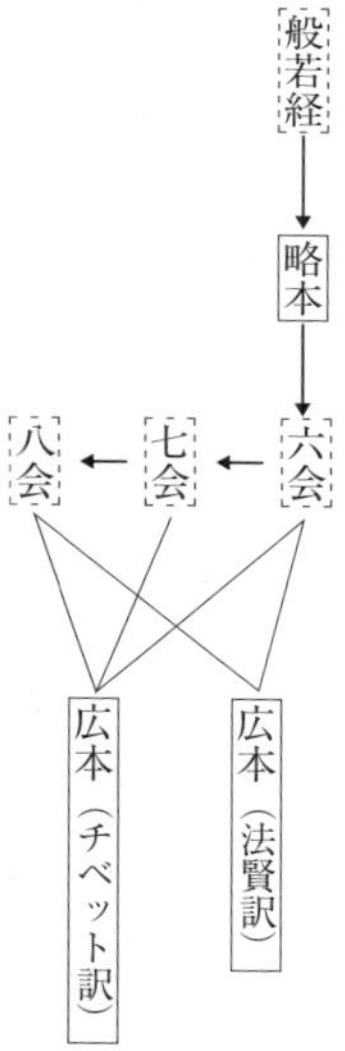

以上のように、理趣経の成立過程については、七人の学者によって様々な説が唱えられてきた。これら七人の学者はそれぞれ独自の学説を展開し、また論拠を異にしているため、完全に一致するものがない。しかし細かな点を別にすれば、大体の傾向としては、最初にあげた三説に集約することができるであろう。すなわち、以下のようになる。

1　広本から略本へ展開したとする説。（栂尾説）

2　略本から広本へ展開したとする説。（那須説、松長説、田中説）

3　原本から略本と広本へ展開したとする説。（長沢説、金岡説、福田説）

このうち、個々の研究に関していえば、福田博士と松長博士と田中氏の学説が新しいものであり、この三説が現在のところ最も有力視されていると想像される。しかし三氏の見解には大きな隔たりもある。福田博士は原本を想定して広本の段階的な成立説に立つものの、実質的には広本から略本への発展を考えておられる。これに対し、松長博士と田中氏は略本から広本へ発展したと見ておられるからである。

筆者自身は、玄奘訳『理趣分』以前に広本の成立が確認できないことから、略本から広本へ展開したと考えるのが自然であり、広本から略本へ展開したとする見解には疑問をもっている。しかし個々の問題については未解明な点も多く、今後の研究に委ねられている点も少なくない。とくに略本の④不空訳と⑥チベット訳の二本に、さらに広本の⑧⑨『理趣広経』の二本を加えた四本が、内容的にもきわめて接近しており、それをどう解釈するかという問題も残されているからである。

ここでは、個々の研究に対する評価は別にして、那須博士と田中氏以外の五氏によって取り上げられているジュニャーナミトラの注釈を取り上げ、理趣経の成立に触れた序文の内容について、五氏がどのように解釈したかを確認したいと思う。

2 『ジュニャーナミトラ注』の序文に対する従来の解釈

ジュニャーナミトラの注釈は、理趣経の略本に対するもので、正式には『聖般若波羅蜜多理趣百五十頌釈』（以下『ジュニャーナミトラ注』と略す）という。(5) この注釈は一説に八二四年成立とされるチベットの『デンカルマ目録』に出ており、九世紀初め頃までに成立していたことが知られる。また著者のジュニャーナミトラが活躍した時期は、不空三蔵（七〇五～七七四）の時代に近く、チベットのチソンデツェン王の死後にチベットに入っていることから、大体八世紀後半から九世紀初め頃にかけての人物ではないかと推測される。

『ジュニャーナミトラ注』の序文に記されている理趣経の成立に関する伝承というのは、次のような内容である。ここでは、主要な内容を要約して提示することにする。なお(A)～(F)は序文の要約であり、(G)は本文に先立つ帰敬文に対する注釈文の要約である。

(A) 前の仏が人間界において八十年の生涯を送られていた時、仏は『一切仏平等瑜伽』『秘密集会』等によって教化されたけれども、その教えを受け継ぐ器量を備えた者がジャンブー州（閻浮提）の人間界にはいなかった。しかし四天王や三十三天や兜率天では、神々や賢劫菩薩たちが教えを受け継ぐ器量を備えていて、その時その経典（mdo sde）は存在していた。

(B) 仏が涅槃された後に、『一切仏平等瑜伽』等の十八大部が、金剛薩埵の加持によって、ザホール国にもたらされた。ザホール国の王インドラブーティは、それらの経典が理解できなかったので、国の中央のマラヴァ地方にいたククラ阿闍梨を招聘することにした。

(C) その後、かの阿闍梨はザホール国にやってきて、インドラブーティ王と臣下のためにこれらの法(dharma)を説いた。

(D) またインドラブーティ王は考えて、自身と臣下が持明処を成就するために、またこの正法(dam paḥi chos)が衰頽しないために、息子のシャクラブーティを王子として灌頂した。その時、ククパ阿闍梨は口伝(luṅ, āgama)と聖言(man ṅag, upadeśa)の教えを、かの王子に説いた。

(E) シャクラブーティ王は、息子が小さかったので、娘のゴーヴァデーヴィーのために、「吉祥最勝(dPal dam pa)」の中から「理趣百五十頌(Tshul brgya lṅa cu pa)」を作り整えた(bkod de bśams nas)。

(F) ゴーヴァデーヴィー王女は、弟の王子のために、口伝と聖言を整理して増広した(bshag pa las ḥphel ba)。それが現存するこれら(deṅ du ḥdi dag)である。

(G) 「世尊母般若波羅蜜を礼拝す」(帰敬文)というのは、一切如来を出生する母である般若波羅蜜であって、「吉祥最勝髪(dPal dam pa phreṅ ba)」というのがこれである。また如来の父は『真実摂タントラ』という甚深なる真言の経典である。

以上の要約文の中で、とくに注目されてきたのは(E)である。この中に見える「理趣百五十頌」という名は、その分量にしたがって理趣経の略本に用いられたもので、チャンドラキールティ(六〇〇〜六六〇)の『中論註(プラサンナパダー)』に見出されるタイトルとも共通する。また『ジュニャーナミトラ注』のタイトルにも見ることができ、現存十類本の中では、略本の⑥チベット訳等にも見られる。問題はその略本のもとになったという「吉祥最勝」をどう解釈するかである。これについては、次のような異なった解釈がなされてきた。

まず『ジュニャーナミトラ注』の中に理趣経の成立に関する記述のあることを最初に発見したのは、栂尾博士である。栂尾博士は、(A)(B)に見える十八会という金剛頂経系の広本の伝承に関連して、(E)「吉祥最勝の中から理趣百五十頌を作り整えた」と記されていることに注目された。そして、その中の「吉祥最勝（dPal dam pa）」を、訳語は異なるものの、現存広本の⑨チベット訳『理趣広経』すなわち『吉祥最勝本初（dPal mchog daṅ po, Śrīparamādya）』との類似性から、それを略本のもとになった広本と考えられた。

これに対し長沢博士は、(E)の後にある(F)「口伝と聖言を整理して増広したものが現存するこれらである」という記述に注目された。そして、増広されたものが広本であるから、「吉祥最勝」は現存広本の『吉祥最勝本初』ではありえないとして、広略両本の原本とみなし、またそれをŚrīparamaと還梵された。この長沢博士の解釈は、その後、金岡博士や福田博士によって支持された。

しかしこの長沢博士の解釈に対しても、その後、松長博士によって疑問が提出された。松長博士は、長沢博士が取り上げられた(F)の少し後に出てくる(G)に注目された。そして同名のタイトルをもつ「吉祥最勝鬘（dPal dam pa phreṅ ba）」が般若経として取り扱われていることから、「吉祥最勝」を般若経の一種とみなすべきであるという説を出された。また(E)「吉祥最勝」と(D)(F)「口伝と聖言」についても、「吉祥最勝」が般若経の一種であるのに対し、「口伝と聖言」は理趣経をも含む金剛頂経系の十八大部に関する伝承と関係のあるものであり、両者は区別して考えなければならないという見解を示された。

このように、『ジュニャーナミトラ注』の序文に見える「吉祥最勝」に対して、「広本」「原本」「般若経の一種」という三つの解釈に分かれてきた。その意味で、「吉祥最勝」をめぐる解釈が争点となって、理趣経の成立に関する様々な説が生まれてきたといってよい。もちろんこれだけが問題にされてきたわけではないが、各学説の重要な根拠となってきたことは疑いない。では「吉祥最勝」とは何か。これについて、次に検討したいと思う。

四　「吉祥最勝」とは何か

1　十八大部の伝承と『サマーヨーガタントラ』

『ジュニャーナミトラ注』において、まず注意しなければならないのは、(A)(B)に『一切仏平等瑜伽』や『秘密集会』等の十八大部の伝承が記されている点である。栂尾博士はこれを金剛頂経の十八会と解されたが、今日ではチベット仏教のニンマ派に伝わるマハーヨーガの十八大部と解釈するのが一般的である。ニンマ派の十八大部と金剛頂経の十八会とを比較すると、両者で共通するのは、『一切仏平等瑜伽』『秘密集会』『吉祥最勝本初』の三つであり、金剛頂経では順に第九会、第十五会、第六〜八会に相当する。この二つの伝承については、別個に成立し流伝していたものが、それぞれ後に十八部の聖典にまとめられたという推測がある。(6) それはさておき、このように見てくると、「吉祥最勝」が⑧⑨『理趣広経』すなわち『吉祥最勝本初』と何らかの繋がりをもっていた可能性も十分に考えられる。

『ジュニャーナミトラ注』の記述は、チベットの学僧であるプトン（一二九〇〜一三六四）も『瑜伽タントラの海に入る船』の中で取り上げており、(7) 九世紀の初め頃までの瑜伽系の密教、すなわち金剛頂経系の密教に関する重要な一伝承であったことは間違いないであろう。そこに記されている神話的伝承を歴史的事実としてそのまま受け入れることはできないとしても、何らかの史実がそこに反映されていると考えられ、まったく虚構のものとも思えない。

とくに『ジュニャーナミトラ注』に登場するインドラブーティの名は、『ジュニャーナシッディ（Jñānasiddhi）』の著者と同名であり、時代的にも近いと考えられる。(8) またチベット大蔵経には『一切仏平等瑜伽』すなわち『サマーヨーガタントラ（Samāyogatantra)』に関する注釈や儀軌が現存するが、その中には著者名としてインドラブーティの名をあげているものもある。またインドラブーティの師とされるククラ／ククパ阿闍梨は、『一切仏平等瑜伽』の六族の儀軌を著したククラージャ（Kukurāja）と関係する可能性もある。[9] さらにインドラブーティの注釈には、ククラ阿闍梨（slob dpon Ku ku ra）の名が出てくるのも興味深い。[10] このようにククラ阿闍梨とインドラブーティは、ともに『サマーヨーガタントラ』の伝承に関わる人物であったことが知られる。とすれば、『ジュニャーナミトラ注』の伝承は、本来『サマーヨーガタントラ』の成立に深く関わるものであったのかもしれない。

最近の研究では、『サマーヨーガタントラ』はインドにおいて金剛頂経系の中期密教から後期密教へ発展する過程で登場したタントラで、無上瑜伽系の母タントラへ一歩踏み出した最初のものとみなされている。すでに不空三蔵の『十八会指帰』に、第九会の金剛頂経として出てくるように、父タントラ系の『秘密集会』と並んで、無上瑜伽系のものでは最も初期に属する。しかも『サマーヨーガタントラ』は、『理趣広経』すなわち『吉祥最勝本初』の後半部にある「真言分2」の「吉祥最勝本初」から発展して成立したことが明らかにされており、このタントラは本来的に「真言分2」と密接な関係にある。[11] したがって理趣経に関連して、このような伝承が存在するのも、両者の結びつきから理解できないことではない。

このように見てくると、『ジュニャーナミトラ注』の序文の記述は、『サマーヨーガタントラ』の成立に関連して、その源流となった理趣経の成立事情を組み入れたように推測される。そのため、後に発展した段階から逆に時代を遡った伝承内容になったのではなかろうか。では理趣経の成立に関して、「吉祥最勝」をどのように理解すべきであろうか。これに関して考えなければならないのは、第一にジュニャーナミトラの時代の広本の実態であり、現存広本のような形での広本化が進んでいたかどうかである。また第二に「吉祥最勝」の名の由来である。

2　ジュニャーナミトラの時代の広本

先述したように、『ジュニャーナミトラ注』において、「吉祥最勝」から作られたという「理趣百五十頌」は、理趣経の略本に相当し、それはまた現存広本の「般若分」に対応する。もし「吉祥最勝」が『理趣広経』すなわち『吉祥最勝本初』と関係があるならば、具体的な内容は不明であるとしても、何らかの形で「真言分」の内容を備えていたと解さなければならない。しかしジュニャーナミトラの時代に、現存広本のような形で複数の儀軌が合糅されるような広本化が進んでいた形跡については十分に確認しえない。

たとえば、八世紀の不空三蔵の『十八会指帰』には、金剛頂経の第六会から第九会までの名称と説処を次のようにあげている(12)。

六会　大安楽不空三昧耶真実瑜伽　他化自在天
七会　普賢瑜伽　普賢菩薩空殿中
八会　勝初瑜伽　普賢宮殿
九会　一切仏集会拏吉尼戒網瑜伽　真言宮殿

現存広本の『理趣広経』と比較すると、広本の前半部の「般若分」が「大安楽金剛不空三昧耶」という名をもつから、これが第六会に相当する。また広本の後半部は「大楽金剛秘密」と「吉祥最勝本初」の二つの異なった儀軌から構成され、後者の「吉祥最勝本初」の名は第八会の「勝初瑜伽」に一致する。前者の「大楽金剛秘密」は漢訳に欠いているが、最近の研究によれば、これが第七会の「普賢瑜伽」に相当する可能性がある。さらに第九会の「一切仏集会拏吉尼戒網」が前に述べた『サマーヨーガタントラ』に相当する。

このように『十八会指帰』では、理趣経系の一群の儀軌が第六会から第九会までの四会を構成している。これら『十八会指帰』の四会を検討していえることは、広本『理趣広経』を構成する三つの儀軌が不空三蔵の時代に存在していたとするならば、それらはそれぞれが別行し、単一の儀軌として成立していた可能性の方が強いということである。[13] したがって漢訳あるいはチベット訳に見られるような、複数の儀軌を合糅する広本化は、少なくとも不空三蔵より後の時代の展開とみなければならない。

一方、ジュニャーナミトラと時代の重なると思われる人物にブッダグヒヤがいる。ブッダグヒヤの主要な著作も『デンカルマ目録』に出ている。その中の『タントラ義入』は「初会の金剛頂経」である『真実摂経』に対する注釈である。その前半部は主に観想儀軌を説いたところであるが、ここに集中して『理趣広経』の「真言分2」の文が引用されている。『タントラ義入』には十四回ほど引用されているが、一部には「吉祥最勝本初（dPal mchog dan po）」という名も確認される。[14] したがって、ブッダグヒヤの当時、『理趣広経』の「真言分2」に相当する箇所が「吉祥最勝本初」とよばれていたことが知られる。しかし「般若分」と「真言分1」からの引用文がないので、それらの名称についてはわからない。また広本化が進んでいたかどうかも確認できない。

これに関して比較されるのは、金剛頂経の第二会と第三会に相当する『金剛頂タントラ』である。現存チベット訳では前半が第三会、後半が金剛頂経の第二会にほぼ相当する。しかしそれらの二会に相当する儀軌は、ブッダグヒヤの『タントラ義入』の段階ではまだ現存チベット訳のような形で合糅されておらず、少なくともブッダグヒヤ以後の時代に二会が合糅された可能性の方が強いことが指摘されている。[15]

『金剛頂タントラ』によって判断することはできないが、ブッダグヒヤの時代には「真言分2」の「吉祥最勝本初」が単一で存在した可能性もあるであろう。したがって、ジュニャーナミトラの時代には、「真言分2」の「吉祥最勝本初」に相当する単一の儀軌が成立していたことは窺えても、現存広本のような形での広本化が進められていたかどうか、明確に立証できないというのが実際である。

これに対し、アーナンダガルバは現存チベット訳『理趣広経』に対応する注釈を残している。もっとも現在のような形になるのに、アーナンダガルバ自身が関わった可能性も考えなければならないが、ともかくアーナンダガルバの時代までに進められてきた可能性がある。アーナンダガルバの在世期間については明らかでない。ターラナータはアーナンダガルバをパーラ朝のマヒーパーラ王の時代の人物とするが、同王は十世紀後半から十一世紀前半であるから少し遅すぎる。しかしその一方で、ターラナータはマヒーパーラ王がチベットのティ・レル王の時代に亡くなったと伝えている。[16]ティ・レル王はレルパチェンとよばれたティック・デツェン王（八〇六～八四一）のことであろう。それゆえ、アーナンダガルバは九世紀前半には在世していた可能性はある。

以上のように『ジュニャーナミトラ注』の「吉祥最勝」は、その名称が現存広本の『吉祥最勝本初』と関係するとしても、「般若分」と「真言分」を合糅した広本化が立証されないかぎり、「吉祥最勝」の内容は「真言分2」の「吉祥最勝本初」に限られると考えるべきであるから、「真言分2」の「吉祥最勝本初」から、略本である「般若分」の「理趣百五十頌」が摘要されたということは整合しない。

なお一つ重要なことは、不空三蔵の時代の広本がそれぞれ別行していたとして、その場合の広本はどのような内容を備えていたかである。これに関して無視できないのは、第九会に比定されている『サマーヨーガタントラ』の存在である。『理趣広経』の「真言分2」には、金剛薩埵部・毘盧遮那（如来部）・大金剛火焔日輪（金剛部）・観自在（蓮華部）・虚空蔵（宝部）の五部族の曼荼羅が説かれる。一方『サマーヨーガタントラ』には、金剛薩埵・毘盧遮那・ヘールカ・蓮華舞自在・金剛日・パラマーシュヴァを主尊とする六族の曼荼羅が説かれ、これらの六族の曼荼羅は『理趣広経』の「真言分2」の「吉祥最勝本初」に説かれる五部族の曼荼羅を素材として成立していることが指摘されている。[17] つまり『サマーヨーガタントラ』は、五秘密尊を中心とする十七尊曼荼羅の金剛薩埵部だけではなく、それを含めた五部族を前提にして成立した可能性も考慮されなければならない。

したがって、不空三蔵やジュニャーナミトラの時代には、『理趣広経』の「真言分」は、単に五秘密尊を中心とする十七尊曼荼羅だけでなく、金剛薩埵部をはじめとする五部族の曼荼羅を備えた組織的な儀軌が存在した、あるいは成立しつつあったという可能性も考えなければならない。しかも曼荼羅に関していえば、チベット訳では「真言分2」の「吉祥最勝本初」は、「真言分1」の「大金剛秘密」に比べて、真言の具備をはじめとして、より発展したところがあり、田中氏の主張するように、「般若分」「真言分1」「真言分2」の順で成立してきたと考えるのが妥当であろう。

3 「吉祥最勝」の名の由来

では、『ジュニャーナミトラ注』の序分から知られる「吉祥最勝」とは何か。これに関して指摘できることは、第一に、「吉祥最勝」から略本に相当する「理趣百五十頌」が成立したということである。「吉祥最勝」は、少なくとも略本を生み出した素材を提供するものであり、さらに拡大解釈をすれば、略本に対応した内容を備えたものであったと予想される。したがって、この場合「真言分」の内容は予想できない。略本に対応する「般若分」に加えて「真言分」も備えていたならば別であるが、ジュニャーナミトラの時代に二部構造の広本の存在は確認しえないことは上記の通りである。

第二に、松長博士が指摘されたように、「吉祥最勝（dPal dam pa）」と「吉祥最勝鬘（dPal dam pa phreṅ ba）」は同一の文献を指していると考えられるということである。この点に関して、福田博士も同様の見解を示されている。(18) とすれば、松長博士の説のように、「吉祥最勝」は般若経の一種としての性格をもつものとみなされなければならない。その場合、初期の般若経というよりは、第一の点に関連して、略本と直接的な関係をもつ般若経と考えるべきであろう。それはまた松長博士が指摘されたように、般若経から密教経典としての理趣経へ展開する過程にあって、重要な役割を果したであろうところのものであり、「吉祥最勝」あるいは「百五十」の名をもつ経典である。つまり理趣経の原初形態に関わるものと考える。

第三に考えうるのは、「吉祥最勝（dPal dam pa）」に対応する名をもつ経典については、それが現存するかどうかはわからないが、しかしそのような名でよばれるに相応しい経典ならば、あるいは存在するかもしれないということである。

以上の三点のうち、第一と第二の点から浮かび上がるのは、般若経の性格を最も濃厚にとどめ、略本の中で最も古く、理趣経の原初的な形をもつとみなされている玄奘訳の『理趣分』である。では第三の点に関して、『理趣分』は「吉祥最勝」とよばれるに相応しい経典であろうか。もし「吉祥最勝」とよばれうる要素を有しているならば、その可能性があるといわねばならない。

栂尾博士は「吉祥最勝（dPal dam pa）」を広本の『吉祥最勝本初（dPal mchog daṅ po, Śrī paramādya）』と結びつけて解釈された。また栂尾博士と解釈は異なるが、長沢博士は「吉祥最勝」をŚrī paramaと還梵された。dPal dam paとdPal mchog daṅ poでは、とくにdam paとmchogの訳語が異なる。しかし、それぞれの対応するサンスクリット語には共通するものも多い。したがって、その当否は別にして、チベット語のdam paに対するサンスクリット語は、paramaが絶対的ではないとはいえ、その可能性は残されている。それゆえdPal dam pa（吉祥最勝）については、dPal mchog daṅ po（吉祥最勝本初）という語も考慮に入れて検討したい。というのは、dPal mchog daṅ po（吉祥最勝本初）こそが、理趣経の展開過程において最終的な重要用語になったのであり、その中でもとくに parama という語が重要と考えるからである。つまり dPal mchog daṅ po（吉祥最勝本初）という語がどのようにして生まれてきたのかということが、一方で問題となる。

そこで『理趣分』を中心に、その他の類本をも加えて、dPal dam pa（吉祥最勝）あるいは dPal mchog daṅ po（吉祥最勝本初）という用語に関連する箇所を検討したい。これらの用語に関係あると考えられるのは、『理趣分』の巻末にある第十四段（不空訳では第十七段）の冒頭の法門名と得益の箇所である。ここでは紙数の関係上、冒頭の法門名のみ原文およびその訳文をあげて検討する。

①［玄奘訳］

爾時世尊、復依二遍照如来之相一、為二諸菩薩一、宣下説般若波羅蜜多、得二諸如来秘密法性及一切法無戯論性、大楽金剛不空神呪金剛法性一、初中後位最勝第一甚深理趣無上法門上。

その時に世尊は、また遍照如来の相に依って、諸の菩薩のために、般若波羅蜜多の諸の如来の秘密法性とおよび一切法の無戯論性との大楽金剛の不空神呪の金剛法性を得、初中後位に最勝第一なる甚深理趣の無上法門を宣説したもう。

⑤［不空訳］

時薄伽梵毘盧遮那得二一切秘密法性一無戯論如来、復説二最勝無初中後・大楽金剛不空三昧耶金剛法性般若理趣一。

時に薄伽梵毘盧遮那の一切の秘密の法性を得て無戯論なる如来は、また最勝にして初中後無き大楽金剛不空三昧耶の金剛法性の般若理趣を説きたもう。

⑥〔チベット訳百五十頌〕

de nas bcom ldan ḥdas de bshin gśegs pa rnam par snaṅ mdsad, de bshin gśegs pa thams cad kyi gsaṅ baḥi chos ñid brñes pa chos thams cad spros pa med pas, yaṅ bde ba chen po rdo rjeḥi don yod paḥi dam tshig ces bya ba rdo rje don yod paḥi chos mñam pa ñid kyi śes rab kyi pha rol tu phyin paḥi sgo, mchog daṅ po thog ma daṅ / tha ma daṅ / dbus med paḥi dam pa ḥdi gsuṅs so //

その時、一切如来の秘密の法性を得、一切法の無戯論なる、世尊毘盧遮那如来は、また大楽金剛の不空の三昧耶と名づける金剛不空の法平等性の般若波羅蜜多の門たる、この最勝第一にして初と後と中のなき最上のものを説きたもう。

⑦〔梵文原典〕

atha bhagavān Vairocanah sarva-tathāgata-guhya-dharmatā-prāpta-sarva-dharmā-prapañcaḥ punar apīdaṃ mahā-sukha-vajrāmogha-samayaṃ nāma vajrāmogha-dharmatā-prajñā-pāramitā-mukhaṃ paramam anādi-nidhana-madhyaṃ deśayām āsa

その時、一切如来の秘密の法性を得、一切法の無戯論なる、世尊毘盧遮那は、再びまたこの大楽金剛不空三昧耶と名づける金剛不空の法性の般若波羅蜜多の門、最勝にして初後中なきものを説きたもう。

⑧〔法賢訳〕

爾時世尊大毘盧遮那仏、復説二一切法無性・大楽金剛不空三昧決定般若波羅蜜多教・最上根本無性法門一。

その時に世尊大毘盧遮那仏は、また一切法の無性の大楽金剛不空三昧決定の般若波羅蜜多教の最上根本無性の法門を説きたもう。

⑨［チベット訳理趣広経］

de nas bcom ldan ḥdas rnam par snaṅ mdsad de bshin gśegs pa thams cad kyi gsaṅ baḥi chos ñid brñes pa / chos thams cad spros pa med pa / yaṅ bde ba chen po rdo rje don yod paḥi dam tshig ces bya ba / rdo rje chos ñid śes rab kyi pha rol tu phyin paḥi sgo , dpal mchog daṅ po thog ma daṅ tha ma daṅ dbus med paḥi dam pa ḥdi gsuṅs so //

その時、一切如来の秘密の法性を得、一切法の無戯論なる、世尊毘盧遮那は、また大楽金剛不空の三昧耶と名づける金剛法性の般若波羅蜜多の門たる、この吉祥最勝第一にして初と後と中のなき最上のものを説きたもう。

⑩［チベット訳金剛場荘厳タントラ］

de nas bcom ldan ḥdas rnam par snaṅ mdsad de bshin gśegs pa de bshin gśegs pa thams cad kyi gsaṅ baḥi chos ñid brñes pa / chos thams cad spros pa med pas slar yaṅ bde ba chen po rdo rje don yod paḥi dam tshig ces bya ba rdo rje chos mñam pa ñid śes rab kyi pha rol tu phyin paḥi sgo, dam pa thog ma daṅ tha ma daṅ / dbus las grol baḥi mchog ḥdi bkaḥ stsal ba //

その時、一切如来の秘密の法性を得、一切法の無戯論なる、世尊毘盧遮那如来は、再びまた大楽金剛不空の三昧耶と名づける金剛法平等性の般若波羅蜜多の門たる、この最上にして初と後と中を解脱せる最勝のものを説きたもう。

第十四段は略本の最終章にあり、初段の清浄句門と並んで最も重要な箇所であり、略本の結論的な文段である。

不空訳では第十七段にあたり、栂尾博士は「深秘の法門」と称されている。また不空三蔵は理趣経の精神を体現した金剛薩埵を中心とする五秘密尊の曼荼羅によって解釈している。このように、この文段は略本の核心となる思想が説かれた部分である。現存広本の『理趣広経』すなわち『吉祥最勝本初』では、この第十七段（＝第十四章）から「真言分」になっていることからみて、この文段が「真言分」の展開の重要な拠り所になったのではないかと推測される。

『理趣分』では、まずこの法門名に「大楽金剛不空神呪金剛法性」を用いているのが注意される。これに対応して、五種成就（悉地）と百字の偈の後に、三種神呪が説かれる。不空訳では「大楽金剛不空三昧耶金剛法性」とあり、「神呪」が「三昧耶」という中期密教において重視された概念に変更されている。このことは菩提流志訳『実相般若経』と金剛智訳『理趣般若経』を除く他の類本も同様である。このことから、『理趣分』が般若経の教理とともに、真言を重視した陀羅尼経典としての性格をもって成立したことがわかる。しかもその真言によって得られるのは、滅罪による無上正等菩提である。

また、この『理趣分』の「大楽金剛不空神呪金剛法性・甚深理趣無上法門」あるいは『理趣経』の「大楽金剛不空三摩耶金剛法性般若理趣」という法門名が、後に不空訳『大楽金剛不空真実三摩耶経・般若波羅蜜多理趣品』や法賢訳『最上根本大楽金剛不空三昧大教王経』の名称、さらには広本の前半部にある「般若分」すなわち「大安楽金剛不空三昧耶大儀軌王」の名称に転じたことがわかる。

そして本稿で問題にしてきた「吉祥最勝（dPal dam pa）」に関連して重要なのが、この法門に対する意味づけとして、「初めも終わりも中間もない最勝の法門」と形容されているところで、ここにparamaの語が現れる。この箇所が諸類本においてどのようになっているか確認するために、以下に列挙して示すことにする。

① 玄奘訳 「初中後位最勝第一」（初中後位に最勝第一なる）
② 菩提流志訳 「無初中後最第一」（初中後無き最第一の）
③ 金剛智訳 「無初中後最勝第一」（初中後無き最勝第一の）
④ 不空訳 「最勝無初中後」（最勝にして初中後無き）
⑤ 施護訳 「最上・無上中下」（最上の……上中下無し）
⑥ チベット訳 mchog daṅ po thog ma daṅ tha ma daṅ dbus med paḥi dam pa（最勝第一にして初と後と中のなき最上のもの）
⑦ 梵文原典 paramam an-ādi-nidhana-madhya/（最勝にして初後中なきもの）
⑧ 法賢訳 「最上根本」（最上根本）
⑨ チベット訳 dpal mchog daṅ po thog ma daṅ tha ma daṅ dbus med paḥi dam pa（吉祥最勝第一にして初と後と中のなき最上のもの）
⑩ チベット訳 dam pa thog ma daṅ tha ma daṅ / dbus las grol baḥi mchog（最上にして初と後と中を解脱せる最勝のもの）

さて梵文原典にある parama に対して、不空訳は「最勝」、施護訳は「最上」とある。また玄奘訳と金剛智訳は「最勝第一」、菩提流志訳は「最第一」とある。さらに法賢訳は「最上根本」とあり、この語が前の法門名とともに経題に用いられていることが知られる。このように parama に対して、漢訳には二語になっている例も見受けられる。これは、これら漢訳のもとになった梵文原典の一部に、parama のほかにも paramādya/ādi のように ādya/ādi の語が付加されたものがあったことを示しているかもしれない。

しかし漢訳類本に見える「第一」の語は、必ずしもādya/ādiの語の存在を証明するものではないと考えられる。たとえば⑩チベット訳『金剛場荘厳タントラ』では、paramaに対応する語として、dam paとmchogの二語がある。この場合、どちらか一方に限定すれば、他方は付加語とも考えられる。しかし⑥チベット訳『百五十頌』にもよく似た用例があるので、この二語を並記してparamaの意味を訳した可能性もあるであろう。しかしいずれにしても、この二語からparamaは確認できても、ādya/ādiの語の存在がはっきりと確認できない。

一方、⑥チベット訳『百五十頌』には、paramaに対応する語として、mchog daṅ poとdam paがある。このうちmchog daṅ poはparamādya/ādiに対応するかのようである。さらにここでもdam paを加えている。しかもmchogとdam paの位置は、⑩チベット訳『金剛場荘厳タントラ』とまったく逆である。原典にparamādya/ādiとあったならば、⑥チベット訳の場合はmchog daṅ poのみでもよいと思われるが、ともかくdam paを加えている。しかしこの場合も、paramādya/ādiであったかどうか確定しがたい。あるいはmchog daṅ poとdam paとあっても、原典がparamaであった可能性はあるであろう。「吉祥最勝本初」の場合のādya/ādi（本初）は、いわゆる「初会の金剛頂経」すなわち『真実摂経』において、本初の金剛の存在で、十六大菩薩中の第一の薩埵とされる金剛薩埵との関係が深い語と考えられる。

これに対して、⑨チベット訳『理趣広経』にはdpal mchog daṅ poとdam paがある。ここでは原典にŚrīparamādya/Śrīparamādiとあったか、あるいはそれを強く意識した訳語になっている。これに関して、アーナンダガルバの注釈『吉祥最勝本初釈』では、デルゲ版がdpal mchog daṅ poとあるのに対し、ペキン版はmchog daṅ poである。ただしmchogとdaṅ poの語義については解釈されているが、dpalについては解釈されず、また再説されていない[19]。したがってdpalは本来なかった可能性の方が強いと考えられる。とすれば、⑥チベット訳『百五十頌』と基本的に変わらない。なおアーナンダガルバは mchog daṅ po（最勝本初）につづいて、thog ma daṅ tha ma med pa（無始無終）と dbus mchog（中最勝）を別にして出すので、その場合の原典は an-ādi-nidhana と madhya を分けて、mad-dhya に agra のような語が付加されていたようにも解される。しかし⑦梵文原典からは確認できない。

以上、略本の第十四段（不空訳では第十七段）の冒頭文について検討してきたが、⑦サンスクリット原典によれば、この法門は parama と表記されている。しかも⑥チベット訳『百五十頌』と⑨チベット訳『理趣広経』は、その parama に関連して dpal mchog daṅ po と dam pa を並記して訳している。また⑩チベット訳『金剛場荘厳タントラ』でも語順は逆になるが、dam pa と mchog を並記している。これは一部の漢訳と同様に、チベット訳においても mchog と dam pa の二語を並記して、parama の語義を翻訳したのではないかと推測される。ただしアーナンダガルバの注釈からは、agra のような語が付加されていた可能性もあるので、この点は明確にしえない。

しかしいずれにしても、この段の法門は parama の語によって強調された理趣経の核心となるところであり、略本の性格を示したところである。そのようなことから判断して、略本を「吉祥最勝（dPal dam pa）」とよぶこともありうると考える。つまり略本はその内容から「吉祥最勝（dPal dam pa）」とよばれるに相応しいということである。そして、その場合のサンスクリット語は、長沢博士が想定されたように Śrīparama であったと考える。ただし『ジュニャーナミトラ注』のいう Śrīparama は、略本に対応する内容を備え、かつ理趣経の原初的な形をもった段階のものを指したものであり、具体的には玄奘訳『理趣分』、さらにチャンドラキールティの引用する『百五十頌』、ハリバドラの引用する文献等が考えられる。

五　おわりに

不空三蔵やジュニャーナミトラの時代に、現存広本のような形で複数の儀軌が合糅されるような広本化が進んでいた形跡については十分に確認できない。したがって、広本から略本へ展開したとする説も、今のところは承認できない。そのようなことからみて、これまで問題とされてきた『ジュニャーナミトラ注』の「吉祥最勝」は、松長博士が指摘された般若経の一種であるとともに、般若経の思想を濃厚にとどめた大乗経典として、理趣経の原初的な形態をもつものが予想されるのであり、具体的には『理趣分』のような内容を備えたものとみるのが、筆者の考えである。その意味では、「吉祥最勝」を理趣経の原本とみなすことも可能であろう。

註

(1) 十類本の内容については、主に栂尾祥雲［一九三〇］『理趣経の研究』（『栂尾祥雲全集』第五巻、復刻、臨川書店、一九八二年）を参考にした。

(2) 『理趣広経』と『金剛場荘厳タントラ』については、福田亮成［一九八七］『理趣経の研究――その成立と展開――』（国書刊行会）八三頁以下、一一三頁以下を参照。

(3) アーナンダガルバの『理趣広経』の解釈については、川崎一洋［二〇〇二］「四品構成の『理趣広経』とその曼荼羅――アーナンダガルバの『理趣広経』解釈――」（『高野山大学大学院紀要』六）を参照。

(4) 以下、七氏の学説については、以下の著書および論文を参照。
栂尾祥雲［一九三〇］『理趣経の研究』三五―三八頁。
那須政隆［一九六四］『理趣経達意』（藤井文政堂）一七―一九頁。

長沢実導［一九六四］「理趣経偈のインド密教教義」（『智山学報』一二・一三合〈再録『瑜伽行思想と密教の研究』大東出版社、一九七七年〉）。

金岡秀友［一九六六］「理趣経の「原本」について」（『仏教史学研究』一二―四〈再録『密教の世界観』ピタカ、一九七八年〉）。

福田亮成［一九六八］「理趣経の成立過程について――特に広本略本の関係から――」（『印度学仏教学研究』一六―二〈再録『理趣経の研究――その成立と展開――』国書刊行会、一九八七年〉）。

松長有慶［一九七三］「「理趣経」の成立について」（『密教文化』一〇四〈再録『密教経典成立史論』法藏館、一九八〇年〉）。

田中公明［一九八四］「一切仏集会拏吉尼戒網瑜伽タントラとその曼荼羅について」（『密教図像』三〈再録『インド・チベット曼荼羅の研究』法藏館、一九九六年〉）。

（5）訳者不明（東北二六四七番、大谷三四七一番）。本稿ではジュニャーナミトラの注釈のテキストに、酒井真典［一九六六］『チベット訳智友作般若理趣経略釈――デルゲ版』（高野山大学）を用いた。なお日本語訳には、福田亮成［一九七〇―一九七三］「ヂュニャーナミトラ著『聖般若波羅蜜多理趣百五十註釈』の和訳(1)―(4)」（『東洋学研究』四―七）がある。
（6）田中公明［一九八七］『曼荼羅イコノロジー』（平河出版社）二六八頁を参照。
（7）『瑜伽タントラの海に入る船』（東北蔵外五一〇四番 Da 60a-61a）。
（8）高橋尚夫［一九七七］「Jñānasiddhi 第 15 章――和訳――」（『豊山教学大会紀要』五）を参照。
（9）金岡秀友［一九六六］「Kukurāja」（『印度学仏教学研究』一五―一）を参照。
（10）Śrī-Sarvabuddhasamāyogatantrānāmapañjikā（東北一六六一番、大谷二五三三番）。
（11）田中公明前掲註（4）論文を参照。
（12）大正八六九番。大正一八巻二八六頁。
（13）田中公明前掲註（4）論文を参照。
（14）北村太道［一九八一］「『Tantrārthāvatāra』の引用経軌をめぐって」（『勝又俊教博士古稀記念論文集　大乗仏教か

ら密教へ』春秋社）を参照。

(15) 桜井宗信［一九八六］「Vajraśekharatantra の一考察」（『智山学報』三五）を参照。

(16) D. Chattopadhyaya［1970］*Tāranātha's History of Buddhism in India*, Simla, p.284 を参照。

(17) 田中公明前掲註（4）論文を参照。

(18) 福田亮成前掲註（5）論文を参照。

(19) Śrīparamādyaṭīkā（東北二五一二番 Hi 2b、大谷三三三五番 Ri 3a）。

あとがき

平成十六年（二〇〇四）は、弘法大師空海が入唐（八〇四）してから千二百年目の年である。この年を記念して高野山真言宗では、多くの記念事業を中国で行った。それらを一瞥すれば、次の如くである。

交流事業としては、

① 西安青龍寺「恵果空海紀念堂」、霞浦赤岸「空海大師紀念堂」への参拝訪中団。

② 福建省と高野山真言宗との日中友好の促進。ここ二十年間、福建でお世話になった人との旧交交流会。

③「空海研究会」会員を日本に招請。

文化事業としては、

①「空海と中日文化交流国際学会」の開催。於上海「復旦大学」

②「弘法大師入唐千二百年記念書道展」の開催。中国と日本との両方で実施。

③ 赤岸小学校で高野山大学生が教育交流。

④ 中国（福州―西安）の二四〇〇キロに空海入唐の巡礼道開設。青年教師会が踏破。

記念事業としては、

① 記念出版物『空海入唐の道』（静慈圓著）の発刊。

② 「空海大師紀念堂」、「祭会亭」の補修整備。
③ 記念護摩奉修。赤岸「空海大師紀念堂」と九州五島列島福江島にて挙行。
④ 空海の通過した浙江省の山中「二十八都鎮」の道路の舗装と「記念碑」の建立。
以上の記念報恩事業をなし終えた。

本書も右の一連の事業の中に属する企画である。従って本書の意義は、本書のみの意義付けではないと考える。そこで空海入唐千二百年の今日において、中国で空海がどのように捉えられているかを述べ、その中で研究学術としての本書の意義を述べておきたい。

まず空海入唐とは何であるかを、今日的に述べておきたい。

空海入唐千二百年を一言で言うならば、まさに空海が現代中国に甦っているということである。と同時に現代中国に密教が見直されてきたということである。それは二つの方向から明らかである。

第一は、信仰として空海が甦っている。

福州から西安までの二四〇〇キロは、空海が八〇四年踏破した道である。私はこの道を「空海ロード」と名づけている。この道は空海以後今日まで日本人は誰も通った者がいない。二十年前に私たちが始めて踏破した。私は以後二十年間この道を精査し、この道にある空海ゆかりの寺二十一箇所を選び空海の巡礼道を作り上げた。これについては、静慈圓著『空海入唐の道』（朱鷺書房）を参照されたい。

漂着地赤岸には、「空海大師紀念堂」が建立され、目的地西安（長安）には、「恵果・空海紀念堂」が建立された。福建省と浙江省を分ける山中の分水嶺には「空海紀念堂」が建てられ、浙江省「二十八都鎮」は、空海が通った村として古鎮復興で甦っており、二十八都につづく「仙霞古道」は、世界遺産に登録しているところである。近くの峰山道場には「空海堂」の建立が始まっている。また浙江省紹興市にある有名な「王羲之墓」の横に、これまた二六×一八メートルの「空海紀念堂」が日本式建築で建立が始まっている。

二四〇〇キロの「空海ロード」の古刹には、多くの空海像が建立されている。福州霞浦「空海大師紀念堂」、「建善寺」。福州市「開元寺」。浙江省杭州市「霊隠寺」。江蘇省蘇州市「霊巌山寺」。「寒山寺」。揚州市「大明寺」。河南省開封市「相国寺」。洛陽市「白馬寺」。西安「大興善寺」。「青龍寺」等がそれである。

私が主張したいのは、二四〇〇キロの「空海ロード」のこれらのところで空海が拝まれているということである。中国人で「私は空海の信徒です」という人も多くなってきた。不思議にも空海は、日本・中国に抵抗なく受け入れられている。このことは、どこに由来するのであろうか。その淵源を探るに、それは空海の素養にあることはもちろんであるが、さらに深くは、空海が入唐によって掴んだ覚り（密教）にある、と考える。そしてその表現が漢字であることは、空海が漢字文化圏で理解される理由となっている。

第二は、学問の場で空海が甦っている。

空海は自らの素養と覚りを漢文で表現した。これは空海が現代中国に甦る大きな原因である。近年中国に空海が自然に受けいれられていったのは、この要素が大きい。それは学術研究となって現れている。以下、現在までの行動日程で主たるものを示しておきたい。

一九八九年十月、第一回「空海学術討論会」が福建省霞浦で開かれた。三五篇の論文が集まった。

一九九〇年八月、論文集『空海研究』第一版中国語版出版。

一九九二年七月、空海研究会会長林華章、秘書長陳品全氏ら十人が訪日した。

一九九三年五月、第二回「空海学術討論会」が、福建省南平市で開かれた。論文二一篇、訳文三篇、歌曲三首が集まった。

一九九五年五月、『空海研究』日本語版を出版。

一九九五年十一月、第三回「空海学術討論会」が、霞浦において開かれた。論文三〇篇、劇作一篇が集まった。

一九九六年八月、日本語・中国語合併の『空海研究』第二集を出版。三三篇の論文を掲載。

一九九八年十月、空海赤岸登陸十五周年、空海研究会十周年の記念大会を霞浦県で開催。

一九九九年十一月、第四回「空海学術討論会」が、霞浦県で開かれた。論文三二篇が集まった。

二〇〇一年四月、日本語・中国語合併『空海研究』第三集を出版。三三篇の論文を掲載。


さて、平成十六年（二〇〇四）は、空海入唐千二百年の年であった。中国において三箇所で「空海学術討論会」が行われた。

一、福建省において、空海学術聯誼会が、学術討論会を行った。会長陳思奮、中国國画家協会。
二、西安市社会科学界聯合会（会長、鄧友民）が、学術討論会を行った。空海入唐千二百周年紀念文集『空海入唐』を出版した。
三、二〇〇四年四月二十九日―五月一日。上海復旦大学において「空海と日中文化交流国際学術検討会」が行われた。この学会は、日本側は高野山大学の静慈圓が記念事業として発想し、復旦大学の韓昇教授と共に実行した。日本側十二人、中国側二十二人の学者が発表した。

今回の論文集『弘法大師空海と唐代密教』は、「空海と日中文化交流国際学術検討会」の日本側発表を収録したものである。各先生方に補正加筆をいただきここに一冊とし、弘法大師空海入唐千二百年の記念出版とした。研究内容は、各先生方の専門分野である。中国における空海研究は、始まったばかりでその伝統はない。従って日本側の研究者も、一般的な論題とし、その中で論述していただいた。しかし唐代密教という点で共通項が見出されたことは幸いであった。

本論文集に掲載した各論文の題目は、目次に示したとおりである。本書の内容は、中国において関係する研究者に多大の影響を与えたことは言うまでもない。弘法大師空海入唐千二百年の記念報恩事業として、この一冊が出版されたことは、両国の歴史に刻む一書として大きな意義があると考える。

結論として「やはり空海は生きている」と感じた仕事であった。

なお本書を刊行するにあたっては、高野山大学から平成十七年度の学術出版助成を受けた。また高野山大学の武内孝善、乾仁志両教授には企画ならびに編集等でご尽力いただいた。ここにその旨を記し、感謝の意を表したいと思う。

最後になったが、出版事情のきびしい中、本書の出版を快くお引き受けくださった法藏館社長の西村七兵衛氏、編集ならびに校正等でたいへんご苦労をおかけした上別府茂・山本眞理子両氏に厚く御礼を申し上げる次第である。

平成十七年十一月二十一日

弘法大師入唐千二百年記念論文集刊行会

代表　静　慈圓

著者紹介（執筆順）

静　慈圓（しずか　じえん）
一九四二年生まれ。高野山大学教授。著書『梵字悉曇』（朱鷺書房）、『空海の道』（新潮社）。論文「空海のさとりと大師信仰」（『日本仏教学会年報』第七〇号）他。

生井　智紹（なまい　ちしょう）
一九四七年生まれ。高野山大学学長。著書『輪廻の論証』（東方出版）、"On bodhicitta-bhāvanā in the Esoteric Buddhist Tradition" その他国内外の学会誌に論文多数。

吉田　宏晳（よしだ　ひろあき）
一九三五年生まれ。大正大学名誉教授・智山伝法院院長。著書『空海思想の形成』（春秋社）、『大日経住心品解説』（真言宗智山派宗務庁）。編著『仏教の真善美聖』（朝日出版社）。

村上　保壽（むらかみ　やすとし）
一九四一年生まれ。高野山大学教授。著書『空海の「ことば」の世界』（東方出版）、『空海と智の構造』（東方出版）、『弘法大師の救済論』（高野山出版社）。

栗山　秀純（くりやま　しゅうじゅん）
一九三九年生まれ。大正大学教授・日本密教学会理事長。著書『阿字観法概説』（真言宗豊山派千葉県第一号宗務支所）、『報恩講論議と根嶺門流の学道』（密教傳燈会）他。論文『塵塚』と根嶺新義門流の論議」、「根来寺時代の学道―新校訂・根来破滅因縁―」他。

福田　亮成（ふくだ　りょうせい）
一九三七年生まれ。大正大学教授。著書『理趣経の研究―その成立と展開―』（国書刊行会）、『空海思想の探究』（大蔵出版社）。

武内　孝善（たけうち　こうぜん）
一九四九年生まれ。高野山大学教授。著書『寛平法皇御作次第集成』（東方出版）、『あなただけの弘法大師 空海』（小学館）、『空海素描』（高野山大学）。

頼富　本宏（よりとみ　もとひろ）
一九四五年生まれ。種智院大学学長。著書『密教仏の研究』（法藏館）、『曼荼羅の鑑賞基礎知識』（至文堂）、『「金剛頂経」入門』（大法輪閣）他。

越智　淳仁（おち　じゅんじ）
一九四五年生まれ。高野山大学教授。文学部長。著書『密教瞑想から読む般若心経 空海般若心経秘鍵と成就法の世界』（大法輪閣）、『図説 マンダラの基礎知識 密教宇宙の構造と儀礼』（大法輪閣）他。論文「法身説法について」（『密教研究』一七）ほか論文多数。

岸田　知子（きしだ　ともこ）
一九四七年生まれ。中央大学教授。著書『懐徳堂とその人びと』（共著）（大阪大学出版会）、『空海と中国文化』（大修館書店）他。

乾　仁志（いぬい　ひとし）
一九五二年生まれ。高野山大学教授。論文「『初会金剛頂経』に関する覚え書」（『高野山大学論叢』三六）、「『初会金剛頂経』の基本にある如来蔵思想」（『高野山大学密教文化研究所紀要』別冊二）他。

※所属は二〇〇五年十一月現在

弘法大師空海と唐代密教
―弘法大師入唐千二百年記念論文集―

二〇〇五年十二月五日　初版第一刷発行

編著者　弘法大師入唐千二百年記念論文集刊行会
代表　静　慈圓

発行者　西村七兵衛

発行所　株式会社　法藏館
京都市下京区正面通烏丸東入
郵便番号　六〇〇―八一五三
電話　〇七五―三四三―〇〇三〇（編集）
〇七五―三四三―五六五六（営業）

印刷・製本　亜細亜印刷株式会社

ISBN4-8318-7688-7 C3015